Michael Günter (Hrsg.)

Täter und Opfer

Michael Günter
(Herausgeber)

Täter und Opfer

Aktuelle Probleme der Behandlung und Begutachtung in der gerichtlichen Kinder- und Jugendpsychiatrie

Mit einem Essay von Reinhart Lempp

Mit Beiträgen von H.-A. Blumenstein, R. du Bois, R. Boos, D. Bunk, C. Eggers, R. Fatke, E. Federn, M. Feuling, A. Frommann, M. Günter, G. Hinrichs, G. Klosinski, C. König, R. Lempp, D. Röcker, G. Schütze und P. Strunk

Verlag Hans Huber
Bern · Göttingen · Toronto · Seattle

Umschlagbild: Paul Klee, *Tanz des trauernden Kindes II*, 1922. Öl und Ölfarbezeichnung auf Büttenpapier. Mit freundlicher Erlaubnis der Bayerischen Staatsgemäldesammlungen, Staatsgalerie moderner Kunst, München.

Adresse des Herausgebers:

Dr. med. Michael Günter
Abteilung für Kinder-
und Jugendpsychiatrie
der Universität Tübingen
Osianderstr. 14
D-72076 Tübingen

Die Deutsche Bibliothek – CIP-Einheitsaufnahme

Täter und Opfer: aktuelle Probleme der Behandlung und
Begutachtung in der gerichtlichen Kinder- und
Jugendpsychiatrie / Michael Günter (Hrsg.). Mit einem Essay
von Reinhart Lempp. Mit Beitr. von H.-A. Blumenstein … –
1. Aufl. – Bern ; Göttingen ; Toronto ; Seattle : Huber, 1995
ISBN 3-456-82602-8
NE: Günter, Michael [Hrsg.]; Lempp, Reinhart

1. Auflage 1995

Druck: Hubert & Co., Göttingen
Printed in Germany

Reinhart Lempp

Inhaltsverzeichnis

Autoren ... 9

Einleitung

GÜNTER, M.: Das Verständnis der Beziehungsdynamik als Fundament jugendpsychiatrisch-forensischer Praxis ... 11

Die Behandlung und Betreuung straffälliger Jugendlicher

LEMPP, R.: Ist Strafe Erziehung? - Strafe statt Erziehung oder Erziehung statt Strafe ... 16

DU BOIS, R.: Jugenddelinquenz - Psychodynamik und therapeutische Zugangsmöglichkeiten ... 32

KÖNIG, C.: Praktische und "unpraktische" Probleme der Therapie von Sexualdelinquenten ... 41

FEDERN, E.: Psychoanalytische Bemerkungen über jugendliche Rechtsbrecher ... 51

FEULING, M.: Therapieren oder Substituieren? Psychoanalytische Sozialarbeit mit adoleszenten Gewalttätern im Spannungsfeld von Pädagogik, Sozialarbeit und Psychotherapie ... 58

FROMMANN, A.: Begriffene Machtlosigkeit ... 73

FATKE, R.: Sozialpädagogische Arbeit mit delinquenten Jugendlichen ... 76

HINRICHS, G. und G. SCHÜTZE: Die Entwicklung der Psychotherapie im Jugendstrafvollzug ... 85

Der Zusammenhang von Mißbrauch, Gewalt und Identitätsdiffusion

SCHÜTZE, G.: Die Tötung eines nahen Angehörigen im Rahmen einer Identitätskrise ... 99

GÜNTER, M. und R. BOOS: Bedeutung und nosologische Einordnung der "abnormen Reaktionsbereitschaft" von Jugendlichen beim Münchhausen-by-proxy-Syndrom ... 110

RÖCKER, D.: Zur Genese von gemeinsamen "Nebenrealitäten" beim Vorwurf des sexuellen Mißbrauchs ... 121

BOOS, R.: Über das Zursprachebringen - Gedanken zur Kommunikation im Untersuchungsablauf bei Glaubwürdigkeitsgutachten 131
EGGERS, C. und D. BUNK: Psychopathologische Belastungsreaktionen nach nationalsozialistischer Verfolgung in der Kindheit 140
STRUNK, P.: Sexualdelinquenz im Jugendalter 145

Jugendpsychiatrisch-forensische Aspekte im Gerichtsverfahren

BLUMENSTEIN, H.-A.: Anmerkungen zur psychiatrischen Begutachtung von Angeklagten aus richterlicher Sicht 155
KLOSINSKI, G.: Beihilfe zum "Kindesweh" - vom Machtmißbrauch durch juristische Berater und Helfer bei Kampfscheidungen 163

Danksagung 169

Sachregister 171

Autoren

Blumenstein, H.-A., Vorsitzender Richter am Landgericht, Landgericht Stuttgart, Urbanstr. 20, 70182 Stuttgart.

du Bois, R., Priv. Doz. Dr. med., Oberarzt, Abteilung für Kinder und Jugendpsychiatrie der Universität Tübingen, Osianderstr. 14, 72076 Tübingen.

Boos, R., Dipl. Psych., Abteilung für Kinder und Jugendpsychiatrie der Universität Tübingen, Osianderstr. 14, 72076 Tübingen.

Bunk, D., Priv. Doz. Dr. med., Oberarzt, Klinik für Kinder- und Jugendpsychiatrie der Rheinischen Landes- und Hochschulklinik Essen, Hufelandstr. 55, 45147 Essen.

Eggers, C., Prof. Dr. med., Klinik für Kinder- und Jugendpsychiatrie der Rheinischen Landes- und Hochschulklinik Essen, Hufelandstr. 55, 45147 Essen.

Fatke, R., Prof. Dr., Pädagogisches Institut der Universität Zürich, Rämistr. 74, CH-8001 Zürich.

Federn, E., M.S.W., Prof., Sozialpsychologischer Konsulent der Österreichischen Regierung im Strafvollzug, Kolingasse 20/11, A-1090 Wien.

Feuling, M., Dr. phil., Verein für psychoanalytische Sozialarbeit, Neckargasse 9, 72070 Tübingen.

Frommann, A., Dr. phil., Hallstattstr. 32, 72070 Tübingen.

Günter, M., Dr. med., Oberarzt, Abteilung für Kinder und Jugendpsychiatrie der Universität Tübingen, Osianderstr. 14, 72076 Tübingen.

Hinrichs, G., Dr. med., Dipl. Psych., Klinik für Kinder- und Jugendpsychiatrie der Universität Kiel, Niemannsweg 147, 24105 Kiel.

Klosinski, G., Prof. Dr. med., Abteilung für Kinder und Jugendpsychiatrie der Universität Tübingen, Osianderstr. 14, 72076 Tübingen.

König, C., Dr. med., Chefarzt der Klinik für Kinder- und Jugendpsychiatrie Wichernstift, 27777 Ganderkesee.

Lempp, R., Prof. Dr. med., Hauptmannsreute 65, 70193 Stuttgart.

Röcker, D., Dr. phil., Dipl. Psych., Ölschlägerstr. 40, 70619 Stuttgart-Sillenbuch

Schütze, G., Prof. Dr. med., Klinik für Kinder- und Jugendpsychiatrie der Universität Kiel, Niemannsweg 147, 24105 Kiel.

Strunk, P., Prof. Dr. med., Abteilung für Kinder- und Jugendpsychiatrie der Universität Freiburg, Hauptstr. 8, 79104 Freiburg.

Einleitung

Das Verständnis der Beziehungsdynamik als Fundament jugendpsychiatrisch-forensischer Praxis

Michael Günter

Im Vorwort des Standardwerkes zum Thema, Reinhart LEMPPS "Gerichtlicher Kinder- und Jugendpsychiatrie" ist zu lesen: " Das Buch ist ganz aus der jugendpsychiatrischen Klinik und Praxis heraus entstanden ...". Einem solchen, sich aus der klinischen Praxis heraus entwickelnden wissenschaftlichen Erkenntnisprozeß - mancherorts als "Gelegenheitsforschung" negativ apostrophiert - ist auch diese Sammlung von Aufsätzen zum 70. Geburtstag von Reinhart LEMPP über "Aktuelle Probleme der Begutachtung und Behandlung in der gerichtlichen Kinder- und Jugendpsychiatrie" verpflichtet. Alltägliche Praxis und wissenschaftliche Reflexion können und müssen sich gegenseitig befruchten: die Alltagserfahrung ist immer in Gefahr, in bornierter Routine zu erstarren; sie bedarf daher der theoretischen Reflexion. Die Wissenschaft ihrerseits benötigt nicht nur die ungeklärten klinischen Fragen als ihre Grundlage, sondern auch die Infragestellung ihrer Ergebnisse und Konstrukte durch die Konfrontation mit klinischen Problemen. Das Auseinanderdriften beider Bereiche hat mancherorts unser Fach in einen beklagenswerten Zustand gebracht.

Wenn man das Glück hatte, mit Reinhart LEMPP zusammenarbeiten zu können, wurde man unausweichlich mit diesen Zusammenhängen konfrontiert. Ebenso unausweichlich war es, sich mit der sowohl offenen, als auch geheimen Faszination zu beschäftigen, die für ihn die gerichtliche Kinder- und Jugendpsychiatrie darstellte. Seine stattliche Sammlung von Kriminalromanen mag uns so nebenbei als zusätzlicher Beweis dienen. Sein Eintreten für das - richtig verstandene - Wohl des Kindes und Jugendlichen, auch des jugendlichen Täters, sein Bemühen um Verständnis ohne falsche Tendenz zur Exkulpierung - im Gegenteil betonte er immer wieder die Problematik einer Exkulpierung von Jugendlichen im Hinblick auf deren weitere Entwicklung - und seine therapeutische Haltung nötigen Respekt ab und haben viele der Autoren dieses Buches erkennbar geprägt. "Wie kommt ein Jugendlicher oder Heranwachsender dazu, in diesem Augenblick diese Tat, diesen Mord, diesen Totschlag oder diese Kindstötung zu begehen? Warum hat er in dieser Situation so und nicht anders reagiert?", fragt er in seinem Buch über "Jugendliche Mörder".

Eine Antwort auf diese Frage - und sei sie auch nur, wie immer in unserem Fach, eine vorläufige - ist auch die Voraussetzung für eine Therapie jugendlicher Straftäter, wie sie im ersten Teil der Reinhart LEMPP gewidmeten Aufsatzsammlung entfaltet wird. Dabei freue ich mich besonders, daß in den Aufsätzen die untrennbare Verflechtung von Therapie und Pädagogik, von Behandlung und Erziehung, die Reinhart LEMPP immer ein Anliegen war, anhand der Behandlung von jugendlichen Straftätern ausgesprochen konturiert zum Ausdruck kommt. Bei aller Skepsis bezüglich der Therapiefähigkeit und Veränderbarkeit der beteiligten Institutionen, aber auch bezüglich der Wirksamkeit der eingesetzten Mittel, sind doch auch sehr ermutigende Entwicklungen in Gang gekommen. Besonders interessant scheint mir, daß in der Mehrzahl der Aufsätze die intensive Auseinandersetzung mit dem Erleben eigener Machtlosigkeit beim Therapeuten eine große Rolle spielt. Dabei verstehen die Autoren dieses Erleben als Ausdruck der Beziehungsdynamik, anstatt diese zentrale, zwar äußerst irritierende, aber gerade deswegen therapeutisch wie diagnostisch fruchtbar zu machende Erfahrung auszuklammern. Auch hierin beweist sich eine im besten Sinne forschungsorientierte Praxis: den Mut zu haben, seine Konzepte in der Alltagspraxis in Frage stellen zu lassen und genau dies als Möglichkeit des Erkenntnisgewinns in der Behandlung des einzelnen, wie auch generalisierend im wisenschaftlichen Dialog zu nutzen.

In den Aufsätzen des zweiten Teils steht folgerichtig die Frage im Mittelpunkt, warum Kinder und Jugendliche in Extremsituationen so und nicht anders reagieren: warum es zu einer Diffusion ihrer eigenen Identität, zum Schweigen, zum Ausweichen in gemeinsame Nebenrealitäten anstelle der Fähigkeit zum Wechsel zwischen Hauptrealität und Nebenrealität im Zusammenhang mit Mißbrauch, Mißhandlung und Vernachlässigung kommt. Auch im Prozeß der forensischen Begutachtung sind die Untersuchung der Beziehungskonstellationen, der Bedingungen, mit denen die Kinder sich auseinanderzusetzen haben und die Klärung der Psychodynamik ihrer Reaktionsweisen der Schlüssel zum gesuchten Verstehen. Dabei kann letzten Endes wirkliches Verstehen nur aus der Reaktualisierung der traumatischen Situationen in der Übertragungs-Gegenübertragungskonstellation des Dialogs zwischen Gutachter und zu begutachtendem Kind oder Jugendlichen erfolgen. Dies gilt übrigens für beide Seiten: der diagnostische Prozeß der Begutachtung beinhaltet daher immer auch - das muß als Chance und Problem zugleich angesehen werden - ein Stück mehr oder weniger gelingender therapeutischer Beziehung. Dadurch ist das Spannungsfeld gekennzeichnet, in dem der Gutachter sich befindet: nicht ohne weiteres lassen sich der Anspruch des Individuums auf Empathie und auf ernstgemeinte Hilfsangebote und der gesellschaftliche Anspruch einer gerichtlichen Urteilsfindung in Einklang bringen, auch wenn, zumindest in der Theorie, Wahrheitsfindung Grundlage für beides sein sollte. Wahrheitsfindung kann jedoch, gerade in diesem Bereich, kein Zweck an sich sein, sondern legitimiert sich erst durch die Frage nach den möglichen Konsequenzen: in welcher Weise kann eine günstige Entwicklung am ehesten erleichtert werden, durch welche Maßnahmen wird sie voraussichtlich be- oder gar verhindert.

Eine solche Haltung, wie Reinhart LEMPP sie immer vertrat, führt auch zur Frage der Grenzen der Legitimität einer Begutachtung. Genau diese Frage ist der Kern des hier vorliegenden Aufsatzes von EGGERS und BUNK zu einem Thema, das Reinhart LEMPP immer besonders am Herzen lag: die Folgen nationalsozialistischer Verfolgung in der Kindheit.

Im dritten Teil schließlich werden Probleme im Verfahren selbst und damit nochmals die komplizierte Stellung des Gutachters in der gegenwärtigen gerichtlichen kinder- und jugendpsychiatrischen Praxis diskutiert: die durch das Mitagieren der Rechtsanwälte in Kampfscheidungen entstehenden Beeinträchtigungen beim Kind und die erweiterten Aufgaben des Gutachters in der Motivforschung und in der Einschätzung der Prognose beim Strafverfahren. Weit über das traditionelle Verständnis einer formalisierten Sachverständigenrolle hinaus hat er auch als Mentor des betroffenen Täters oder Opfers zu fungieren, ohne dabei seine kritische Distanz zu verlieren. Dies erfordert die Fähigkeit, zwischen Empathie und Identifikation auf der einen und kritischer Reflexion auf der anderen Seite immer wieder wechseln zu können.

Bei all dem scheint mir wichtig, sich das zu bewahren, was die wissenschaftliche und menschliche Haltung Reinhart LEMPPS auszeichnete: "Es scheint mir, daß jedes einzelne dieser Schicksale verdient, beachtet und zur Kenntnis genommen zu werden.", schreibt er in seinem Buch "Extrembelastung im Kindes- und Jugendalter".

Literatur

Lempp, R.: Jugendliche Mörder. Eine Darstellung an 80 vollendeten und versuchten Tötungsdelikten von Jugendlichen und Heranwachsenden. Bern Stuttgart Wien (Huber) 1977.

Lempp, R.: Extrembelastung im Kindes- und Jugendalter. Über psychosoziale Spätfolgen nach nationalsozialistischer Verfolgung im Kindes- und Jugendalter anhand von Aktengutachten.Bern Stuttgart Wien (Huber) 1979.

Lempp, R.: Gerichtliche Kinder- und Jugendpsychiatrie. Ein Lehrbuch für Ärzte, Psychologen und Juristen. Bern Stuttgart Wien (Huber) 1983.

Die Behandlung und Betreuung straffälliger Jugendlicher

Ist Strafe Erziehung? - Strafe statt Erziehung oder Erziehung statt Strafe?

Reinhart Lempp

"Strafe muß sein" lautet ein geflügeltes Wort, das wir ohne Bedenken, ohne darüber nachzudenken, verwenden, wenn jemand nach selbstverschuldetem Geschehen die unangenehmen Folgen tragen muß. Dabei ist die Strafe mit der Tat unmittelbar verbunden , und das Gesetz, welches bestimmt, welche Handlungen und welches Verhalten verboten sind, heißt nicht Verbotsgesetz, sondern Strafgesetz. Tatsächlich gibt es wohl keinen Staat und keine Gesellschaftsordnung, in denen es keine Strafgesetze gibt. Dennoch wird immer wieder der alte Strafrechtslehrer Gustav RADBRUCH zitiert, der 1932 schon meinte: "Es möchte vielmehr gerade so liegen, daß die Entwicklung des Strafrechts über das Strafrecht einstmals hinwegschreiten und die Verbesserung des Strafrechts nicht in ein besseres Strafrecht ausmünden werde, sondern in ein Besserungs- und Bewahrungsrecht, das besser als Strafrecht, ja sowohl klüger wie menschlicher als das Strafrecht wäre".

Die Strafe wird allenthalben ganz selbstverständlich als ein Teil, als ein Instrument der Erziehung betrachtet, und als Kinderpsychiater kann man im Gespräch mit Eltern, die ihre Kinder mißhandelt haben, mit Erschrecken bemerken, daß für diese - und auch für viele, die ihre Kinder nicht mißhandeln - Erziehung und Strafe im Grunde dasselbe sind. Dabei reicht Strafe von der Ohrfeige und vom Fernsehverbot über Hausarrest zur körperlichen Züchtigung, bis hin zur brutalen Quälerei. Damit ist die Strafe bei uns das selbstverständliche und auch als körperliche Züchtigung noch immer das legitime Mittel zur Erziehung, indem einem Schuldigen - oder vermeintlich Schuldigen -, bewußt und absichtsvoll ein empfindliches Übel zugefügt wird, sei es, daß ihm oder ihr etwas Wertvolles - Geld - oder ihm oder ihr die Freiheit genommen wird. Und die Körperstrafe würden nicht wenige gerne wieder einführen, wenn sie von jugendlichen Taschenräubern, Einbrechern oder Asylheimbrandstiftern hören. Das Züchtigungsrecht der Erziehungsberechtigten ist trotz einer seine Abschaffung fordernden Empfehlung der Gewaltkommission der Bundesregierung (REMSCHMIDT, SCHMIDT und STRUNK 1990) offenbar immer noch eine "heilige Kuh", so daß die Regierung sich nach einem neuen Entwurf zum § 1631 BGB immer noch nicht getraut, das Züchtigungsrecht zu beseitigen, sondern nur die Mißhandlung verbietet, ohne zu definieren, wie sie sich gegenüber der Züchtigung abgrenzen ließe.

Es scheint an dieser Stelle notwendig, sich einmal darüber klar zu werden, was wir unter Erziehung zu verstehen haben. PESTALOZZI soll gesagt haben: Erziehung sei "Vorbild und Liebe". Wir würden heute vielleicht sagen "Identifikationsangebot und emotionale Bindung". Das Entscheidende dabei ist die Bindung, d.h. eine enge und möglichst tragfähige Beziehung zwischen zwei Menschen, die die Voraussetzung für eine gegenseitige Verpflichtung bedeutet. Ich stelle diese Bindung deswegen in den Vordergrund, weil ich bei allen Jugendlichen, die zum Kreis der Verwahrlosten, der Wiederholungstäter und Hangtäter gehören, ausnahmslos ein Defizit, ja das Fehlen einer solchen Bindung feststellen kann, die aber nur ganz selten auch Ausdruck einer völligen Bindungsunfähigkeit bedeutet. Viel eher zeigen diese Jugendlichen einen Bindungshunger, dessen Befriedigung sie allerdings wegen negativer Vorerfahrung selbst verhindern. Eine solche tragfähige Bindung, die zur gegenseitigen Verbindlichkeit wird, entsteht schon im frühen Kindesalter und baut sich allmählich durch unzählige Wiederholungen positiver Erfahrungen mit einer Bezugsperson auf, wobei eben die positiven Erfahrungen unter dem Strich die unvermeidlich negativen Erfahrungen überwiegen sollen. Die Entwicklung einer solchen Bindung entspricht einem Grundbedürfnis des Menschen, und aus einer positiven Bindung erwächst auch die Bindungsfähigkeit gegenüber anderen Menschen, schließlich auch eine solche gegenüber den Menschen als solchen und gegenüber der abstrakten Form der Gesellschaft überhaupt. Im Grunde äußert sich diese Bindung beim Kinde darin, daß das Kind aufgrund seiner Erfahrung bemüht ist, der Bezugsperson, im allgemeinen seinen Eltern zuliebe etwas zu tun und vor allem etwas zu unterlassen. Das Kind verhält sich dem Vater oder der Mutter zuliebe in einer bestimmten Weise und ist im Grunde bemüht, alles zu unterlassen, was die Eltern enttäuschen oder traurig machen könnte. Es möchte sein wie die Bezugsperson und sich verhalten wie diese. Natürlich versuchen Kinder schon mit 2 und 3 Jahren, die Grenzen und die Stabilität dieser Bindung zu erproben und zu testen, und ein solches Verhalten wiederholt sich dann im Reifungsalter der Pubertät. Das Erfahren einer hinreichend stabilen positiven Bindung zwischen dem Kind und den das Kind betreuenden Erwachsenen sehe ich als eine grundsätzliche Basis und Voraussetzung für die Sozialisationsfähigkeit überhaupt. Erst die emotionale positive Bindung bedeutet eine erfolgreiche Sinnsuche im Leben und ist die Voraussetzung nicht nur für soziale Einordnung, Solidarität, Hilfsbereitschaft und schließlich die Anerkennung der Gesetze, die sich die Gesellschaft selbst gegeben hat, sondern auch eine Voraussetzung für Zuverlässigkeit und Verhaltensstabilität. Es ist nach aller Erfahrung für den Menschen kaum erträglich, ohne positive Bindung und Beziehung zu leben. Diese Bindungsnotwendigkeit ist dann auch oft der Grund, warum die jugendlichen Wiederholungstäter Ersatz für die ihnen fehlende Bindung bei der Gruppe, der Bande, der Gang suchen und finden. Dort werden sie ohne Leistungserwartungen akzeptiert, wenn sie sich nur den Gruppennormen unterwerfen und die Wertordnung der Gruppe übernehmen. Ich kenne eine Reihe von jugendlichen Straftätern, welche innerhalb einer Gruppe Straftaten begingen, die sie allein zu begehen weit von sich gewiesen hätten, und die auch ihrer noch vorhandenen, wenn auch instabilen Wertnorm durchaus widersprachen. Sie standen aber vor dem Problem, jegliche Bindung zu verlieren, wenn sie entsprechend ihrer eigenen Wertordnung handeln würden, was einer existentiellen Bedrohung gleichgekommen wäre. Die Bedeutung der Bindung wurde auch von juristischer Seite, z.B. von Karl PETERS betont. Er sagt: "Um das Wesen der Schuld zu erhellen, ist wiederum der Rückgriff auf die Liebe notwendig. Das Versagen im Einzelfall findet seinen Ursprung in der Schwäche der Liebeshaltung. Schuld ist in meiner Sicht das Nicht-bereit-sein zum ständigen Bemühen um die Liebe und die sich aus ihr ergebenden Einzelwerte ... Aus diesem Unterlassen erwächst die unter Umständen zur Begehungszeit nicht mehr vermeidbare Tat." In einer Fußnote sieht er die Einzeltatschuld in einer Lebensführungsschuld, wobei man allerdings gleich die Frage stellen kann, ob dem heranwachsenden Kind und dem Jugendlichen dafür eine Schuld zugemessen werden kann, daß ihm zu Beginn seines Lebens die Erfahrung einer positiven und tragfähigen Beziehung vorenthalten wurde. Wir können aber im Hinblick auf die Funktion der Erziehung in der Jugendkriminalrechtspflege als wesentlich feststellen, daß Erziehung als Bindung immer vorwiegend emotional ist und weniger rational. Aber auch in ihrem rationalen Anteil kann sie nicht von der Emotion getrennt werden. Dies gilt aber auch für Erziehung, die als "Liebe und Vorbild" viel weniger ein Tun ist als vielmehr ein Sein. Wo die Emotionalität in der Erziehung fehlt oder mangelhaft ist, kann sie auch nur einen negativen Erfolg haben, bestenfalls wird sie zur Dressur.

In diesem Zusammenhang haben wir nun die Bedeutung der Strafe zu betrachten: Wenn also Erziehung Vorbild und Liebe ist und nicht nur Dressur, dann hat die Strafe im Raume der Erziehung keinen Platz. Es finden sich für diese Feststellung Zeugen sowohl außerhalb wie auch innerhalb der Justiz. Theodor FONTANE schreibt in "Meine Kinderjahre", wie seine Mutter immer nur Strafmandate erlassen habe, die Ausführung aber dem Vater, wie einem dafür Angestellten, zugewiesen habe. Er schreibt dann weiter: "All das waren so Proben aus dem verunglückten Detail der Erziehung oder, ich könnte auch sagen, unerwünschte Leistungen auf dem von beschränkten Leuten zurecht eigentlich als "Erziehung" angesehenen Gebiete, weil beschränkte Leute von der Erziehungsvorstellung die Vorstellung der Strafe nicht trennen können." Und in dem Roman "Herzenswünsche" der englischen Schriftstellerin Fay Weldon finde ich den folgenden Abschnitt: "Wie gerne würde ich das Wort "Strafe" aus unserer Sprache verbannt sehen! Ich habe noch niemanden kennengelernt, ob Kind oder Erwachsenen, der "bestraft" wurde und sich deshalb gebessert hat. Strafe ist etwas, das die Mächtigen den Machtlosen auferlegen. Sie erzeugt Trotz, Groll, Furcht und Haß, aber keine Reue, Besserung oder Einsicht. Strafe macht alles nur noch schlimmer, nicht besser. Sie trägt zur Summe menschlichen Elends bei, statt Leid zu reduzieren". Sie fährt fort: "Natürlich dürfen sie dem Kind, das die Finger in die Steckdose schiebt oder über die Straße rennt, ohne sich umzusehen, auf jeden Fall eine runterhauen - das läßt sich auch gar nicht vermeiden. Es ist auch eher eine Reaktion als eine echte Strafe, und das Kind verzeiht ihnen sofort dafür - wenn sie aber ein gut erzogenes Kind haben wollen, dann bedenken Sie bitte, daß ein Stirnrunzeln, ein gequälter Seufzer der Mutter, die sonst immer lächelt, viel mehr vom Kind gefürchtet wird, als eine Tracht Prügel und eine Standpauke von der Mutter, die sowieso immer gleich haut". Die Schriftstellerin weist dabei gleich auf einen wichtigen Unterschied hin: Die impulsive Ohrfeige ist keine erzieherische

Handlung als solche, sondern eine durchaus menschliche Entlastungsreaktion dessen, der ohrfeigt. Sie zeigt dem geohrfeigten Kinde die Betroffenheit des Erwachsenen, die das Kind auch verstehen kann, und wirkt allenfalls durch die Demonstration seiner Betroffenheit erzieherisch auf das Kind. Denn die Betroffenheit, ebenso wie die Traurigkeit desjenigen Menschen, der für das Kind in seiner emotionalen Beziehung wichtig und von Bedeutung ist, ist das eigentlich erzieherisch Wirksame, denn das Kind sieht dadurch die existentiell wichtige emotionale Beziehung in einer Gefahr, die es dann in Zukunft nach Möglichkeit zu vermeiden sucht. Es zeigt aber auch, daß eine Strafe in diesem Sinne, d.h. die Betroffenheit und die Traurigkeit und die dadurch deutlich gemachte Gefahr des Beziehungsverlustes als Strafe nur von demjenigen vermittelt werden kann, der das Kind liebt und den das Kind liebt oder lieben möchte. Strafe in dieser Form, also gewissermaßen innerhalb der Beziehung, kann nur derjenige üben, der das Kind liebt und dessen Liebe für das Kind wichtig und von Bedeutung ist. Schon die Ohrfeige des Lehrers, wie dies in meiner Jugend noch durchaus üblich war, und seine Betroffenheit konnte den Schüler nicht emotional berühren, wenn er sich ohnehin von diesem Lehrer ungerecht behandelt, d.h. nicht geliebt fühlte. Ich habe von meinem Beruf als Kinder- und Jugendpsychiater her sehr viel mit Jugendlichen zu tun, welche soziale Probleme, Probleme mit ihrer Eingliederung in unsere Gesellschaft haben, und habe in diesem Rahmen auch viele jugendliche Straftäter für die Jugendgerichte begutachtet.

Aus dieser Erfahrung heraus stellt sich zunächst einmal die Frage: Welche Jugendlichen werden Straftäter? Dabei will ich nicht so sehr von solchen Jugendlichen ausgehen, welche spektakuläre Gewalttaten, Mord und Totschlag verüben. Hier handelt es sich in aller Regel um Affekttaten. Diese Affekttäter sind nach meiner Erfahrung oft sonst sozial ganz ordentlich integrierte, zumindest unauffällige Jugendliche, und man wird immer wieder mit der Erkenntnis konfrontiert, daß es recht zufällige Konstellationen sind, welche solche Taten geschehen lassen. Ich will mich auch nicht mit typischen Tätern des Reifungsalters befassen, welche gewissermaßen auf der Suche nach neuen Wertordnungen die Grenzen ihres altersbedingten Protestes gegen eine Gesellschaft oder auch nur gegen die eigenen Eltern ausprobieren wollen, oder im Wechsel der Bezugsgruppe, wie dies WALTER dargestellt hat, auch vorübergehend abweichenden Werthaltungen nachgeben. Diese Jugendlichen haben im allgemeinen keine schlechte Sozialprognose, wenn man adäquat auf solche altersspezifischen Entgleisungen reagiert. Auch diejenigen jugendlichen Gewalttäter, die wie in einer Epidemie mit Anschlägen auf Asylantenheime uns zunehmend beunruhigen, stehen nicht im Mittelpunkt meiner Erörterungen. Es wäre meines Erachtens verhängnisvoll, wenn wir sie alle trotz ihrer schwer kriminellen Handlungen pauschal als genuine Kriminelle ansehen würden. Es sind wohl enttäuschte Jugendliche, die keine Zukunft für sich sehen und ihre Wut, Angst und Unsicherheit an den noch Schwächeren, den Asylanten auslassen, nicht wegen eines grundsätzlichen Fremdenhasses, sondern weil sie mit diesem Thema am ehesten Resonanz bei vielen ebenfalls enttäuschten Erwachsenen finden und sich damit gegen die offizielle Politik wenden können, der sie die Schuld an ihrer Situation zuschreiben. Sie erleben, daß "der Staat" den Fremden hilft, sie aber, so meinen sie, im Regen stehen lasse. Es ist der Protest des Sohnes gegen die vermeintliche Bevorzugung des angenommenen fremden Kindes, der hier wie dort ernst zu nehmen ist. Natürlich finden sich auch Trittbrettfahrer darunter, die eine Gelegenheit sehen, hier ihre spätpuberalen Aggressionen gegen die väterliche Staatsautorität ausleben zu können. Die wirksamste Hilfe gegen den vorgegebenen Fremdenhass wäre eine intensive Jugendsozialarbeit und die Schaffung positiver Zukunftsperspektiven für die Jugendlichen der neuen Länder.

Die Gruppe der jugendlichen Straftäter, die ich heute in den Mittelpunkt meiner Betrachtungen stellen will, sind diejenigen, die man früher in der Jugendhilfe als Verwahrloste bezeichnet hat, die sogenannten Wiederholungstäter oder Hangtäter, welche nach meist frühzeitigem Beginn mit strafbaren Handlungen, vorwiegend durch Eigentumsdelikte, durch Raub, Sachbeschädigung oder auch Körperverletzung kriminell werden, zum Teil allein, häufiger in der Gruppe. Diese stellen ja offenbar für die Jugendkriminalrechtspflege die größte Herausforderung dar, weil sie auf die üblichen Sanktionen des Jugendstrafrechts nicht mit der erwarteten Beendigung ihres kriminellen Verhaltens reagieren, sondern unberührt von Verwarnung, Arbeitsauflagen, Zuchtmittel, Jugendarrest und Jugendstrafe, zunächst zur Bewährung ausgesetzt und dann vollstreckt, ihre kriminelle Karriere zielstrebig und scheinbar unbeeinflußbar festigen und vollenden. Es ist die Gruppe, welche Jugendhilfe, Jugendgerichtshilfe und Jugendgerichte zur Hilflosigkeit verdammen. Solche Karrieren lassen nicht selten bei denen, die sich um diese Jugendlichen bemühen, den Verdacht entstehen, daß vielleicht auch die Reaktionen, welche das Jugendgerichtsgesetz anbietet, nicht nur offensichtlich vergeblich, sondern vielleicht auch sinnlos oder gar kontraproduktiv sind. Man kann die Frage nach der Ursache der Kriminalität dieser Gruppe natürlich auch andersherum stellen: Warum werden die anderen Jugendlichen nicht kriminell? Warum können die einen den Anspruch der Gesellschaft und die Einhaltung einer gesetzten Ordnung anerkennen, und andere wiederum nicht? Der Zweifel am Erfolg der Bestrafung, der gerade aus den Erfahrungen mit dieser Tätergruppe erwächst, war im Grunde wohl auch die Triebfeder für das ursprüngliche Jugendgerichtsgesetz, das sich als Erziehungsstrafrecht und Täterstrafrecht bezeichnete. Es steht, worauf SCHÜLER-SPRINGORUM kürzlich hinwies, die Erziehung als Leitmotiv seit mehr als einem Jahrzehnt mitten im Kreuzfeuer der Kritik. Die einen bezweifeln den Erziehungscharakter des Strafrechts von seinem Ansatz her, wie z.B. OSTENDORF , der in diesem Zusammenhang ausführt, daß in einem freiheitlichen Staatswesen es dem Staat letztlich egal sein müsse, aus welchen Motivationen heraus seine Gesetze befolgt werden, ob aus Konvention, aus Angst vor Bestrafung, aus Gleichgültigkeit oder aus innerer Überzeugung. Andere, wie HELMER sehen im Grunde das Jugendgerichtsgesetz als gescheitert an, weil die Jugendkriminalität weiter angestiegen sei. Dem wiederum wurde von PFEIFFER für die 80iger Jahre widersprochen. Ich selbst habe mich kürzlich dahingehend geäußert, daß die Möglichkeiten, die unser Jugendgerichtsgesetz bietet, aus meiner Sicht in keiner Weise im Hinblick auf den Erziehungsgedanken ausgenützt werden, sondern daß es sich immer mehr in seiner Anwendung am allgemeinen Strafrecht orientiere.

Diese Diskussion entspringt möglicherweise aus einem Widerspruch, den viele empfinden, wenn Erziehung und Strafe in dieser Weise verbunden werden. Hieraus ergibt sich aber ganz zwangsläufig, daß eine Gesellschaft mit erzieherischer Wirkung nicht strafen kann, denn die Gesellschaft als Abstraktion kann auch niemanden lieben und kann nicht geliebt werden.

Wenn dagegen SCHÜLER-SPRINGORUM , den ich aus seinem Buch "Kriminalpolitik für Menschen" gerne und wiederholt zitiere, die Strafe als "Gegenschlag" beschreibt, die Emotionen wecke - allerdings nur negative Emotionen -, dann macht er mit seinem Hinweis, daß sich im Talions-Prinzip (Auge um Auge, Zahn um Zahn) Aggressions- und Gerechtigkeitslust vermählen, die eigentliche Grundlage der Strafe nach dem Strafrecht erst deutlich. Sie ist nicht mehr momentane Reaktion und Abreaktion der Gesellschaft - im Hinblick auf die lange Dauer der Strafverfahren ist sie ohnehin nicht mehr eine unmittelbare Reaktion -, sondern sie ist die Demonstration der Macht des Stärkeren, der Gesellschaft gegenüber demjenigen, der sich ihr und ihren Gesetzen nicht unterwirft, d.h. sie ist Rache. Zwar entspricht das Talions-Prinzip weniger dem einer Rache als einer Wiederherstellung eines Gleichgewichts, und damit dem Schutze einer Angemessenheit, d.h. dem Schutz vor einer Eskalation der Auseinandersetzung. Es hat aber jedenfalls nichts mit Erziehung zu tun.

Die Erziehung im Strafrecht, so wie sie auch im Jugendgerichtsgesetz gemeint ist, geht von einem falschen Erziehungsbegriff aus, von einem Erziehungsbegriff, der die notwendige positive Emotionalität im Zusammenhang mit Erziehung außer Betracht läßt, weil in der Regel eine positive Beziehung weder vorhanden ist noch durch die Mittel des Strafrechts hergestellt werden kann. Die Strafe im Strafrecht, auch im Jugendstrafrecht, kann allenfalls Dressur bewirken. Dem Strafgedanken des Staates wird man dagegen unter Beachtung des Prinzips der Abspaltung und Ausgrenzung viel näher kommen. Gerade in totalitären Staaten wird dieses Ausgrenzungsprinzip mit der dort u.a. auch praktizierten Ausbürgerung sehr viel deutlicher. Es entspricht dem alttestamentarischen Prinzip des Sündenbocks, also der Projektion der eigenen Sündhaftigkeit auf den Täter, den man aufgrund seines Verhaltens nun in die eigene Gewalt gebracht hat, den man mit seinen eigenen Sünden beladen und in die Wüste schicken kann zur eigenen Entlastung. Erziehung und Strafe ist aber schon deswegen nicht vereinbar, weil ich den Straftäter, den ich angeblich in der Gemeinschaft behalten, ihn zumindest wieder in die Gemeinschaft aufnehmen möchte, nicht als Sündenbock fortschicken kann. Man kann nicht "ein bißchen Sündenbock" sein und dann wieder aus der Wüste zurückkommen, denn dann hätte das auch keine entlastende Wirkung für die Zurückgebliebenen mehr. Nur der Sündenbock, der definitiv in der Wüste verbleibt, kann die Zurückgebliebenen, die Gemeinschaft entlasten und damit stabilisieren, und diese Stabilisation, die Festigung der Gemeinschaft ist sicher ein wichtiges und auch nicht unberechtigtes Anliegen jeder Gemeinschaft. Nur darf man wiederum nicht von Erziehung sprechen. Wenn SCHÜLER-SPRINGORUM provokant das bekannte Bon-Mot, eine jede Gesellschaft habe die Kriminalität, die sie verdiene, variiert und sagt: "Jede Kriminalität hat die Gesellschaft, die ihr dient!" so möchte ich erneut variieren und sagen: "Jede Gesellschaft hat auch die Kriminalität, die ihr dient."

Die Strafe unter der Fahne angeblicher Erziehungsabsicht und Wiedereingliederungsbemühungen, insbesondere die Freiheitsstrafe, kann aber, da sie ein brauchbares Bindungsangebot nicht bieten kann und auch gar nicht bieten will, nach alledem eine Spezialprävention nicht leisten. Wie weit sie einer Generalprävention dient, scheint mir zweifelhaft, braucht aber hier nicht erörtert zu werden.

Der Direktor einer Justizvollzugsanstalt für Erwachsene sagte mir einmal kurz vor Ende seiner beruflichen Laufbahn, daß er aufgrund seiner Erfahrung davon überzeugt sei, daß ein Strafgefangener, der nach der Strafentlassung nicht mehr rückfällig werde, auch ohne die Gefängnisstrafe nicht mehr rückfällig geworden wäre. Und BULCZAK, der Direktor der Jugendvollzugsanstalt Hameln bestätigt diese These, wenn er sagt, die Verhängung von Jugendstrafe sei nicht geeignet, einen jungen Straffälligen zu erziehen, er werde lediglich zusätzlich stigmatisiert und seine Persönlichkeit infolge negativer Sozialisationsprozesse in der Insassensubkultur deformiert. BULCZAK meint allerdings, daß die konsequente Forderung nach Abschaffung der Jugendstrafe und des Jugendstrafvollzugs unter den gegenwärtigen gesellschaftlichen Bedingungen eine reine Utopie sei. Und SCHÜLER-SPRINGORUM schließlich führt dazu aus, daß wir uns, wo schließlich und letztlich Strafe "sein muß", stets vergegenwärtigen sollen, in welchem Umfang wir damit eigene Bedürfnisse befriedigen: "Bedürfnisse, die wir zwar mit so vielen teilen, daß wir uns ihrer kaum zu schämen brauchen. Gerade deshalb aber sei jenes Bewußtsein so wichtig, denn wo Strafe "sein muß", sei ihr individualpräventiver Nutzen nur allzu häufig gering oder Null. Im Gegenteil, Strafe kann in solchen Fällen individuell sehr wohl schaden, und dann hat auch die Gesellschaft keinen Nutzen davon".

Wenn also, wie gezeigt wurde, kriminelles Verhalten insbesondere bei Jugendlichen auf ein Bindungsdefizit zurückzuführen ist, das durch Strafe nicht ausgeglichen werden kann, sondern im Gegenteil durch jede Strafe noch vertieft, verfestigt und fortschreitend irreparabel gemacht wird, muß die Frage gestellt werden, ob solche frühkindlichen Bindungsdefizite überhaupt ausgleichbar und nachholbar sind. Bindung kann sicherlich nicht angeordnet oder erzwungen werden, sie kann aber angeboten werden. Dabei müssen wir davon ausgehen, daß das Fehlen einer positiven emotionalen Beziehung von den Betroffenen unbewußt, zum Teil auch bewußt durchaus als Defizit empfunden wird, und daß eine geheime Sehnsucht nach solchen Bindungen bei ihnen regelmäßig zu finden ist, allerdings aber auch gespeist aus zahllosen negativen Erfahrungen eine zunehmende Angst vor neuen Enttäuschungen und dem Abbruch neuer Beziehungen. Dann kann es nur darum gehen, im Rahmen einer echten Sozialisationshilfe den Betreffenden wenigstens ein solches Bindungsangebot zu machen. Dabei möchte ich der weitverbreiteten These, solche Defizite in der frühen Kindheit ließen sich nach Ablauf der Kindheit nicht mehr ausgleichen, grundsätzlich widersprechen. Vielleicht sind sie tatsächlich nicht mehr völlig ausgleichbar, aber es ist doch einiges nachholbar, und eine zufriedenstellende Bindung, mit der es sich leben läßt, auch sozial hinreichend eingeordnet leben läßt, eine solche Bindung ist durchaus nachholbar. Ich darf hierzu ein Beispiel schildern, welches dies beweisen kann (LINDEMANN):

In einem aussichtslos erscheinenden Fall eines Jungen wandte sich das Landesjugendamt Hessen an verschiedene sozialpädagogische und kinder- und jugendpsychiatrische Experten, und so gelangte der Fall auch zu mir. Ein Kind aus gestörten familiären Verhältnissen war in verschiedenen Heimen durch zunehmende Aggressivität und durch ständiges Weglaufen aufgefallen, so daß den Jungen schließlich kein Jugendheim mehr aufnehmen wollte und auch die kinderpsychiatrischen Kliniken keinen Ausweg mehr sahen. Man versuchte eine sogenannte Segelschifftherapie, von dort lief der Junge beim ersten Landgang mit zwei anderen Jugendlichen weg und tötete auf dem Weg zurück in die Bundesrepublik im Elsaß in einer Tiefgarage eine Frau, die ihn beim Auto-Aufbrechen ertappt hatte. Zur Tatzeit war der Junge noch keine 14 Jahre alt, weswegen er noch nicht in die Zuständigkeit der Justiz fiel. Das Landesjugendamt ließ den Jungen vielfach begutachten. Dabei wurde eine mehrjährige geschlossene Unterbringung in einer Jugendpsychiatrie vorgeschlagen, die sich jedoch nicht realisieren ließ und auch keine befriedigende Lösung schien. Ich schlug dem Landesjugendamt vor, für den Jungen zwei, besser drei Sozialpädagogen einzustellen, die ihn rund um die Uhr betreuen sollten. Das Landesjugendamt konnte diesem utopisch erscheinenden Vorschlag nicht in vollem Maße nachkommen, es stellte aber dennoch einen Sozialarbeiter ein, der ausschließlich für den Jungen zuständig war. Der ärztliche Direktor einer psychiatrischen Anstalt, welche der Aufnahme, Verwahrung und Behandlung psychisch kranker Rechtsbrecher dient, erklärte sich auch ohne Zuständigkeit bereit, den Jungen zunächst aufzunehmen. Er wurde dort täglich von dem Sozialarbeiter besucht und betreut. Nach längerer Zeit konnte er in ein offenes Jugendheim entlassen werden, wohin dann ebenfalls der Sozialpädagoge mitging. Nach manchen Problemen und Rückschlägen kam es jedoch inzwischen so weit zu einer Stabilität, daß der junge Mann einen handwerklichen Beruf erlernt und eine Frau gefunden hat und bisher strafrechtlich nicht mehr auffällig geworden ist.

Es sind hier einige glückliche Umstände zusammengetroffen, insbesondere die Nichtzuständigkeit der Justiz und damit die Zuständigkeit der Jugendhilfe, ein Landesjugendamt, das bereit war, ungewöhnliche Maßnahmen zu ergreifen, unterstützt und bestärkt von einer engagierten Sozialministerin, ein Klinikdirektor, der über seine Zuständigkeit hinaus das Notwendige tat, und vor allem ein engagierter und geduldiger Sozialpädagoge, der sich selbst als Partner und Identifikationsperson über alle Rückfälle hinweg anbot. Die teure Investition eines eigenen Sozialarbeiters für diesen einen Fall hat sich längst bezahlt gemacht, wenn man die zu erwartenden Kosten einer lebenslangen Unterbringung, von der man zunächst ausgegangen war, in Rechnung stellt. Das Entscheidende scheint mir in diesem wie in allen entsprechenden Fällen das Bindungsangebot zu sein, das der Betreffende dann schließlich anzunehmen bereit war. Auch im Jugendstrafvollzug kann es das eine oder andere Mal dazu kommen, daß ein jugendlicher Häftling von einem Vollzugsbeamten, einem Sozialarbeiter oder Psychologen ein solches Bindungsangebot vorfindet und aufnehmen kann. Dies ist allerdings oft dadurch erschwert oder wird wieder zunichte gemacht, weil die Bedeutung solcher Bindungen nicht erkannt wird. Die Psychologen und Sozialarbeiter der Vollzugsanstalten sind dazu im allgemeinen einfach deswegen nicht in der Lage, weil sie in die Anstaltshierarchie miteingebunden sind und mitentscheiden über Vollzugserleichterungen und Entlassung, und damit als Vertrauensperson und Psychotherapeut von vorneherein ausscheiden. Auch scheint vielfach in den Justizministerien noch die Vorstellung zu bestehen, Psychotherapie sei so etwas wie Kurzwellenbestrahlung, es müsse nur in der anderen Anstalt das gleiche Gerät vorhanden sein, das die Bestrahlung fortsetzt, dann sei dem Therapiebedürfnis Genüge getan. Daß es sich hier um personale Beziehungen handelt und daß deshalb bei einer Verlegung in eine andere Anstalt jeder positive therapeutische Effekt in sein Gegenteil verkehrt wird, das wird häufig nicht erkannt. Die Justiz ist, so scheint mir, nicht therapiefähig, sowohl transitiv wie intransitiv. Daß die Justizvollzugsanstalt als solche für manche jugendlichen Täter mit einer Bindungsangst und fehlender sozialer Reife so etwas wie Geborgenheit und Sicherheit bieten kann, ist mir in der letzten Zeit wiederholt begegnet. So beging ein Heranwachsender mit einer typischen, sich über viele Jahre erstreckenden klassischen kriminellen Karriere noch am Abend seiner Entlassung und am Ort des Jugendstrafvollzugs einen Einbruchdiebstahl und entwendete ein Auto, mit dem er sich wenige Stunden später erwischen ließ, nur um so schnell wie möglich wieder in die Sicherheit der Jugendstrafanstalt zu kommen. Er hatte sich auch eine Gaspistole besorgt gehabt, auf die er die Polizei bei der Fahrzeugkontrolle sogleich hinwies mit der Angabe, er habe damit bei einer Festnahme auf die Polizei schießen wollen. Offenbar wollte er sicherstellen, daß er auch gewiß wieder sofort in Haft kam. Er hatte vor dem Leben draußen, dem er sich in keiner Weise gewachsen fühlte, Angst. Ich bin sicher, daß sich ähnliche unbewußte Motive bei vielen Wiederholungstätern finden ließen. Hier könnte nur eine während der Haft eingeleitete engmaschige Betreuung, die zu einer gewissen Bindung führen kann, helfen, sie müßte aber kontinuierlich auch über die Zeit der Entlassung hinweg dem Betreffenden zur Verfügung stehen. Das Problem der Bindungsanbahnung ist zweifellos ein schwieriges Problem. Der vor mehreren Jahren früh verstorbene Sozialpädagoge Martin BONHOEFFER vertrat die Idee eines sogenannten "Kinderknastes", wobei allerdings der jedes einzelne Kind betreuende Sozialpädagoge oder die Sozialpädagogin zusammen mit dem Kind oder Jugendlichen in die geschlossene Einrichtung gehen, dort wohnen und nach Anbahnung der Bindung mit ihm gemeinsam die Einrichtung verlassen sollte, um draußen zunächst weiter mit ihm zusammen zu leben. Das Wesentliche dieser Utopie ist die Erfahrung, daß von vielen dieser betroffenen Jugendlichen, zum Teil noch im Kindesalter, ein solches Bindungsangebot aus Angst vor einem erneuten Scheitern einer solchen Beziehung, wie sie es in ihrem Leben schon oft erfahren mußten, abgelehnt wird. Die Kinder und Jugendlichen laufen erneut weg, und eine Beziehung kann so nicht entstehen, eine Bindung schon gar nicht. Ich meine allerdings, daß dazu nicht unbedingt geschlossene Einrichtungen notwendig sind, sondern daß das Entscheidende das 1:1-Verhältnis von Betreuer und Jugendlichen ist. Das Kind oder der Jugendliche mit seinen neurotischen Riesenansprüchen an Zuwendung muß wissen, daß dieser eine Sozialpädagoge oder die Sozialpädagogin nur für ihn zuständig ist, und daß er sie mit niemandem teilen muß, was er auch gar nicht könnte, und der Pädagoge oder die Pädagogin muß sich auf diesen einen von ihnen zu betreuenden Jugendlichen konzentrieren können. Das aber sind im Grunde

Aufgaben der Jugendhilfe. Weil es jedoch zwei verschiedene Ressorts sind, die hier in ihrer Zuständigkeit betroffen sind, werden solche aufwendigen, wenn auch auf die Dauer billigeren Lösungen nicht ermöglicht. Die Jugendhilfe und die Sozialbehörden haben keine Veranlassung, der Justiz Geld zu ersparen, und die Justiz umgekehrt sieht keine Veranlassung, Jugendhilfe auf ihre Kosten einzusetzen. Solange wir kein einheitliches Jugendhilferecht haben, wie es Karl PETERS schon 1966 gefordert hat, in welchem für alle Jugendlichen bis 18 Jahre, besser noch auch für die Heranwachsenden bis 21 Jahre alle Resourcen der Sozialhilfe, der Justiz, des Gesundheitswesens und des Ausbildungswesens vereinigt sind, bei dem nur noch gefragt werden muß, was der betreffende Jugendliche benötigt und nicht mehr, wer dafür zu zahlen hat, so lange wird es hier keinen Fortschritt geben (LEMPP). Durch eine solche Vereinheitlichung der Mittel zur Hilfe zur Sozialisierung von Jugendlichen könnten große Summen gespart werden, allerdings müßten die vielen jetzt zuständigen Behörden, die hochqualifizierte Juristen beschäftigen, allein um ihre Nichtzuständigkeit zu beweisen, auf Macht und Mittel verzichten. Und daran wird die Realisierung scheitern.

Wir sind in der Diskussion jetzt bei der Jugendhilfe angelangt, die in der Diversion in den letzten Jahren zunehmend Beachtung findet und von der Justiz ausgenützt wird. Das Konstanzer Symposion über "Jugendstrafrechtsreform durch die Praxis" war dieser Bestrebung gewidmet. Ich sehe darin - von außen her betrachtet - einen ersten und wesentlichen Schritt in die richtige Richtung, wie er, so denke ich, eigentlich schon von den Verfassern des Jugendgerichtsgesetzes 1923 gemeint war. Diese Schritte sind alle im Rahmen des bisherigen Jugendgerichtsgesetzes jetzt schon möglich, wenn dieses nur in seinen gebotenen Möglichkeiten ausgenützt würde. Ich habe aber den Eindruck, daß die meisten Jugendrichter sich noch immer nicht vom Strafmaß des Erwachsenenstrafrechts lösen können, und daß ein Jugendlicher, der einen 20-Mark-Schein entwendet, härter bestraft wird als einer, der nur einen 10-Mark-Schein mitgenommen hat. PFEIFFER wies sogar nach, daß in der Strafzumessung die nach Jugendstrafrecht abgeurteilten Jugendlichen und Heranwachsenden deutlich schlechter gestellt sind als die nach allgemeinem Strafrecht Verurteilten. Ein Doktorand von mir, ZELTWANGER wies beispielsweise in einem auslesefreiem Vergleich innerhalb der Oberlandesgerichtsbezirke Stuttgart und Karlsruhe nach, daß Jugendliche und Heranwachsende einer 3 bis 4-fach erhöhten Gefahr ausgesetzt sind, bei einem Tötungsdelikt wegen Mordes verurteilt zu werden als ein Erwachsener. Unter solchen Voraussetzungen ist die von F. DÜNKEL geforderte Aktualisierung des Erziehungsgedankens in Gang gekommen, allerdings, so weit ich sehe, noch nicht im Bewußtsein, daß diese nichts, aber auch gar nichts mit Strafe zu tun haben kann, sondern eine Bindungshilfe darstellen muß.

Was muß demnach anstelle von Strafe angeboten werden, und wie müßte und könnte eine Hilfe für junge Straftäter aussehen?

Wenn wir uns im folgenden nicht von vorneherein auf die Gruppe der sogenannten Verwahrlosten, der Bindungslosen beschränken, sondern auch jugendliche oder heranwachsende Straftäter miteinbeziehen, die sich vor einem mehr oder weniger ungestörten psycho-sozialen Hintergrund gegen das Gesetz vergangen haben, dann scheint mir zunächst die Möglichkeit einer Wiedergutmachung im Vordergrund zu stehen. Dies ist wohl auch eine Forderung, die unter dem Gesichtspunkt der Gerechtigkeit und der Wiederherstellung einer Gesellschaftsordnung gerade für Jugendliche eine große Bedeutung hat. Aus der Erfahrung der Begutachtung einer ziemlich großen Zahl jugendlicher Tötungsdelinquenten weiß ich, daß diesen der Wunsch naheliegt, ihre Tat, die sie oft vor sich selbst nicht akzeptieren, ja nicht einmal mehr verstehen können, in irgendeiner Weise wiedergutzumachen. Daß dies gerade bei Tötungsdelikten nicht möglich ist, wissen sie auch, und sie bieten selbst Leistungen für die Gemeinschaft an, in denen sie eine gewisse Form der Wiedergutmachung sehen können, wie z.B. mehrjährige Pflege schwerstbehinderter Kinder oder ähnliche Dienstleistungen. Was sie dagegen nicht einzusehen vermögen, ist die Behauptung, daß eine mehrjährige Freiheitsstrafe irgendetwas wiedergutmachen könnte, und daß damit irgend jemandem gedient sei. Ich sage mit Vorbedacht "irgend jemandem gedient", also einer Person gedient zu haben und nicht irgend einem Ding, einer Sache, etwa einem für die Betroffenen völlig abstrakten und unfaßbaren Gerechtigkeitsbegriff. Die Wiedergutmachung würde eine Form darstellen, in der die Tat und ihre Folgen von der Entpersönlichung eines abstrakten Rechtes hinweg wieder zurück in eine persönliche Beziehung verwandelt werden könnte. Unterhalb der Schwelle solch schwerer Gewalttaten mit Verletzten und Todesopfern aber enthält ja die Liste der Straftaten Jugendlicher und Heranwachsender eine ganze Menge von Delikten, bei denen es gar keinen persönlich Geschädigten gibt. Ich denke dabei an die zerstörte Telefonzelle, an den Ladendiebstahl im großen Supermarkt, ja man kann diese Reihe fortsetzen über die Beraubung einer Tankstelle oder den Bankraub. Ein Heranwachsender, der angeklagt war, maskiert die Tankstelle seines Freundes überfallen und diesen beraubt zu haben, entgegnete auf den Vorhalt des Richters, wie er denn seinen eigenen Freund hätte berauben können, ebenso fassungslos wie naiv: "Ich habe doch gewußt, daß er versichert ist". Das gleiche gilt für den Kaufhausdiebstahl. Es ist hier niemand, der persönlich geschädigt wäre, und die Verluste durch den Ladendiebstahl werden ebenso wie die Versicherungsverluste beim Bankraub durch ein ausgefeiltes Versicherungs- und Rückversicherungssystem so gleichmäßig verteilt, daß die dadurch bedingten Preis- und Gebührenerhöhungen von niemandem wirklich wahrgenommen werden. Eine Wiedergutmachung und der in den letzten Jahren immer mehr versuchte Täter-Opfer-Ausgleich (SCHRECKLING) dienen einer solchen Personifizierung der Straftat. In früheren Jahrzehnten, als es noch kaum große Supermärkte gab, fühlte sich der jugendliche Ladendieb durchaus gehemmt, weil die Ladenbesitzerin hinter dem Ladentisch, die er bestehlen wollte, leibhaftig als persönlich Betroffene vor ihm stand. Wir müssen sehen, daß auch unsere Straftatbestände wie so vieles einer zunehmenden Entpersönlichung unterliegen, die es unreifen Menschen - aber auch vielen Erwachsenen, man denke nur an den Versicherungsbetrug - immer schwerer macht, den sich dadurch verändernden Rechtsbegriff wirklich zu internalisieren. Nun wird man den Täter-Opfer-Ausgleich nicht immer herbeiführen können, auch wird man nicht jedes Opfer zu einem solchen Schritt gegenüber dem Täter veranlassen können und dürfen. Aber allein schon die Erörterung dieser Möglichkeit und die Konfrontation des jungen Täters mit einem konkret von ihm verursachten Schaden und vor allem mit einer unmittelbar davon betroffenen Person können ihm helfen, seine soziale Verpflichtung einen Schritt weiter zu erkennen und sie auch innerlich zu akzeptieren. An dieser Stelle kann dann auch eine Wiedergutmachung durch eine soziale Leistung gegenüber Dritten ihren auch für den Jugendlichen verständlichen Sinn vermitteln.

In diesem Zusammenhang wird oft auch von Sühne und Buße gesprochen, die ein Vergehen gegen die Gesetze der Gemeinschaft fordere. Sühne leisten und Buße tun aber sind nur wirksam, sowohl für die eine solche fordernde Gemeinschaft, wie auch für den sich damit entlastenden Frevler, wenn sie freiwillig übernommen werden im Gefühl einer gegenseitigen Verpflichtung. Aber gerade an diesem Gefühl der Verpflichtung fehlt es ja, weil dieses nur aus der Erfahrung der emotionalen Bindung heraus erwachsen kann. Die Verpflichtung einer abstrakten Gemeinschaftsidee gegenüber entsteht aber in der psychischen und sozialen Entwicklung erst im Reifungsalter - wenn sie überhaupt entsteht - und nur auf dem Boden erlebter und erfahrener Bindung.

Bei der großen Gruppe jugendlicher Straftäter, von der ich in diesem Zusammenhang vor allem gesprochen habe, den sogenannten Verwahrlosten und Wiederholungstätern muß aus meiner Sicht eine sozialpädagogische Begleitung als Angebot zum Aufbau einer Bindung zur Verfügung gestellt werden. Ich spreche in diesem Zusammenhang mit Absicht von einer Begleitung und nicht von einer Psychotherapie, obwohl gerade bei Jugendlichen und Heranwachsenden Erziehung und Psychotherapie nicht auseinandergehalten werden können (LEMPP). Eine solche pädagogisch-therapeutische Begleitung müßte frühzeitig beginnen, möglichst bald nach Feststellung einer Straftat und nach Feststellung eines solchen psychosozialen Defizits beim betroffenen Jugendlichen. Sie müßte mit täglichen Kontakten beginnen, die erst nach einer hinreichenden Stabilisierung allmählich verringert werden können. Wenn eine Untersuchungshaft oder eine Heimunterbringung notwendig wird - oft nur deshalb, um den jungen Straftäter aus seinem bisherigen Milieu oder seiner defizitären Familie herauszunehmen, um überhaupt die Voraussetzung für die Aufnahme neuer Beziehungen zu schaffen, oder auch nur um ihn zunächst einmal vor sich selbst zu schützen -, dann müßte die pädagogische Begleitung in der Untersuchungshaft oder in diesem Heim bereits eingeleitet werden mit dem Ziel, auch nach der Entlassung aus der Untersuchungshaft oder aus dem Heim, eventuell mit einem Wechsel in eine Wohngemeinschaft, dort weitergeführt zu werden. Der regelmäßige Abbruch gewisser und nicht selten auch positiver Beziehungen zwischen jugendlichen Häftlingen und den Sozialpädagogen, Psychologen und Psychologinnen in der Anstalt nach der Entlassung aus derselben haben schon viele positive Resozialisierungsansätze zunichte gemacht. Da eine Rückkehr in ein meist zerrüttetes familiäres Milieu gerade im Reifungsalter nicht in Frage kommt und nur zu einer Fortsetzung und Prolongierung eingeschliffener negativer Verhaltensweisen führen kann, sollten personell gut besetzte, supervidierte kleine Wohngruppen an die Stelle der Jugendstrafanstalt treten. Eine pädagogische und eine Resozialisierung begründende

Rechtfertigung für eine längerfristige Freiheitsstrafe kann es zumindest im Bereich der Jugendlichen und Heranwachsenden - und ich würde auch die Jung-Erwachsenen miteinschließen, über die Erwachsenen will ich hier nicht reden - nicht geben. Auch in der Schweiz verzichtet man auf einen Freiheitsentzug, der über ein Jahr hinausgeht (DÜNKEL).

In letzter Zeit sind immer wieder Stimmen zu hören, die bei der allgemeinen Tendenz, die Jugendhilfe vermehrt einzuschalten, die Besorgnis äußern, Jugendliche würden dadurch einer immer größeren Kontrolle unterworfen und es komme auch zur Überbetreuung (HEINZ, KERNER, OSTENDORF). Diese Warnungen wären berechtigt, wenn die zentrale Funktion der sozialpädagogischen Begleitung die der Beaufsichtigung und Kontrolle wäre. Einer solchen als Kontrolle verstandenen Begleitung und Beaufsichtigung würden sich die betroffenen Jugendlichen erfahrungsgemäß sehr schnell entziehen, denn das ist nicht das, was sie suchen und brauchen, sondern das, was sie vielfach erfahren haben und fürchten, weil ihnen dabei regelmäßig das erhoffte Bindungsangebot vorenthalten wurde. Die Bindung bzw. das Bindungsangebot muß das eigentliche Motiv für den begleitenden Sozialpädagogen sein, und er muß dies auch zum Ausdruck bringen können. Eine damit natürlicherweise verbundene Kontrolle - nicht anders als die Kontrolle, welche die Mutter über ihr Kleinkind, oder die Erzieherin im Kindergarten über das Kindergartenkind ausübt - stellt gewissermaßen eine natürliche Nebenwirkung dar. Der Gefahr einer psychosozialen Überbetreuung wird man schon dadurch entgehen, daß ohnehin nicht genug dazu bereite und fähige Betreuer zur Verfügung stehen werden. Auch dient das soziale Netz in diesen Fällen wirklich nur solchen Jugendlichen, welche ohne ein solches Netz definitiv abstürzen würden. Wenn auf diese Weise für die Jugendlichen, von denen ich hier spreche, die Reaktion auf gesetzwidriges Handeln aus der Hand der Justiz genommen und einer erweiterten Jugendhilfe zugewiesen würde, könnte dies zur Sorge führen, das allgemeine Strafbedürfnis könnte sich auf eher unkontrollierte Weise seinen Weg bahnen. Wenn man tatsächlich davon ausgeht, daß dieses Strafbedürfnis, das ja nichts anderes ist als die Befriedigung der Aggressiontriebe der Strafenden, also der Gesellschaft, nicht doch überwunden werden könnte - vor wenigen hundert Jahren wurden ja entsprechend diesem Strafbedürfnis auch Kinder mit dem Tode bestraft, was heute doch auf allgemeine Entrüstung stoßen würde - dann sind die Sorgen nicht unberechtigt. Die fehlende Kontrolle würde ich nicht so schwer nehmen. Man kann ja nicht behaupten, im Rahmen der Jugendhilfe würden bisher Kinder und Jugendliche willkürlichen Repressionen unterworfen. Auch die Möglichkeit der Beteiligung der Eltern im Rahmen jugendhilflicher Maßnahmen wäre eher positiv zu werten. Wie man dem Bericht über die Vorschläge der DVJJ-Kommission zur Reform des Jugendkriminalrechts entnehmen kann, war diese Frage Gegenstand kontroverser Diskussion, die sich auch in Sondervoten niederschlug.

Eine solche hier dargestellte Form der Jugendrechtspflege erscheint wohl von vorneherein utopisch und als ein Traum. Abgesehen davon, daß nach SCHÜLER-SPRINGORUM die Kriminalpolitik ständig neuer Träume bedarf, sind auch Utopien notwendig, weil sie die Richtung anzeigen, in der weiter fortgeschritten werden muß. Bei dieser Utopie würde sich darüber hinaus der finanzielle Mehrbedarf, wenn es überhaupt einen gibt, in Grenzen halten. Wenn wir daran denken, was wir an Jugendstrafanstalten, Justizpersonal und Verwaltung dabei einsparen können, von verhinderten Rückfällen und den dadurch vermiedenen Schäden und Dauerunterbringungen einmal ganz abgesehen. Auch SCHÜLER-SPRINGORUM zitiert LÜDERSEN, wonach in der Tat im Vergleich zur Freiheitsstrafe die Kosten-Nutzen-Frage bereits zugunsten ambulanter Maßnahmen beantwortet sei.

Die Vorschläge der DVJJ-Kommission zur Reform des Jugendkriminalrechts entsprechen übrigens weitgehend einem Schritt in die Richtung auf diese Utopie hin, ein Schritt, den man sich auch größer hätte vorstellen können. Immerhin ist es manchmal besser, mehrere kleinere Schritte zu tun, um nicht bei zu großen Schritten das Gleichgewicht zu verlieren, wenn man sicher ist, daß man zwischen den kleineren Schritten nicht die Richtung aus dem Auge verliert. So ist die Abschaffung des unnützen, ja schädlichen Jugendarrestes (KEHRER) schon längst fällig und die Begrenzung der Jugendstrafe auf über 16-Jährige zu begrüßen. Auch die Beseitigung des Kriteriums der "schädlichen Neigungen" für eine Jugendstrafe ist schon deshalb folgerichtig, weil die mit diesem zweifelhaften Begriff gemeinten Jugendlichen gerade diejenigen sind, die ein Bindungsangebot brauchen und nicht langfristige Ausgrenzung zusammen mit Gleichgearteten. Gewisse Bedenken habe ich bei dem Vorschlag der Unterkommission III, die Tatproportionalität als limitierendes Prinzip in den Vordergrund zu stellen. Abgesehen davon, daß hier ebenso wie bei der "Schwere der Schuld" das Tatstrafrecht zur Hintertür wieder hereinkommt, zeigt der Verweis auf die Mindestgrundssätze der Vereinigten Nationen für die Jugendgerichtsbarkeit eigentlich nichts anderes, als daß Freiheitsstrafe dann anzuordnen ist, wenn einem nichts anderes mehr einfällt. Freiheitsentzug sollte meines Erachtens nur dann und nur solange erfolgen, bis ein Schutz des Jugendlichen in aktueller Situation vor sich selbst nicht mehr nötig und bis eine Möglichkeit einer Beziehungsanbahnung gegeben ist.

Was braucht also der jugendliche Straftäter - Hilfe, Erziehung oder Strafe? Zunächst würde ich gerne den Ausdruck Straftäter vermeiden, um die verhängnisvolle kurzschlüssige Beziehung von Gesetz und Strafe allmählich aufzulockern und lieber von Menschen sprechen, die gegen ein Gesetz verstoßen haben, wenn man will, eher von Rechtsbrechern - aber dieser Begriff ist zu schwerwiegend. Schon der Ausdruck Tat scheint mir, nach allem, was ich an Erfahrungen im Umgang auch mit Tötungsdelinquenten gemacht habe, unangemessen, denn allermeist ist es gar keine Tat, sondern eine Reaktion oder eine Kette von Reaktionen. Der Begriff "Tat" gründet immer noch auf den seltenen Kriminellen, wie er im klassischen Kriminalroman vorkommt.

Der Jugendliche, der gegen Gesetze verstoßen hat, bedarf, je nachdem, zu welcher Tätergruppe er zu rechnen ist, in jedem Falle der Hilfe. Helfen statt Strafen (ZULLIGER) ist ein altes, inzwischen etwas abgegriffenes Schlagwort, das aber seine Berechtigung keineswegs verloren hat. Man hat allerdings auch die Hilfe vielfach ebenso mißverstanden wie die Erziehung, schon deshalb, weil viele aus naheliegenden Gründen meinten, auch eine Strafe könne eine Hilfe sein. Es gibt viele Gründe und keineswegs nur schlechte, die einer Gesellschaft das Recht, ja sogar die Pflicht zuerkennen, alle diejenigen, die gegen eine von dieser Gesellschaft gesetzte Ordnung verstoßen haben, auch zu bestrafen. Nur darf man in diesem Zusammenhang nicht mehr von Erziehung sprechen. Die Gesellschaft darf sich aber auch nicht als eine christliche bezeichnen, denn in den Evangelien kommt das Wort Strafe nicht vor, und nach dem Sinn des neuen Testaments ist zumindest den Menschen das Recht abgesprochen worden, andere Menschen zu bestrafen. Dagegen sind wir ja als christliche Gesellschaft stets zur Hilfe am Mitmenschen aufgerufen. Hilfe ist eine Form des Dienstes aneinander, und die Erziehung ist nichts anderes, als eine Hilfe des Älteren für den Jüngeren, die nur dem Jüngeren dienen will, ohne eigene Bedürfnisse dabei zu befriedigen. Ich stimme daher HEINZ zu, wenn er am Erziehungsgedanken als "Eckpfeiler des Jugendstrafrechts" festhalten will. Nur sollten wir auch nicht mehr von Jugendstrafrecht sprechen, sondern eher von Konfliktrecht. Alle Menschen, die eine Gesellschaft bilden und dabei mit dem Gesetz in Konflikt geraten, benötigen die Hilfe ihrer Mitmenschen. Die Jugendlichen und Heranwachsenden unter ihnen brauchen sie in besonderem Maße und in besonderer Art, die wir als Erziehung verstehen können. Versuchen wir es also erneut mit einer richtig verstandenen Erziehung.

Literatur

BONHOEFFER, M.: Mündliche Mitteilung.

BULCZAK, G.: Rahmenbedingungen für eine erzieherische Ausgestaltung des Jugendvollzuges. ZfJ 73, 1986, 326-333.

DÜNKEL, F.: Das Jugendgerichtsgesetz der Bundesrepublik Deutschland im europäischen Vergleich. In: Bundesministerium der Justiz (Hrsg.): Grundfragen des Jugendkriminalrechts und seiner Neuregelung. 2. Kölner Symposium. Bonn 1992, 92-122.

FONTANE, Th.: Meine Kinderjahre. Autobiographisches. Bd. 15, München (Nymphenburger) 1969, 147.

HEINZ, W.: Jugendstrafrechtsreform durch die Praxis - eine Bestandsaufnahme. In: Bundesministerium der Justiz (Hrsg.): Jugendstrafrechtsreform durch die Praxis. Bonn 1989, 13-44.

KERNER, H. J.: Unbeabsichtigte und unerwünschte Nebenfolgen der JGG-Reform durch die Praxis, insbesondere das Beispiel der Ausweitung des Netzes sozialer Kontrolle. Zukunft des Jugendstrafrechts. In: Bundesministerium der Justiz (Hrsg.): Jugendstrafrechtsreform durch die Praxis. Bonn 1989, 265-292.

LEMPP, R.: Konflikthaftigkeit in Entscheidungsprozessen zwischen Jugendhilfe, Psychiatrie und Strafvollzug. In: Neue Schriftenreihe der Arbeitsgemeinschaft für Erziehungshilfe e.V. (AFET) - Bundesvereinigung. Heft 35, 1984, 25-37.

LEMPP, R.: Therapie und Pädagogik in der Kinder- und Jugendpsychiatrie. In: U. Lehmkuhl (Hrsg.): Therapeutische Aspekte und Möglichkeiten in der Kinder- und Jugendpsychiatrie. Berlin Heidelberg New York usw. (Springer), 1991, 58-64.

LEMPP, R.: Wann findet endlich das Jugendgerichtsgesetz seine sinngemäße Anwendung? ZfJ 79, 1992, 385-392.

LINDEMANN, K. H.: "Der wird ein Leben lang sicher untergebracht sein müssen". Neue Praxis 3/1992, 220-240.

OSTENDORF, H.: Zukunft des Jugendstrafrechts. In: Bundesministerium der Justiz (Hrsg.): Jugendstrafrechtsreform durch die Praxis. Bonn 1989, 327.

OSTENDORF, H.: Erziehung im Jugendstrafrecht - Anspruch und Realität. DVJJ-Journal 4/1991, 351-355.

PETERS, K: Die Grundlagen der Behandlung jugendlicher Rechtsbrecher. Mschr. Krim. 49, 1966, 49-62.

PETERS, K. (1987), zit. nach Schüler-Springorum, H.: Kriminalpolitik für Menschen. Frankfurt am Main (edition suhrkamp) 1991, 171.

PFEIFFER, Chr.: Doch eine "Sogwirkung" leerer Zellen? DVJJ-Journal, 132, 1990, 26-35.

PFEIFFER, Chr.: Neuere kriminologische Forschung zur jugendrechtlichen Sanktionspraxis in der Bundesrepublik Deutschland - eine Analyse unter dem Gesichtspunkt der Verhältnismäßigkeit. In: Bundesministerium der Justiz (Hrsg.): Grundfragen des Jugendkriminalrechts und seiner Neuregelung. 2. Kölner Symposium. Bonn 1992, 60-90.

RADBRUCH, G., zit. nach Schüler-Springorum, H.: Kriminalpolitik für Menschen, Frankfurt am Main (edition suhrkamp) 1991, 76.

REMSCHMIDT, H., M. H. SCHMIDT und P. STRUNK: Ursachen und Prävention von Gewalt. Z. Kinder-Jugendpsychiat. 18, 1990, 99-106.

SCHRECKLING, J.: Reichweite und Möglichkeiten des Täter-Opfer- Ausgleichs. In: Bundesministerium der Justiz (Hrsg.): Grundfragen des Jugendkriminalrechts und seiner Neuregelung. 2. Kölner Symposium. Bonn 1992, 235-253.

SCHÜLER-SPRINGORUM, H.: Zur aktuellen Diskussion über Strafe und Erziehung in der deutschen Jugendgerichtsbarkeit. In: E. W. Hanack, P. Rieß und G. Wendisch (Hrsg.): Festschrift für Hans Dünnebier zum 75. Geburtstag am 12.06.1982. Berlin - New York (Walter de Gruyter) 1982, 649-659.

SCHÜLER-SPRINGORUM, H.: Kriminalpolitik für Menschen. Frankfurt am Main (edition suhrkamp) 1991.

SCHÜLER-SPRINGORUM, H.: Einleitung zu den Vorschlägen der DVJJ- Kommission zur Reform des Jugendkriminalrechts. DVJJ-Journal 1-2, 1992.

WALTER, M.: Jugendkriminalität und Jugendkontrolle als soziale Probleme. JA 1992, Heft 2, 45-50, Heft 3, 77-82.

ZELTWANGER, W..: Die Motive bei Tötungsdelikten Jugendlicher und Heranwachsender. Eine auslesefreie Untersuchung aus jugendpsychiatrischer-forensischer Sicht. Inaugural-Diss. Tübingen 1989, 227 S.

ZULLIGER, H.: Helfen statt Strafe, auch bei jugendlichen Dieben. Klett Stuttgart 1956.

Jugenddelinquenz - Psychodynamik und therapeutische Zugangsmöglichkeiten

Reinmar du Bois

Einleitung

Wenn Erkenntnisse und Erfahrungen aus der psychotherapeutischen Arbeit weitergereicht werden und wenn dies in einem praxisbezogenen Dialog und nicht im wissenschaftlichen Diskurs geschieht, droht die Gefahr, daß Verallgemeinerungen gesucht werden und Charakterisierungen getroffen werden, die einer exakten empirischen Überprüfung nicht standhalten würden. Dennoch sind intuitive und aus der Praxis abgeleitete Skizzen für die Aus- und Weiterbildung unverzichtbar. Es ist eine Selbstverständlichkeit, daß hierbei auch ein bestimmter persönlicher therapeutischer Stil und eine persönliche Erlebnisperspektive mit weitergegeben werden. Im Bewußtsein dieser Chancen und Risiken soll es gewagt werden, psychotherapeutisch behandlungsbedürftige jugendliche Straftäter als einheitliche Tätergruppe einzukreisen und ihnen gemeinsame Merkmale zuzuschreiben.

1. Viele jugendliche Täter haben ausgeprägte psychische Reifungsprobleme. Sie regredieren vorübergehend und in Teilbereichen ihres Verhaltens auf kindliche Entwicklungsstufen.

2. Die Forderung nach einer Psychotherapie verbindet sich regelmäßig mit der Frage, ob und in welcher Form sich eine solche überhaupt praktisch durchführen läßt.

3. Die psychische und soziale Entwicklung, aus der das abweichende Verhalten entstanden ist, befindet sich noch im Fluß. Das Verhalten ist noch nicht zur festgefügten Lebensform geworden und weist noch keine starren Muster und Gewohnheiten auf. Bildlich ließe sich die Tätigkeit des Psychotherapeuten mit dem Aufspringen auf einen fahrenden Zug vergleichen: Sowohl günstige wie ungünstige Effekte halten den Zug in Bewegung. Es ist oft nicht möglich oder sinnvoll, den Zug anzuhalten oder den Jugendlichen zum Ausstieg aus dem Zug zu bewegen.

4. Der Zusammenhang der Verhaltensstörungen mit Erlebnissen und Ereignissen im Elternhaus ist oft mit Händen zu greifen. Ein direkter Dialog mit dem Elternhaus ist im Verlaufe der Psychotherapie möglich und notwendig.

5. Delinquente Jugendliche leisten gegen das Angebot psychotherapeutischer Hilfe oft vehement Widerstand. Sie setzen sich gegen die Zumutung zur Wehr, sie seien psychisch nicht in Ordnung. Vor allem in den Augen der gleichaltrigen Genossen möchten sie nicht als abnorm gelten. Die Abwehr nimmt bei ausgeprägten psychi-

schen Problemen eher noch zu: Je mehr die Jugendlichen ihre psychische Labilität offenbart haben, umso verzweifelter klammern sie sich an die Normen einer sozialen Gemeinschaft.

6. Verschiedene Formen der Kontaktschwäche oder Kontaktstörung sind ein durchgehendes Merkmal jugendlicher Delinquenten. Durch den Mangel an bedeutsamen Kontakten mit Gleichaltrigen kann die frühere Abhängigkeit zum Elternhaus nicht überwunden werden. Der Ablösungsprozeß gerät ins Stocken oder wird karikiert.

7. Viele jugendliche Straftaten korrespondieren mit einem familiären Ablösungsdrama. Dieses kann verschiedene Ursachen haben. Im einen Fall liegen sie stärker in einer sozialen Chaotik, im anderen Fall stärker in einem psychischen Versagen. In jedem Fall zerreißt das Band der Zusammengehörigkeit zwischen Kind und Familie, obwohl die Jugendlichen nicht die Reifevoraussetzung haben, außerhalb der Familie autonom zu leben. Die Straftaten haben hierbei den Charakter einer Flucht nach vorne, einer Provokation, eines Wunsches nach radikaler Veränderung oder nach einem radikalen Zusammenbruch.

Die genannten Probleme bilden sich in der psychotherapeutischen Arbeit ab. Diese Arbeit hat Besonderheiten, auf die Udo RAUCHFLEISCH immer wieder hingewiesen hat: Der Therapeut muß bereit sein, seine Abstinenz zu lockern, er muß neben der Psychotherapie auch ein soziales Management zulassen und bei allen Vereinbarungen flexibel bleiben. Am folgenden kasuistischen Beispiel wird sich zeigen, wie der Therapeut mit hochemotionalen Reaktionen konfrontiert und vor die Befürchtung gestellt wird, in einen Sog aggressiv sexueller Übertragung oder in ein chaotisches Agierfeld hineinzugeraten und davongeschwemmt zu werden. Aus dem Kreis der genannten jugendspezifischen Probleme wird der Fall vor allem die regressiven Tendenzen mit omnipotenten Phantasien und Tagträumereien durchmischt mit vegetativen Erregungen veranschaulichen. Darüber hinaus wird sich am Fall zeigen lassen, wie zwingend die Delinquenz Jugendlicher im Rahmen familiärer Konflikte gesehen und in einen Zusammenhang mit den frühkindlichen Beziehungsmustern gestellt werden muß.

Bezugsrahmen: Konkretes delinquentes Handeln

Der 18-jährige R. ist ein sympathischer junger Mann mit angenehmen Umgangsformen. Er ist in geordneten Verhältnissen aufgewachsen. Über seine bisherige Delinquenz spricht er mit Reue, in passenden Momenten auch mit einem Anflug von Schalkhaftigkeit. - Nach einer erstmaligen Liebesenttäuschung hatte er kräftig Alkohol getrunken, was er sonst nicht tat. Er war anschließend mit schweren Strassenbaufahrzeugen, Dampfwalzen usw. herumgefahren und hatte damit erhebliche Zerstörungen angerichtet. Er war als Lehrling mit der Wartung dieser Fahrzeuge betraut. Am nächsten Morgen hatte er nur noch eine schwache Ahnung von der Tat.

Er stellte sich jedoch freiwillig und war von dem Ausmaß der Zerstörung, die er angerichtet hatte, sehr betroffen. Die Firma brachte ihm viel Verständnis entgegen.

Vier Monate später, R. war inzwischen stolzer Führerschein- und Autobesitzer, platzte eine verabredete Campingreise mit Freunden. Die Kupplung an R.`s Auto war kaputtgegangen. Bei dem mehrtägigen Versuch, den Schaden selbst zu beheben, blamierte sich R. vor seinen Freunden. Wieder folgte ein Besäufnis. Auf dem Nachhauseweg wollte sich R. durch einen Streich hervortun. Versehentlich geriet er, indem er einen Balkon überkletterte, in eine fremde Wohnung und stach dort ohne erkennbare Veranlassung wild auf einen Mann ein. Anschließend bestieg er sein eigenes Auto, bewegte es kurz im Kreis und verhielt sich insgesamt sehr sonderbar. Wiederum konnte er sich an die Ereignisse dieser Nacht anschließend kaum erinnern.

Bezugsrahmen: Regressive Nebenrealitäten

Mehrere Zeugen hatten beobachtet, wie R. nach seiner Tat wütend auf sein eigenes Auto einredete, es beschimpfte, alle Gegenstände aus dem Auto herauswarf, weil er etwas nicht fand, von außen und von innen gegen das Auto trat, schließlich unter anhaltendem Stöhnen die Heckscheibe von innen eintrat. Zuvor fuhr er mit defekter Kupplung einmal im Kreis und rammte das Heck gegen eine Wand. Schließlich rollte er sich im Wageninneren in seinen Schlafsack ein. Das Auto stand wieder unmittelbar vor dem elterlichen Haus. Seit R. das Auto besaß, benützte er es immer wieder als Schlafstätte, wenn er, wie er sich ausdrückte, den Schlüssel zur elterlichen Wohnung vergessen hatte. Er bewahrte alle zur Übernachtung notwendigen Gegenstände im Auto auf.

Wie in diesem Beispiel, so erscheint das Auto bei vielen jugendlichen Delinquenten als affektiv hochbesetztes Objekt, an das kindliche Bedürfnisse gebunden werden. Hierbei dient das Auto als Hilfswerkzeug oder direkt als Symbol der eigenen Autonomie, als Symbol für den Status des Vaters, zugleich aber auch als Objekt, das Gefühle von Geborgenheit vermittelt. Der Innenraum des Fahrzeugs wird, wie am Beispiel gut erkennbar, einem mütterlich besetzten Gehäuse vergleichbar. Einzelne Fahrzeugteile, die Polsterung, der Schlüssel, das Getriebe, können eine gewisse fetischartige Sexualisierung erlangen. Ähnlich sexualisiert wirken auch solche Täter, die in langen Serien Kraftfahrzeuge aufbrechen und sich hierbei z.B. auf das Einschlitzen von Textildächern bestimmter Wagentypen spezialisieren. Dabei nimmt die Sexualisierung auch einen Teil der aggressiven Phantasien in sich auf und absorbiert sie in eine weniger destruktive Symbolik.

Andere Phantasien jugendlicher Täter betreffen eine geheime Zusammenarbeit mit der Polizei, so etwa bei einem anderen jungen Straftäter, der sich bei Begehung seiner Taten von dem Gedanken leiten ließ, Spuren zu hinterlassen, damit er später der Polizei bei der Aufklärung behilflich sein konnte. Andere Jugendliche kultivieren eine identifikatorische Nähe zum Helden einer Comicserie oder zu einem Filmhelden (Highlander, Terminator, Superman). Die Jugendlichen handeln in einer emotionalen Streßsituation gleichsam in der Rolle dieser Helden und treten kurzfristig aus der Realität heraus.

Entwicklungspsychologisch muß eine derart gesteigerte Phantasietätigkeit mit Einsatz von Phantasiebegleitern auf der Stufe 5- bis 7-jähriger Kinder angesiedelt werden. Es gibt jedoch einige Hinweise, daß die Ursprünge eines Teils dieses Verhaltens bis in die Frühentwicklung zurückreichen und dort im Kontext der frühen Affektregulierung verstanden werden müssen. Die erwähnten Phantasiebegleiter erlangen hier die Bedeutung von Beschützern, deren imaginäre Verfügbarkeit die eigenen destruktiven Impulse regulieren und kanalisieren soll. Ein Indiz für diese Bedeutung liegt in den autostimulativen und autoaggressiven Tendenzen dieser Tätergruppe, weiterhin in der Dranghaftigkeit, mit der bestimmte Seriendiebstähle abgewickelt werden. Hierbei versuchen sich die Täter mit Hilfe der Delinquenz ebenso sehr zu stimulieren wie auch zu beruhigen. Überhaupt ist zu beobachten, daß die Entfachung der genannten Tagträume mit einer kritischen Veränderung der Bedürfnisspannung und Bedürfnislage einhergeht, einer Steigerung der inneren Spannung und Reizbarkeit, die auf Abreaktion drängt. Dabei verlieren die Betroffenen ihre Fähigkeit, die innere Spannung im eigenen Körper zu dämpfen oder in eine gezielte Tätigkeit einfließen zu lassen. Als Hinweis auf den unreifen Charakter der Aggression wird immer wieder auch berichtet, daß die Täter ihre Waffen gern in der Nähe ihres Bettes, bisweilen sogar zwischen noch vorhandenen Kuscheltieren in ihrem Kinderzimmer aufbewahren.

Beginn der Psychotherapie

R. entzog sich mehrere Monate der gerichtlichen Auflage nach ambulanter Psychotherapie. Zum Psychotherapeuten, dem früheren Gutachter von R., der sich in der Gerichtsverhandlung für diese Aufgabe zur Verfügung gestellt hatte, bestand kein Kontakt mehr. Eines Tages platzte R. zur Tür herein. R. wurde noch einmal hinaus geschickt. Er ging daraufhin stampfend im Flur der Ambulanz auf und ab. Als R. schließlich in das Zimmer des Therapeuten eingelassen wurde, baute er sich körpernah bedrohend vor diesem auf. Er zitterte dabei vor Erregung und schimpfte über die ohnmächtige Situation, in die er gebracht worden sei. Er brachte u.a. folgendes vor: Er hätte sich nicht weigern können, der Aufforderung nach Psychotherapie nachzukommen, ohne ins Gefängnis zu müssen. Niemand habe Verständnis für diese Zwangslage. In der Gerichtsverhandlung sei seine Familie überdies durch den Gutachter verunglimpft worden. Jetzt besitze er nicht einmal ein Auto, um zur Therapie zu fahren. Der Therapeut nütze diese Lage nun zynisch aus.

Offenbar war R. vom Bewährungshelfer immer wieder bedrängt worden, der Bewährungsauflage nachzukommen. R. hatte nun Zuflucht in der Möglichkeit gefunden, den Therapeuten als Urheber allen Übels zu beschuldigen und ihn für den Zwang, unter den sich R. gestellt fühlte, anzuklagen.

Die anfängliche Hoffnung des Therapeuten, R. könnte sich mit Hilfe der aggressiven Anfangsszene entlasten und beruhigen, erfüllte sich nicht. Während der Therapeut eine klassisch abwartende, distanzierte, vorsichtig das Verhalten des Patienten deutende Haltung einnahm, eskalierte die Erregung bei R. immer weiter. Er sprang auf und trat mit den Füßen gegen Möbelstücke im Raum.

Daraufhin unternahm der Therapeut spontan und ohne Vorüberlegung einen ungewöhnlichen Schritt: Er entschuldigte sich bei R. für die schwierige und peinliche Situation, in die er ihn gebracht habe. Von einem Augenblick auf den anderen änderte sich der psychische Zustand bei R. und er kam zur Ruhe. Der weitere Termin beschränkte sich auf organisatorische Erwägungen, verlief aber einvernehmlich. Beim Abschied erhielt R. zwar einen neuen Termin, der Therapeut ließ jedoch offen, ob R. überhaupt wiederkommen würde. R. reagierte darauf mit der Bemerkung: Vielleicht komme ich, wenn ich muß.

Diese kurze, eindrucksvolle Szene beim therapeutischen Erstkontakt läßt sich auf drei verschiedenen Ebenen interpretieren, die im Handlungs- und Erlebnisvollzug ineinandergreifen:

1. Die besonders klar ersichtliche Ebene ist jene, auf welcher sich die Projektion ereignet: R. projiziert eine strafende, zerstörerische Überich-Instanz auf den Therapeuten. R. will diese Instanz bekämpfen, womit sich allerdings die aggressive und die angsterregende Bedeutung dieser Projektion auf R. zurückwirft und sich weiter aufzuladen droht. Die Tatsache, daß der vermeintlich böse Therapeut einlenkt, signalisiert R. zu dessen Erleichterung, daß das Überich weniger grausam ist, als er befürchtet hatte.

2. Auf einer zweiten Ebene erscheint R. als trotziges Kleinkind, welches seine Allmachtsphantasien verteidigt und zugleich von Ohnmacht bedroht wird. Der Umstand, daß der Therapeut schließlich "klein beigibt" scheint zunächst zu bedeuten, daß er R. die Größenphantasien bestätigt und somit den regressiven Wünschen entgegenkommt. Zu fragen ist, ob es sinnvoll ist, bei einer Omnipotenzphantasie mitzuspielen, die für das Alter von R. nicht mehr angemessen erscheint. Andererseits erscheint dieser therapeutischer Schritt gerechtfertigt, wenn man R.`s vernichtende Angst vor seiner eigenen kindlichen Hilflosigkeit bedenkt. Es ist nicht zuletzt diese Angst, welche R. kurzzeitig in die kleinkindliche Position hineindrängt.

3. Auf einer letzten Ebene des Verständnisses erinnert die Erregung von R. an kindliche Gefühle des Allein- und Verlassenseins. Die Erregung enthält gewissermaßen den Ruf nach personaler Nähe und Berührung und suggeriert die Erwartung, daß nur über eine unmittelbare körperliche Versorgung die innere Spannung abgeführt und die Erregung gebunden werden könne.

Die erwähnten verschiedenen Ebenen der psychischen Organisation einschließlich sehr primitiver Organisationsstufen sind eng miteinander verwoben. Dies war zu zeigen: Delinquente Jugendliche erzeugen in ihrem Fehlverhalten ein Konglomerat aus Schuld, Wut und Angst, eine phantastische, chaotische, reale Situation, in welche Eltern und andere Erzieher, ggf. auch Therapeuten hineingezogen werden. Die therapeutichen Bemühungen müssen sich der darin ausgesprochenen Herausforderung stellen: Die Jugendlichen dürfen mit den sie erregenden Phantasien nicht allein gelassen werden. Sie sollten mitten in ihren Erregungen abgeholt und in die Realität zurückgeleitet werden. Komplizierend kommt hinzu, daß sie in einem Augenblick mit ihrer ganzen Hilflosigkeit angenommen werden, in anderen Augenblicken mit ihren Autonomiebestrebungen ernst genommen werden wollen.

Jugendliche bringen ihren Wunsch, bis in ihr (bedrohliches) Phantasieleben hinein begleitet zu werden, auf vielfältige Weise zum Ausdruck. Die Phantasien sind zum Teil verschlüsselt, zum Teil wirken sie dunkel bedrohlich und erschreckend, zum Teil sind sie in Form einer plötzlich aufbrechenden befremdlichen Straftat in die Realität übergeflossen.

Es gibt Jugendliche, die als Reminiszenz ihrer Straftat oder als Erinnerung ihrer potentiellen kriminellen Phantasien, zu jedem therapeutischen Termin Waffen mitbringen und mit diesen schon am Eingang zum Therapiezimmer drohen. Andere Jugendliche bringen zum Beispiel Kameras, Werkzeuge und ähnliche Objekte. R. brachte, solange er seinen Führerschein noch nicht zurückerhalten hatte, defekte Autoteile mit, die er dem Therapeuten endlos zu erklären versuchte. Am Anfang der Stunden stand bei R. immer eine eigenartige Erregung, die sich im Laufe des Termins legte, wenn es ihm gelang, sein "Objekt" in befriedigender Weise beim Therapeuten abzuliefern und loszuwerden.

Familie und Ablösungskonflikt

Jede Delinquenz bei Jugendlichen hat Querverbindungen zu einer frühkindlichen Fehlentwicklung. Diese Erkenntnis zeigt noch lange nicht den Weg zur Lösung der konkreten aktuellen Konflikte der Jugendlichen. Es muß anerkannt werden, daß Fehlentwicklungen, wenn sie in eine öffentliche Delinquenz eingemündet sind, nicht mehr gemeinsam mit den Eltern aufzulösen sind, auch wenn diese in die Ursachen oder Auslöser verstrickt sind. Dies hat handfeste praktische Gründe. Auch dann, wenn ein delinquentes Verhalten eindrucksvoll mit aktuellen Familienereignissen korreliert, fällt das delinqente Verhalten nicht mehr in die Zuständigkeit und die Verantwortung der Eltern.

Der zentrale Zusammenhang zwischen Jugenddelinquenz und Familienproblemen liegt in Ablösungskonflikten, die von den Jugendlichen nicht bewältigt werden. So war dies auch bei R. Sowohl zum Vater wie zur Mutter bestanden ambivalente, unaufgelöste Bindungen. Der Vater war ein Mensch mit zwei Gesichtern. Er konnte herzlich und erfrischend sein, aber auch angespannt und explosiv. Solange R. noch ein Kind war, war vorstellbar, daß er bei der Ankunft dieses Vaters entweder freudige Erregung oder Angst empfand. Der Vater hatte es trotz grimmigem Ehrgeiz beruflich nicht besonders weit gebracht. Er fühlte sich am Arbeitsplatz verkannt und ausgenutzt. Die Beziehung zu seinem Sohn war eher eng. Er trieb ihn schulisch und beruflich an, gönnte ihm aber dennoch keinen Erfolg. Der Vater empfand sich als Rivale seines Sohnes.

Die Mutter wirkte in Angst vor ihrem Ehemann wie erstarrt. Bei Fragen nach ihrer Beziehung zu R. errötete sie stets, als werde hier ein Geheimnis berührt. Die Beziehung der Mutter zu R. erschien ebenfalls eng. Sie war durchmischt mit Gefühlen von Hilflosigkeit und dem Gefühl, daß sie ständig in der Gefahr stand, irgend etwas verbotenes zu tun.

Die erste Straftat (jene mit den Baumaschinen) hatte R. seinen Eltern verheimlicht. Er bestand dann darauf, den Führerschein machen zu dürfen. Der Vater war dagegen, ließ ihn aber gewähren. Am Tag vor der praktischen Prüfung entwendete R. das neue Auto seines Vaters. Er fuhr unter Alkohol damit herum und rammte eine Mauer. Um die Chance des Führerscheins nicht zu ruinieren, wurde dieser Vorgang von den Eltern geheimgehalten. Vor der zweiten schweren Tat belauerte R. tagelang seinen Vater, weil er ihn bei der notwendigen Reparatur der Kupplung um Hilfe bitten wollte. Er brachte es aber nicht fertig, diese Bitte auszusprechen. Der Vater wußte im Grunde, was sein Sohn von ihm wollte, verhielt sich aber abweisend und demütigend.

Die Interpretation der Familienbeziehungen darf sich aber nicht auf die ödipale Rivalität R.`s mit seinem Vater beschränken. Letztlich beruht die Krise bei R., die zur Delinquenz führte, auf einem gescheiterten Kampf um Autonomie. Der Schlüssel für R.`s Krise ist sein seit der Kindheit immer wiederholtes Erlebnis, sich allein und im Stich gelassen zu fühlen und in dieser Situation keine Kontrolle über die eigenen Gefühle hinzubekommen. Letztlich blieb er in der Weigerung stecken, die volle Verantwortung für das eigene Ich und für das ganze Spektrum eigener Gefühle zu übernehmen, die im Ich integriert werden müssen, um ein Gefühl von Identität und Autonomie zu erreichen.

R. blieb bis weit ins Jugendalter hinein ein kontaktarmes, zu Hause zurückgezogenes Kind. Dennoch bestand er gegen den Wunsch der Eltern darauf, als Lehrling in ein Wohnheim zu ziehen, also - äußerlich betrachtet - die Familie zu verlassen und selbständig zu werden. An den Wochenenden fühlte er sich jedoch in dem Wohnheim sehr allein. Er tauchte immer häufiger zu Hause auf. Dort schloß er sich einer Gruppe deutlich jüngerer Jugendlicher an, mit denen er jede freie Minute verbrachte. Der Umgangsstil dieser jungen Leute war eher passiv, regressiv: Sie hockten beieinander, konsumierten dabei Musik und Alkohol. R. begann häufiger im Auto zu übernachten. Wenn er sich zu Hause aufhielt, klagte er über zahlreiche Körperbeschwerden: Kniegelenksschmerzen, Kopfschmerzen, Herzstiche. Er drängte auf Arztbesuche, bei denen ihn die Mutter begleitete. Ganz offensichtlich begann R. also, nachdem er eine forcierte Ablösung vergeblich betrieben hatte, wieder regressiv einzusinken. Er begann unbewußt zu zweifeln, ob er allein überhaupt gesund und lebensfähig sein könnte.

Diese Analyse zeigt, daß die Vater-Sohn-Rivalität nur die Oberfläche der Probleme bildete. Bereits der irrationale Stil der Straftaten, im weiteren dann die Eigenheiten der Psychotherapie wiesen auf eine tiefere Problemschicht, die das Verhältnis zur Mutter berührten. Besonders auffällig waren die wiederkehrenden Erregungen sowohl während der Straftaten wie in den Therapiestunden. Intuitiv konnte der

Therapeut, während er die erregenden Szenen durchlebte, eine mißglückte Versorgungssituation einkreisen. Sie war zu charakterisieren als eine Situation, in der ein Kind sich selbst überlassen wird immer dann, wenn es dringend ein körperliches Gegenüber sucht, auf das es seine Spannungen übertragen kann. So wie sich der Therapeut in der Gegenübertragung zu R. erlebte, wurde ihm vorstellbar, daß die Mutter ihr Kind zu eigenem Nutzen erregt haben könnte, schließlich aber Schuld und Scham darüber empfunden haben könnte und bei der Aufgabe versagte, das Kind gleichmäßig und zuverlässig zu versorgen, ohne es übermäßig zu stimulieren. Vater und Sohn erschienen beide als Individuen, die in heftige Erregung geraten konnten, sich zugleich bedroht fühlten, wenn sie nicht sogleich das bekamen, was sie zu brauchen glaubten. Kurioserweise wurde bei R. vor allem dessen Auto zum symbolischen Fluchtpunkt seiner Erregungen.

Der Therapeut hielt gelegentliche Termine mit den Eltern ab, freilich ohne feste Vereinbarung. Die Eltern zeigten sich enorm gekränkt, daß durch die Gerichtsverhandlung der Ruf der Familie ruiniert worden sei. Sie gaben dem Therapeuten/Gutachter eine Mitschuld daran, da dieser auch psychische Probleme der Familie öffentlich erwähnt hatte. Die Eltern gingen davon aus, daß sie ihren Sohn noch besser bewachen müßten, damit sich ähnliche Vorfälle nicht wiederholen könnten. Hierdurch fühlte sich R. immer weiter in die Enge getrieben.

Es wurde zur wichtigsten Aufgabe des Therapeuten, den Eltern ein gewisses Verständnis für ihre Situation zu vermitteln und ihnen Gelegenheit zu geben, sich gegenüber dem Therapeuten als intakte und leistungsfähige Familie zu rehabilitieren.

Es war jedoch ebenso wichtig, die Eltern hiermit nicht in eine neue Überforderung hineinzugeleiten. Sie wurden daher darin bestärkt, einen Teil ihrer Verantwortung an den Therapeuten abzugeben. Somit übernahm der Therapeut ein Stück realer Zuständigkeit für das Wohlergehen von R. und akzeptierte, daß R. schließlich nicht nur von den Eltern sondern auch vom Therapeuten in gewisser Weise abhängig wurde.

Grundprinzipien eines therapeutischen Engagements

Ein therapeutisches Engagement, das zugleich eine erzieherische Verantwortung einschließt, liegt abseits des klassischen Konzepts der psychoanalytischen Therapie und muß am ehesten als psychoanalytische Sozialarbeit im Sinne AICHHORNS verstanden werden. Die hier illustrierte Technik bezieht sich auch auf die Regressionstheorie Michael BALINTS, auf die Gedanken von Rene SPITZ über frühe Körpererlebnisse und die Ausführungen von WINNICOTT über den praktischen Umgang mit frühen Objektbeziehungen. Vom Therapeuten wird dabei gefordert, daß er auf den Patienten konkret zugeht und seine therapeutischen Parameter an die Bedürfnisse des Patienten anpaßt. Dissoziale Jugendliche haben sich in eine schwierige Position manövriert: Sie ist von drängender Realität und ist zugleich mit starken Phantasien durchmischt. Der Therapeut, der sich mit diesen Phantasien auseinandersetzen will, muß immer zugleich auch auf die Realität einwirken. Umgekehrt verfängt sich jeder Sozialarbeiter, der das konkrete soziale Verhalten dieser jungen Menschen angehen und beeinflussen will, in deren Phantasieleben. Was die Psychotherapie betrifft, so darf sie nicht davor zurückschrecken, in den Alltag der delinquenten Jugendlichen einzugreifen, was freilich nur in winzigen exemplarischen Situationen möglich ist. Nicht selten wird der Therapeut regelrecht zum Eingreifen provoziert.

Ein Psychotherapeut, der unter Berufung auf die Abstinenzregel dieser Provokation widersteht, hat zur Herstellung eines echten Therapiebündnisses mit delinquenten Jugendlichen noch wenig geleistet. Unter Umständen hat er das Agieren des Patienten nur durch ein Gegenagieren beantwortet. Vor allem die Ängste der jugendlichen Patienten, nicht ausreichend versorgt zu sein und fallengelassen zu werden, können nur adäquat aufgenommen werden, wenn tatsächlich im Ansatz eine reale Versorgung angeboten und eine reale Verantwortung übernommen wird.

In den Erregungen und Provokationen der jugendlichen Straftäter liegt eine weit gefächerte therapeutische Herausforderung. Sie ist nur mit dem Instrumentarium einer Regressionstherapie und mit der Verwendung Ich-stützender Maßnahmen und körpernaher Therapieformen und unter Einbeziehung der Handlungsebene sowie unter Verwendung konkreter Objekte zu bewältigen. Ein Patient, der in aufgeregter Verfassung zum Termin eintrifft, muß am Ende der Therapiestunde einigermaßen beruhigt entlassen werden können. Die Therapiestunden mit dissozial agierenden Jugendlichen haben weniger die Aufgabe, ihren Phantasiebereich assoziativ zur Entfaltung zu bringen, als vielmehr die Aufgabe, die Einfälle, Handlungsimpulse und Phantasien zusammenzuführen und zu einem Paket zu verschnüren, dabei die Realität zu klären und die Gefühle zu beruhigen. Letztlich ist auf diese Weise jede Therapiestunde ein Kampf um den Erhalt der personalen Integrität, bei bedrohlichen Impulsen auch ein Kampf um die Existenz und um Möglichkeiten zu existieren, ohne an dem Übermaß oder am Mangel an Gefühlen zugrunde zu gehen. Im Endeffekt dient die Therapie also in mühsamer Kleinarbeit dem Ziel, Ich-Funktionen zu erhalten und mit ihrer Hilfe die Identität zu rekonstruieren und zu befestigen.

Literatur

Aichhorn, A.: Verwahrloste Jugend. Stuttgart Bern (Huber), 4. Aufl. 1925.

Balint, M.: Changing Therapeutical Aims and Techniques. Int. J. Psychoanalysis 31, 1950, 117-124.

Balint, M.: Thrills and Regression New York (International Univ. Press) 1959.

Balint, M.: The Basic Fault. Therapeutic Aspects of Regression. London (Tavistock) 1968 .

Male, P.: Psychotherapie de l'Adolescent. Paris (Presses Universitaires de France) 1964.

Spitz, R.: The First Year of Life. New York (International Univ. Press) 1965.

Stern, M.M.: Biotrauma, Fear of Death and Aggression. Int. J. Psychoanalysis 52, 1972, 291-299.

Volkan, V.D.: Primitive Internalized Object Relations. New York (International Univ. Press) 1976 .

Winnicott, D.W.: Transitional Objects and Transitional Phenomena. Int. J. Psychoanalysis 34 , 1953 , 89-97.

Praktische und "unpraktische" Probleme der Therapie von Sexualdelinquenten

C. König

Einleitung

Die hier dargestellten Erfahrungen leiten sich ab aus der Behandlung von 40 Sexualdelinquenten in der hiesigen Klinik, wobei das Ausmaß der angewandten Gewalt bei den Übergriffen von mildem geduldetem Zwang bis zu schweren Körperverletzungen reichte. Nach einer Darstellung unseres Symptomverständnisses kommen die Erfahrungen aus dem Alltag zur Sprache. Die theoretische Aufarbeitung des Materials wird bewußt zunächst gering gehalten.

Die Therapie von jugendlichen Sexualdelinquenten steht stark im gesellschaftlichen Spannungsfeld des Anspruchs auf Strafverfolgung und Sicherheit für die Gesellschaft auf der einen, und des Anspruchs des Individuums auf Hilfe auf der anderen Seite. Ganz entscheidend ist hierbei der Blickwinkel, unter dem man die Störungen des Sexualverhaltens sieht. Im ersten Fall ist die Gemeinschaft durch das Verhalten des Täters gestört. Im zweiten Fall wird anerkannt, daß jemand, der so etwas tut, krank ist oder mindestens eine schwere psychische Gestörtheit, eine Fehlentwicklung oder eine tief in der Persönlichkeit verankerte Abnormität des Verhaltens hat.

Es kommt hinzu, daß anders als bei vielen anderen Symptomkomplexen die sexuelle Auffälligkeit den angesprochenen "Psychos", unabhängig, ob ärztlicher oder psychologischer Provenienz, den Blick für die Gesamtsituation der betreffenden Person versperrt. Der Ruf nach einem sexualtherapeutischen "Spezialisten" (HAUCH) ertönt aus der Angst heraus, der Verantwortung, die die Therapie von sexuell auffälligen Jugendlichen bedeutet, nicht gerecht zu werden. Gleichzeitig stellt sich in diesem Ruf die Unsicherheit dar, wie man sexuelle Entwicklungsstörungen überhaupt psychopathologisch verstehen kann und welche therapeutischen Konsequenzen daraus gezogen werden müssen. Ganz selbstverständlich werden zum Beispiel bei neurotischen Gangstörungen nicht primär Gehübungen veranstaltet, sondern der zugrundeliegende Konflikt aufgespürt und, wenn möglich, bearbeitet; ähnlich wird man ein Wahngebilde bei einer schizophrenen Psychose nicht wegtherapieren, sondern es durch die Kompensation der existenziellen Krise oder Bedrohung, in der sich der Psychotiker befindet, unnötig machen. In beiden Fällen geht es also nicht primär darum, das Symptom oder die Krankheitsäußerung zu unterbinden, sondern sozusagen eine Etage tiefer das zugrundeliegende Problem neurotischer oder psychotischer Erlebensweise anzugehen.

Das zwingt uns, die sexuelle Problematik im Gefüge der Gesamtpersönlichkeit des gesamten psychosozialen Lebens des Einzelnen zu sehen. Die Auffälligkeiten müssen also in einen Gesamtkontext gestellt werden. Nur so gelingt eine differenzierte Betrachtungsweise des pathologischen Geschehens. Wenn beispielsweise bei einem jugendlichen Psychotiker sexuelles Fehlverhalten beobachtet wird, ist zunächst die Bedrohlichkeit, die davon ausgeht, wesentlich geringer, als dies der Fall ist, wenn ein sog. Sexualdelinquent in ähnlicher Weise "übergriffig" wird. Ich denke hierbei an einen Jugendlichen, der im Rahmen seiner ausgeprägten psychotischen Symptomatik auch sexuelle Annäherungen an jugendliche Mädchen, aber auch Betreuerinnen, verbal und handgreiflich unternahm. Die Angst blieb jedoch gering, weil die Handlungen als Ausdruck von Wünschen nach Betreuung, Nähe etc. verstanden werden konnten und nicht primär als Bedrohung, wie dies bei jugendlichen "Sexualauffälligen" beispielsweise mit einer Borderline-Struktur oder einer narzißtischen Störung sehr schnell der Fall ist.

Bei sexuell Delinquenten sind die hervorstechenden Symptome das sexuelle Fehlverhalten, oft mit mehr oder weniger Gewalt verbunden, so daß primär die Symptomatik nicht im Kontext einer allgemeinen Störung oder einer spezifischen Diagnose gesehen wird, sondern isoliert als sexuelles Geschehen.

Fallbeispiele

Zwei kurze Fallvignetten sollen im folgenden die zugrundeliegende Problematik bei Sexualdelinquenten anreißen:

1. Ein 20jähriger junger Mann, der in einer Einrichtung lebt und dort seine berufliche Ausbildung in Angriff nimmt, greift sich auf dem Weg zu seiner Freundin ein 8jähriges Mädchen, zwingt dieses sich auszuziehen und "begrabbelt" das Mädchen. Von weiteren Handlungen wird er durch einen Passanten abgehalten. Der junge Mann hat, wie er sagt, ein normales Sexualleben. Es ist jedoch ein Gefälle in der Beziehung zwischen ihm und seiner Freundin derart vorhanden, daß er sich öfter nicht ganz ernstgenommen fühlt. Er ist zu diesem Zeitpunkt schwer narzißtisch gekränkt und weiß nicht, wie diese Freundschaft weitergehen wird. Es geht also bei der Tat nicht darum, sich sexuell mit einem kleinen Mädchen zu betätigen, sondern darum, für dieses narzißtische Loch eine Plombe (STOLLER) zu finden, um nicht zu dekompensieren. Dieser junge Mann hatte eine "normale Sexualität", war aber in seiner Persönlichkeitsstruktur derart narzißtisch zerbrechlich, daß er in solchen Situationen, wie oben beschrieben, eine Kompensation in dem Übergriff auf das kleine Mädchen suchte.

2. In einem zweiten Beispiel kann dieser Prozeß möglicherweise noch weitergehend verstanden werden.

Ein 18jähriger junger Mann begeht innerhalb weniger Wochen 3 Vergewaltigungsdelikte und wird dann beim dritten Versuch von einer außergewöhnlich geschickten Frau überführt. Diese Frau kommt mit ihm trotz seiner Gewaltdrohung mittels eines schweren Hammers ins Gespräch, manipuliert ihn zunächst auch, wie er das von ihr will. Er läßt sich dann jedoch auf ihren Vorschlag ein, doch zu ihr zu gehen und geht mit ihr Hand in Hand vom Tatort weg. Unterwegs bringt sie den jungen Mann dazu, in einen Imbiß mitzukommen, um etwas zu trinken, spricht mit ihm und fragt ihn, warum er so etwas tue etc.

Auf den Wirt wirken die beiden zunächst wie ein sehr vertrautes Pärchen. Als die Frau den jungen Mann mit der Verabredung für den nächsten Abend schließlich entläßt, offenbart sie das Geschehen dem Wirt. Die 3 Vergewaltigungen passieren alle in unmittelbarer Nähe seines elterlichen Wohnhauses, zu dem er jedoch keinen Zutritt mehr hat wegen erheblicher Schwierigkeiten mit dem Vater. Vor der ersten Vergewaltigung schleicht er um das elterliche Haus herum, traut sich nicht hinein, weil er nicht weiß, ob der Vater da ist. Vor der zweiten Vergewaltigung trifft er auf einem Fest Familienangehörige, die ihn jedoch abweisen. Schließlich sieht er vor der dritten versuchten Vergewaltigung den Vater an einem Kiosk stehen und traut sich aus diesem Grund nicht, seine Mutter aufzusuchen, wie er dies vorhatte.

Hier finden sich, wie im übrigen bei vielen anderen Fällen auch, Hinweise darauf, daß es darum geht, sich des mütterlichen Objektes zu bemächtigen, notfalls mit Gewalt. Oder, wie es STORK ausdrückt: die tiefe Sehnsucht nach dem Mutter-Imago wird agiert. Der junge Mann erreicht einen Kontakt zu der Frau, wobei er sich hier Hoffnung auf das Treffen am nächsten Tag, also eine Art Fortsetzung der "Freundschaft" macht. In diesem Fall ist die inzestuöse Problematik sehr deutlich in dem Sinne, daß bei den verschiedenen Taten der Vater als Verfolger eine große Rolle spielt. Sie zeigt sich aber auch in seiner Frage an die Frau, als es um die Verabredung am nächsten Tag geht: "Du hast doch sicher einen Freund?"

Strafe, Therapie, "Edelknast"

Gerichte, Staatsanwaltschaften, Jugendämter, aber auch die direkte Umgebung verlangen oft die *Unterbringung* von Sexualdelinquenten in der Jugendpsychiatrie, weil eine realistische forensische Einschätzung der Geschehnisse oft daran scheitert, daß sich die betreffenden Personen aus unterschiedlichen Ängsten oder Hemmungen, auch sexueller Art, mit diesem Thema nicht befassen wollen und durch die sozusagen unverdaute Weitergabe an die Jugendpsychiatrie eines schwerwiegenden Problemes entledigen wollen. Das heißt, bei diesem "Unterbringungsansuchen" geht es nicht um einen ernsthaften Umgang oder eine verantwortliche Beurteilung des Geschehens, sondern um die Abwehr von Ängsten, hauptsächlich der Angst, Taten und Menschen gegenüber zu stehen, die nicht verstanden werden können. So ist das primäre Ersuchen auch nicht eines um *Therapie* und zum Glück meist *nicht Wunsch nach mehr Strafe*, wie das in früheren Zeiten der Fall war. Die Jugendpsychiatrie steht so oft durch das allgemeine Ersuchen, doch als "Edelknast" zur Verfügung zu stehen, vor dem therapeutischen Nichts. Dieser Tendenz muß im Sinne der Jugendlichen, aber auch der Allgemeinheit, entgegengetreten werden dadurch, daß Gerichte und andere verantwortliche Personen zunächst eine eindeutige Aussage darüber machen, was sie für Recht und für Unrecht halten und so dem Jugendlichen und seiner Familie den Ernst der Angelegenheit demonstrieren. Das kann beispielsweise in einem gemeinsamen verantwortlichen Gespräch zwischen Gericht, Jugendamt und Klinik erfolgen, so daß schon hierin eine Legierung zwischen Strafe und Therapie im Sinne von Grenze und Zuwendung stattfindet. Wir erreichen es mittlerweile bei Sexualdelikten immer häufiger, daß solche Gespräche stattfinden.

Eine solche Verknüpfung scheint auch auf dem Hintergrund der innerpsychischen Realität dieser Jugendlichen wichtig, da sie eine ihnen angemessene väterliche Instanz, die Grenze und Schutz gleichzeitig beinhaltet, nicht haben. Sie haben, wie es eine Mitarbeiterin aus Tübingen ausdrückte, in diesem Sinn "Null Über-Ich" (LISA), sind auf der anderen Seite einem verfolgenden, strafenden Über-Ich-Vorläufer ausgesetzt. Insofern muß die Therapie dieser Jugendlichen schon bei den ersten Kontakten, sei es nun zur Begutachtung, oder in der Vernehmung beginnen.

Übertragung, negative Übertragung, Gegenübertragung

Sollen sexuell Deviante, insbesondere wenn sie aggressiv sind, stationär aufgenommen werden, löst diese Aussicht beim Stationsteam Gefühle extremer Bedrohung aus, auch wenn das Erstinterview vorher intensiv besprochen wird. Das nachfolgend dargestellte Protokoll einer ersten Besprechung über einen Patienten in stationärer Behandlung soll diese Bedrohung darstellen.

Es handelt sich um einen 13jährigen Jungen, der nach einem neunmonatigen Aufenthalt in einer auswärtigen Klinik für Kinder- und Jugendpsychiatrie in der geschlossenen Station wieder nach Hause entlassen worden war. Vor der geplanten Aufnahme in einem Heim attackierte er erneut ein 8-jähriges Mädchen sexuell und tötete es fast. Zu der Klinikaufnahme hier kam es schließlich, weil der Junge einen Monat nach der Entlassung aus der damaligen Klinik erneut 2 Jungen, diesmal im Hallenbad, sexuell belästigte. In dieser ersten Auseinandersetzung mit der Lebensgeschichte des Jungen in unserer Besprechung gaben mehrere Frauen ihre eigenen Erlebnisse von erlittenen Übergriffen preis. Ein Vater einer sexuell mißbrauchten Tochter gestand, wie er aufgrund seines Hasses auf solche Jugendliche völlig unfähig geworden war, in der Klinik zu arbeiten. Das Protokoll dieser Sitzung war bezeichnenderweise überschrieben mit "Betrifft Teamgespräch vom 29. 07. 1986, von der Schwierigkeit als Frau im Umgang mit sexuell straffällig gewordenen Jugendlichen". Der Text war also alles andere als ein Protokoll:

"Hiermit beschreibe ich noch einmal meine persönlichen Eindrücke und Schwierigkeiten mit dem Jugendlichen Henning. Als ich von der Tat des Jungen hörte und die näheren Umstände des brutalen Vergehens an dem 8jährigen Mädchen erfuhr, war ich sehr betroffen und spürte Wut und Angst, mich mit dieser Situation auseinanderzusetzen. Als der Junge dann auf die Station kam, verstärkte sich meine Abneigung noch mehr, da bei jedem Anblick von Henning, jedem Gespräch, das Geschehen mit dem Mädchen in meinen Gedanken gegenwärtig ist und mir eine normale Kommunikation mit Henning unmöglich macht. Sein abstoßendes Äußeres, seine fette, unförmige Gestalt, seine Art zu reden, einfach alles verursacht mir Ekel, Ablehnung, Hilflosigkeit. Ich erwartete Reue von ihm oder irgendein Verhalten, das zeigt, daß ihm sein Vorfall, wie er die Tat selbst nennt, leid tut, daß er leidet oder traurig ist. Jedoch beobachtete ich, wie er sehr altklug Blödsinn daherredete, sich aufspielte, sehr bestimmend mit uns und den anderen Jugendlichen aus der Gruppe umging. Meine Versuche, mit ihm über die Tat zu reden, scheiterten. Henning lag im Bett, stopft sich mit Bonbons von Eddy voll. Gleichzeitig löffelte er Traubenzucker-Teepulver aus einem Zahnbecher, den er mit in sein Bett nahm. Ich beobachtete dieses Verhalten schon mehrmals, z.B. beim Stadtgang, er redete nur von McDonalds. Meine Versuche, mit ihm darüber zu reden, scheiterten ebenfalls, er behauptet, er brauche das Essen. Henning ist überhaupt nicht in der Lage, einen Zusammenhang zwischen seinem schrecklichen Äußeren und seinen Problemen zu sehen. Zu einer Diät überredete ich ihn förmlich, er brach den Versuch jedoch nach wenigen Tagen ab. In mir entstand der Eindruck, der Jugendliche hält sich hier bei uns auf, macht sich einen schönen Tag, verdrängt seine Tat, wegen der er ja hier ist, und frißt sich dicker und fetter. Meine weiblichen Kollegen empfinden diese Abneigung, z.T. negativen Gefühle ebenso wie ich. Ich habe erwartet, daß etwas unternommen wird, eine konkrete Therapie. Jedoch nehme ich allgemeine Verunsicherung und Zurückhaltung zur Kenntnis. Ich verspüre den Wunsch, Henning festzunageln, ihn nicht entkommen zu lassen, ihn mit der Tat zu konfrontieren. Ich denke an das Mädchen und versuche, mir nur vage seine Ängste, seine Todesangst vorzustellen. Wieder bin ich hilflos, könnte eigentlich nur noch heulen, weil ich selbst nichts machen kann und auch den Anspruch an mich habe, an diesen Jungen heranzukommen, seine Tat und die Beweggründe zu analysieren, um selber damit umgehen zu können. Meine Gefühle in dieser Sache stehen sicher gegen meine Aufgabe als Krankenschwester bzw. als Mitarbeiter in einer Einrichtung, die solche Jugendlichen behandelt. Am liebsten würde ich davon nichts hören und wissen wollen, gleichzeitig muß ich einen Weg finden, um meinen ganzen Ekel, meinen Haß und meine Wut zu überwinden, um Henning auch nur eine Chance geben zu können. Vielleicht verstellt er sich dann nicht mehr so, kompensiert nicht mehr so viel mit Essen. Ich wäre froh, wenn uns Hilfestellung in solchen Situationen garantiert wird und wir gemeinsam einen Weg finden können, der tatsächlich etwas bei Henning aufdeckt, verändert und ihn auf keinen Fall nur schützt und aufbewahrt."

Obwohl auch die Männer ähnliche Gefühle des Entsetzens, der Ablehnung geäussert hatten und ein Vater der Gruppe seinen Weg von der primären Bedrohung zur Wiederherstellung seiner Arbeitsfähigkeit schilderte, offenbart sich in diesem Text eine tiefe Kluft zwischen Mann und Frau. Die Frau ist ausgeliefert, der Mann erscheint nicht einmal in der Überschrift, das Protokoll ist ein völlig auf die Frau beschränktes Gegenübertragungszeugnis. Der Schutz durch den Mann ist unvorstellbar. Werden Täter und Mann Komplizen? - Eine Phantasie der Frau, die später zur Sprache kommen soll. Erst ganz zum Schluß des Textes fordert die Frau Gemeinsamkeit. Die Bedrohung für die Frauen liegt im schutzlosen Ausgeliefertsein, via Identifikation mit dem Opfer, hier dem 8-jährigen Mädchen, es droht die Auflösung der eigenen Identität. Todesängste werden wachgerufen. Andererseits kommt es zur Blockade der Kommunikation, ähnlich wie sich das Mädchen, das Opfer bei der Tat, totstellte. Es herrscht das Prinzip der Verleugnung, des Ungeschehenmachens vor. Abwehrmechanismen primitiver Art, wie wir sie von Psychosen oder Borderline-Fällen kennen. Die Isolierung der Frau, die Blockade in der Kommunikation entspricht der von Bela GRUNBERGER für die Patienten beschriebenen Situation der "Monade", wie sie Henning auch für sich selbst - wie im übrigen alle anderen Patienten - in seiner ganzen Art zu leben mit aller Macht verteidigt. GRUNBERGER kam auf den Begriff "Monade" bei der Betrachtung von narzißtischen Störungen, die er als einen Konflikt zwischen Absolutheit und Begrenztheit begreift. Er unterscheidet davon die Individuation, die prinzipiell dyadisch verläuft. Rivalität, Angst vor Rache und Kastration etc. sind demgegenüber mit der ödipalen Situation, also der ödipalen Dreierkonstellation verbunden. Das Wort "Monade" gebraucht er, um zu charakterisieren, daß diese Patienten globale Wünsche haben. Sie sind intolerant gegenüber emotionalen Äußerungen, weil Gefühle Traumata wiederbeleben könnten, die ihrerseits Gefühlsstürme auslösen, die nicht kontrolliert werden können, beispielsweise Wut, die außer Kontrolle geraten könnte. So sind narzißtische Persönlichkeiten streng darauf bedacht, eine Umwelt zu erhalten, die dem entspricht, was der französische Ausdruck "La terre sans mal", die Welt ohne Übel, sehr plastisch ausdrückt. Man kann sagen, daß eine Regression auf das Ideal-Selbst stattfindet, wobei scheinbar keine interpsychisch oder intrapsychisch andere Struktur bestehen bleibt. Damit wird die Phantasie absoluter Macht und gleichzeitiger Unzerstörbarkeit aufrecht erhalten, ohne daß auch nur ein Funke der Realität akzeptiert werden müßte. In der Geschichte von Henning zeigt sich dies immer wieder dadurch, daß er fanatisch in eine Sache vertieft ist, dies gefühlsmäßig jedoch in keiner Weise mit anderen teilen kann. Insbesondere verleugnet er seine eigene Begrenztheit. Henning ist adipös und hat eine spastische Hemiparese, deren Auswirkungen er jedoch konsequent leugnet. Er hüpft schamlos herum, zieht sich aus und ist überzeugt davon, daß die Mädchen ihn anschauen, weil sie ihn mögen. Auch damit leugnet er seine Begrenztheit. Seine Art, auf der Station zu leben, gleicht einem Hüllen-Dasein oder dem falschen Selbst, wie es WINNICOTT beschrieben hat. Er depersonalisiert sich selbst, breitet damit über seine Existenz ein "Als ob" (KHAN).

Pieks-Therapie oder die Destruktion als Ursache des Werdens

Wir nennen hier die Anfangsphase der Therapie von Sexualdelinquenten oft "Pieksen", was sich auf unsere Erfahrung gründet, daß Haß am Anfang der Therapie der einzige gemeinsame Nenner zwischen Männern und Frauen in der Stationsgruppe ist. Frauen mißtrauen durch die Identifikation mit dem Opfer den Männern massiv, weil Täter eben auch Männer sind und weil Männer Männer verstehen, die so etwas tun. Bei den Männern wiederum fehlt es oft an wirklichem Verstehen, Eingehen und Akzeptieren dieser "Frauenängste". Die Spaltung zwischen Mann und Frau auf der Station ist in dieser Phase, mindestens wenn es um *diese* Patienten geht, schwer zu überwinden. Männer und Frauen lassen es zunächst zu, daß im Umgang mit diesen Patienten sadistische und vernichtende Elemente mit strafendem Charakter einfließen als erste und noch einzige emotionale Zuwendung. Strenge, Einengung der Freiheiten und Einschränkungen des Lebensbereichs kennzeichnen den Anfang der Behandlung.

Die Frauen wurden im Dienst nicht mehr alleine gelassen, sondern der Dienstplan wurde so gestaltet, daß Mann und Frau gleichzeitig konkret präsent waren, später auch symbolisch, beispielsweise über den diensthabenden Arzt, verfügbar waren. Aus den zugrundeliegenden Haßgefühlen dem Jungen gegenüber entwickelten sich bei einzelnen Personen langsam auch positive Gefühle und Beziehungen, freilich nur fraktioniert. Die gegenseitige Hilfe und Solidarität zwischen Mann und Frau dokumentierte dem Jungen die Unverfügbarkeit der Frau und wies ihm so einen Zugang zu der eigenen Realität auf. Diese "Pieks-Therapie" oder diese destruktiven Elemente, geprägt von Haß, führen in Zusammenhang mit den Inseln der langsam entstehenden positiven Wertschätzung der Patienten dazu, daß sie aus ihrer "Als-ob-Existenz" (KHAN) herausgeholt werden und sich mehr in Beziehung zur Umwelt erleben können.

Gegen diese Trennung durch das dritte Objekt, also den helfenden, schützenden Mann (Vater), wehren sich die Patienten gegenüber Männern mit aggressiven Fantasien und Handlungen, die eher von einem frühen verfolgenden und zerstörenden Über-Ich stammen, als daß sie tatsächlich einer echten Konkurrenz entspringen würden. Es findet also eine primäre Triangulierung statt, die jedoch deutlich präödipale und damit paranoide Züge aufweist.

Die Frage der Therapiefähigkeit

Wie in dem Protokoll bereits geschildert wurde, sind die Patienten sehr unzugänglich und verharren in ihrem "Als ob-Dasein" oder ziehen sich gänzlich in ihre Monade zurück, wie dies ein Junge schon bei kleinsten Konflikten auf der Station machte. Bei solchen Gelegenheiten zog er sich völlig erstarrt ins Bett zurück, war unansprechbar und schlief dann tatsächlich fest ein. Rein äußerlich ließ sich das an seiner Haltung, mit der er im Bett lag, ablesen. Er machte dabei manchmal den Eindruck, daß er sich nicht ganz wohlig zurückgezogen hatte, sondern eher einer gewissen Spannung Ausdruck gab. Durch diesen Rückzug in die Monade konnte er einerseits die Begrenzung, die er durch uns erfuhr, aufheben, andererseits aber die Kränkungen seines Ideal-Selbst umgehen. Wir vermittelten ihm, daß wir wissen, wie sehr gekränkt, wie wütend und verletzt er sei, wenn er sich so zurückzieht. An seiner Stelle erforschten wir die zurückliegenden Begebenheiten, die einen solchen Zustand auslösten und sprachen oft an seiner Stelle und in seiner Gegenwart diese Kränkungen an. Auf diese Weise gelang es dem Jungen, sich die Zusammenhänge zwischen seiner Gefühlslage und den Realitäten auf der Station stumm anzueignen, um später dann korrigierend, ergänzend und schließlich in Form eines Dialogs über seinen Zustand reden zu können.

Das erfordert vom Betreuerteam, die eigenen Gegenübertragungsreaktionen zu erforschen und hieraus auf den Gefühlszustand des Patienten zu schließen. Das heißt, daß die Betreuer quasi anstelle des Patienten dessen Gefühlsleben erfassen, versuchen zu ordnen und dann in einem weiteren Schritt dieses "Wissen" sinnstiftend mit dem Patienten austauschen. Dies kann natürlich nicht als einfaches Eintrichtern von Realität gesehen werden, sondern verändert grundlegend die Beziehung zum Patienten, quasi via Indentifikation des Patienten mit seiner neu erschaffenen Realität im Therapeuten. Die Anforderungen an die therapeutische Gruppe, also die Betreuer und den Arzt, sind durch dieses Vorgehen hoch, da sehr deutlich unterschieden werden muß zwischen Mein und Dein. Dem immer wieder zu beobachtenden Impuls, dem Patienten gewonnene Erkenntnisse überzustülpen, muß widerstanden werden. Eine zu früh gegebene Erkenntnis ist genauso mißtrauenseinflößend wie eigene verfolgende Fantasien des Patienten. Insgesamt gilt der Satz, daß die Begrenzung der Therapie eher im Therapeutenteam als im Klienten liegt.

Gleiche unter Gleichen

Der Umgang mit gleichaltrigen Jugendlichen, Mädchen wie Jungen, spielt eine nicht zu unterschätzende Rolle in der Therapie bei Sexualdelinquenten, da sie im Zusammenleben auf der Station nur begrenzt die Möglichkeit haben, an Kontakten mit anderen Jugendlichen vorbei zu kommen. Bei gemeinsamen Beschäftigungen und Unternehmungen lernen die Jugendlichen ihre eigenen Fähigkeiten und Interessen besser kennen und kommen mit den anderen ins Gespräch, oft auch über ihre eigene Problematik, der gegenüber die Jugendlichen oft sehr viel toleranter sind als Erwachsene.

Als wir in der Klinik begannen, uns mit dieser Problematik zu beschäftigen, wurden die Jugendlichen sehr genau kontrolliert und alle Stationen informiert, wenn wieder ein "Solcher" aufgenommen worden war, mit dem Ziel, die Mädchen zu schützen. Faktisch spielt dieses Problem jedoch eine untergeordnete Rolle, da die Jugendlichen erstaunlicherweise das Angebot, in einer "therapeutischen" Familie zu leben, bereitwillig annehmen mit dem Effekt, daß die Beziehungen der Jugendlichen untereinander eher geschwisterliche Qualitäten haben. In den letzten Jahren ist jedoch auffallend häufig die umgekehrte Situation aufgetreten, nämlich, daß die jugendlichen Sexualdelinquenten vor Mädchen geschützt werden müssen, die eine Mißbrauchsgeschichte aufweisen. Diese neigen häufig zu distanzloser, sexualisierter Annäherung an Erwachsene und Jugendliche des anderen Geschlechts.

Lösen der ursprünglichen Verflechtungen

Ist es gelungen, für die Jugendlichen einen sicheren Ort zu etablieren, an dem sie nicht mehr darauf angewiesen sind, ihre Symptome zu agieren, um sich sicher zu fühlen, sondern die realen Stimmungen, Gefühle, wie Kränkungen, Haß etc. benennen können, gelingt es oftmals, die ursprünglichen Beziehungsgeflechte der einzelnen Familien und das, was dort passierte, zu rekonstruieren und auf diese Weise zu einer inneren Distanzierung zu kommen. Ein Junge war hier aufgenommen worden, weil er kleine Jungen mit dem Messer gezwungen hatte, sich auszuziehen, sich im

Dreck zu wälzen und Dreck zu fressen. Er hatte dabei die Fantasie, das "da vorne", also den Penis, abzuschneiden. Der Vater dieses Jungen, ein Landwirt, hatte als einziges seine Schweine positiv besetzt und seinem Sohn oft die Ferkel zum Kastrieren auf den Arm gegeben, teilweise hat er sie selbst kastriert. Der Schluß liegt nahe, daß der Junge sich im Kontakt zu seinen Opfern in die Rolle des Vaters begeben hat. Als der Junge selbst einmal sehr verunsichert war, - er hatte sich in ein Mädchen verliebt und war deren sexuellen Drängens und seiner eigenen Fantasien wegen recht hilflos - fragte er die Putzfrau, wo es hier einen Metzger gebe, er wolle zu einem Metzger. Einerseits identifizierte er sich mit dem Vater, sprich Metzger, wehrte damit eigene aggressive Impulse ab, andererseits sah er aber für sich selbst Kastration und möglicherweise auch eine Schlachtung als Erlösung vor.

Sexuelle Vorstellungen mischten sich bei ihm häufig mit blutiger Gewalt, Beißen, Schneiden und fließendem Blut. Der Wunsch, von einem hübschen Mädchen kastriert zu werden, auch der nach einer Geschlechtsumwandlung, kam hinzu. Während der hiesigen stationären Therapie hatte schließlich der Vater sich und seine Tochter nach sexuellem Mißbrauch im Auto umgebracht. Später stellte sich heraus, daß die Mutter den jüngeren Bruder sexuell mißbrauchte.

Im weiteren Verlauf war es diesem Jungen möglich, die einzelnen Beziehungen innerhalb der Familie zu rekonstruieren, insbesondere jedoch seine eigenen Gefühle dabei zu ordnen. Er hat z.T. diese Fantasien und die damit verbundenen Gefühle auf seine Therapeutin übertragen, äußerte beispielsweise einmal, sie möge in seinen Gedärmen wühlen. Die Therapeutin hat damals diese Äußerung auf seine familiäre Situation, auf die Übergriffe seiner Mutter bezogen, aber gleichzeitig auch seine Wünsche und sein Anbieten von Nähe angesprochen. Es gilt also hierbei, die Ängste, die sich nicht selten als diffuse körperliche Empfindungen äußern - BION spricht hier von der Unsicherheitswolke, in der ja Oben und Unten, Bewegung und Zeit aufgelöst erscheinen - zu "containen" und damit etwas konkret zu machen.

Dem Jungen ist es erst nach mehreren Jahren Therapie gelungen, das eigentliche Grauen seiner Vergangenheit aus der Verleugnung herauszulösen und anzusprechen, mitzuteilen und damit zu teilen. Er hatte die Metzgerfrage gestellt, die Bitte, in seinen Gedärmen zu wühlen etc. Im folgenden hatte er gelernt, die existenzielle Bedrohung nicht mehr zu agieren, sondern zunächst gegen sich selbst gewandt zu benennen und auch damit schon psychische Realität zu schaffen.

Täter = Opfer, Opfer = Täter

In vielen Familien, in denen Opfer zu finden sind, findet man auch Täter. Nicht nur Väter als Täter, auch Mütter als Täter, nicht nur Geschwister als Dulder, auch Männer und Frauen als Dulder. Kurz gesagt, in Familien, in denen sexueller Mißbrauch stattfindet, entstehen auch Täter. Die Familienpathologien sind gekennzeichnet dadurch, daß es keinen wirklichen Unterschied zwischen Eltern und Kindern gibt, keinen eigentlichen Unterschied zwischen Mann und Frau und daß vor allem eine Stummheit vorherrscht. Etwas leger ausgedrückt, um an das Beispiel mit dem

Schweinebauern anzuknüpfen, ein "Sauhaufen", in dem man nicht erkennt, wer wer ist. Die Verknüpfung in diesen Familien ist außerordentlich eng über sexualisierte Nähe und Angst vor Verlust des Wenigen, was emotional in diesen Familien zu finden ist.

Zusammenfassung

1. Die sexuelle Übergriffssymptomatik soll ein noch größeres Übel, nämlich die Bedrohung der eigenen Identität bewältigen helfen. Die sexuelle Symptomatik trägt in diesem Sinn Abwehrcharakter.

2. Die Therapie muß also dort anfangen, wo die eigentliche Angst liegt, nämlich bei dem narzißtischen Grundproblem dieser Patienten, der Bedrohung der eigenen Identität bzw. deren Auflösung. Für den täglichen Umgang bedeutet das Verunsicherung, Kränkung und andere narzißtische Verletzungen mit laufender Besorgnis, antizipieren zu müssen.

3. Die Therapie ist gefährdet durch die permanente Tendenz der Therapeuten und Betreuer, das Grundproblem zu verleugnen, abzuspalten etc., zu bagatellisieren, oder in der negativen Übertragung auf den Patienten steckenzubleiben und damit die Therapie unmöglich zu machen.

Literatur

Grunberger, B.: Narziß und Ödipus, in: J. Stork (Hrsg.), Das Vaterbild in Kontinuität und Wandlung, Stuttgart (frommann-holzboog) 1986.

Khan, M.: Entfremdung bei Perversion, Frankfurt/M. (suhrkamp) 1983.

Spielrein, S.: Die Destruktion als Ursache des Werdens, Tübingen (edition diskord) 1986.

Hauch, M.: Perversion als Selbstheilung? Deviantes Verhalten zwischen subjektiver Entlastung und sozialer Destruktion, Sexualmedizin 14, 1985, 544-549.

Stoller, R.: Perversion. Die erotische Form von Haß, Reinbeck (Rowohlt) 1979.

Psychoanalytische Bemerkungen über jugendliche Rechtsbrecher

Ernst Federn

Verwahrloste Jugendliche und gegen das Recht verstoßende junge Leute und Kinder hat es in der menschlichen Gesellschaft immer gegeben. Die Einstellung zu ihnen hängt von der Art der Gesellschaft ab. Eine gewisse Nachlässigkeit und Toleranz in den einen, strenge Bestrafung und Abschiebung in die Wildnis in anderen Ländern, sind uns bekannt. So sandten die New Yorker um die Jahrhundertwende ihre verwahrlosten Jugendlichen nach Nebraska. Dort sammelte sie ein Pater FLANEGAN in Kinderdörfer, woraus eine der wichtigsten Einrichtungen für delinquente Kinder entstand: die Kinderdörfer. Straftaten wurden entweder mit Jugendlichkeit erklärt und irgendwie toleriert oder als Schlechtigkeit bezeichnet und bestraft. In den Anstalten, in denen Waisenkinder untergebracht wurden, herrschte oft brutale Gewalt. Es gab aber immer Männer, die mit Liebe versuchten, das Böse in den Kindern zu besiegen. Im Grunde war es aber so, daß wohlhabende Verbrecher verschont blieben und die Armen bestraft wurden. Erst mit dem Aufkommen einer Gesellschaft, die solche Ungleichheiten beseitigen will, also nach dem I. Weltkrieg, wurde versucht, die Ursachen des schlechten Verhaltens zu finden, um das Entstehen eines jugendlichen Rechtsbruchs zu erklären.

1925 veröffentlichte August AICHHORN ein Buch *Verwahrloste Jugend*, das den Weg zum Verstehen des jugendlichen Verwahrlosten wies und zeigte, wie man ihn behandeln soll. FREUD schrieb zu diesem Buch ein Geleitwort, in dem der berühmt gewordene Passus steht: "Ein Kind, auch ein entgleistes und verwahrlostes Kind, ist eben noch kein Neurotiker, und Nacherziehung ist etwas ganz anderes als Erziehung des Unfertigen ... Wo diese (die 'analytische Situation') fehlen wie beim Kind, beim jugendlichen Verwahrlosten, in der Regel auch beim triebhaften Verbrecher, muß man etwas anderes machen als Analyse, was dann in der Absicht wieder mit ihr zusammentrifft." (AICHHORN 1925, 8). Die *"Verwahrloste Jugend"* wurde in viele Sprachen übersetzt und ist auch heute noch ein grundlegendes Werk. Warum? AICHHORN zeigt uns den Unterschied zwischen dem manifesten Verhalten und dem Inhalt des Konfliktes, der zu dem Verhalten geführt hat, der aber latent oder unbewußt bleibt.

Ein Junge wächst fünf Jahre als unehelicher Sohn auf, ist der Liebling der Mutter. Dann kommen ein Stiefvater und neue Kinder. Der neue Vater lehnt den ersten Jungen ab und verbietet ihm, ins Gymnasium zu gehen. Er wird in eine Berufsschule geschickt. Mit 14 macht er die ersten Einbrüche, wird erwischt und bedingt verurteilt. Da die Familienverhältnisse aber scheinbar gut sind, wird keine Bewährungshilfe ausgesprochen. Kurz darauf bricht der Jugendliche wieder ein, muß nun die alte Strafe mit der neuen größeren absitzen. Er wird entlassen und begeht neuerlich einen Einbruch. Nun bereits 18, kommt er in die Strafanstalt für Erwachsene. Dort lerne ich ihn kennen, übernehme seine Betreuung. Nach zwei Jahren, in denen die latenten Verhältnisse klargelegt werden konnten, gelingt es mir, eine bedingte Entlassung zu bewirken. Soviel ich weiß, ist er nie wieder straffällig geworden. Hätte der Richter bei der ersten Verurteilung latente Schwierigkeiten angenommen und hätte dieser den unbewußten Konflikt erkannt, wäre das Leben dieses Jugendlichen anders verlaufen. Man darf sagen, daß die meisten Straftaten, sogar Morde, die von Jugendlichen begangen werden, sehr oft auf ähnliche unbewußte Konflikte mit neuen Vätern zurückgehen.

Auch Herbert war ein unehelicher Sohn. Mit 12 Jahren ist er bereits verwahrlost und trinkt Alkohol. Die Mutter, inzwischen verheiratet, geht zum Jugendamt, aber die Fürsorgebeamtin lehnt eine Betreuung ab, "der Bub ist ja so ein lieber Kerl". Vier Jahre später steht er wegen Mordes vor Gericht, die Tat geschah unter Einfluß von Alkohol. Er bekam 14 Jahre. Ich kann über den Fall nichts Näheres berichten, er ist zu bekannt. Veränderungen würden ihn unverständlich machen. Aber Herbert kam nach neun Jahren heraus, änderte seinen Namen und ist vollkommen in Ordnung gekommen. Ich hatte ihn drei Jahre in Betreuung.

Worin besteht diese Betreuung? Es wird oft gesagt, was AICHHORN gemacht hat, war ein Resultat seiner Persönlichkeit und kann nicht wiederholt werden. Ich halte das für unrichtig. Es gibt auch heute und es wird immer Persönlichkeiten geben, die dieselben Qualitäten haben wie August AICHHORN, jeder in seiner oder ihrer Art. Was sind diese Eigenschaften? Erstens eine Einschaltung in die Persönlichkeit des Verwahrlosten, die oft Empathie genannt wird. Es ist die Fähigkeit, seine Ich-Grenzen genau so zu besetzen, wie der andere sie hat, d. h. mit ihm zu fühlen, ohne deswegen dasselbe zu tun. *Mit* jemandem fühlen ist nicht dasselbe, wie *für* jemanden fühlen, was Sympathie und in der Behandlung bedeutungslos ist. Wir haben oft Gefühle schlimmster Art, wollen Leute schädigen, ja sie sogar umbringen, tun es aber nicht. Es ist wahrscheinlich, daß die Mehrzahl der Menschen diese Gefühle unterdrückt, sie leugnet, oder sie als schlecht empfindet. Empathie, denen gegenüber, die solche Gefühle in die Tat umsetzen, scheint daher ausgeschlossen. Aber zwischen Gefühlen haben und sie in die Tat umsetzen ist ein großer Unterschied. AICHHORN und Therapeuten wie er konnten und können die schlechten Gefühle nachempfinden, ohne jemals in Gefahr zu laufen, sie in Taten umzusetzen. Es ist wahrscheinlich so, daß es eine allgemeine latene Delinquenz gibt, die aber von einem starken Ich und Überich in Schranken gehalten wird. Das würde auch mit der zweiten Eigenschaft AICHHORNS zusammentreffen, ein sehr starkes Ich zu besitzen, oder, in einer nichtpsychoanalytischen Ausdrucksweise, eine respekteinflößende Persönlichkeit.

Es gibt solche Persönlichkeiten in allen Klassen und Gruppen. Wenn sie auftreten, erzeugen sie sofort Achtung unter den Anwesenden. Da ich selber eine solche Persönlichkeit bin, kann ich versuchen, sie zu beschreiben. Es ist eine Form völliger Selbstsicherheit, mit dem Gefühl, immer recht zu haben und die innere Überzeugung, von allen Menschen geliebt zu werden. K.R. EISSLER nannte einmal den Grund einer solchen Persönlichkeit oder, psychoanalytisch ausgedrückt, dieses Narzißmus, eine absolut sättigende Mutterbrust in früher Kindheit, das Gefühl, als Baby im absoluten Mittelpunkt der Welt zu stehen. Bei mir stimmt das, ich war ein solches Baby, wie aus Berichten bekannt wurde. Mir ist über AICHHORNS Kindheit nichts bekannt, aber seine Persönlichkeit war wie oben beschrieben. Nun trug er den Titel und hatte auch die Funktion eines Vorstandes. Im Wien jener Zeit eine eindrucksvolle Angelegenheit. Als AICHHORN 1948 den Titel eines Professors erhielt und Paul FEDERN ihn als solchen anschrieb, antwortete er: "Geben Sie unsere Freundschaft auf? Ich bin noch immer der Vorstand."

Eine dritte Eigenschaft oder besser Fähigkeit Aichhorns war es, in einem kleinen Symptom sofort die wahrscheinliche Ursache zu erkennen, oder in anderen Worten, die latente Ursache des manifesten Verhaltens zu verstehen. Alle diese Eigenschaften müssen zusammenkommen, um wirksam zu sein. Es ist richtig, daß dies nicht oft zusammen eintrifft, aber es gibt immer wieder solche Menschen, und manche von ihnen findet man in der Arbeit mit Jugendlichen.

Es muß allerdings eingeräumt werden, daß nicht alle Jugendlichen, die straffällig werden, zu der Gruppe gehören, der AICHHORNS Methode helfen kann. Diese Erkenntnis war ihm bereits selber bekannt. Bei Asozialen, also ich-schwachen oder geisteskranken Jugendlichen, hatte er keine Erfolge. Allerdings resultiert aus diesen Fällen nur selten Straffälligkeit. Asoziales Verhalten ist nur sehr selten ein Grund dafür, aber es kommt vor. Es gibt noch andere Ursachen, die junge Menschen vor Gericht bringen. Infolge der modernen Kinderheilkunde wachsen heute Kinder heran, die in früheren Zeiten infolge des Mangels an mütterlicher Fürsorge, gestorben sind. Es sind das Individuen, die mit einem starken Überlebenstrieb ausgestattet sind und nicht anders können, als zu überleben. Gesellschaft und Gesetz existieren weder in ihren Gefühlen, noch in ihrem Denken. Leben solche Menschen in sozialen Schichten des Mangels, wird dieser, sobald das Kind groß genug ist, um selbständig zu handeln, in jeder sich ergebenden Weise zu beseitigen versucht. Diese Ichs kennen nur sich selber, alles andere wird nur von diesem Gesichtspunkt her gesehen und beurteilt. In Behandlung genommen, wird diese ebenfalls nur aus dem Gesichtspunkt des eigenen Wohlbefindens angesehen. Man meinte lange, sie hätten eigentlich kein Überich. Richtig aber ist, zu sagen, daß bei diesen Menschen das eigene Ich zum Überich geworden ist. Unter gewissen sozialen Umständen oder durch Schicksalsereignisse werden solche Menschen oft zu schweren Rechtsbrechern.

Aus den Gründen, die ich oben angeführt habe, sind solche Entwicklungen immer häufiger zu sehen.. Sie sollen noch etwas näher betrachtet werden. Wie wir aus der Kleinkindforschung wissen, ist die Mutter-Kind-Beziehung, die auch bald den Vater mit einschließt, sehr kompliziert. In den ersten Jahren des Lebens lernt das Ich des Kleinkindes einen anderen als seinen eigenen Körper kennen. Wird dieser Prozeß lustvoll eingegangen, ist das Wachsen ein Vergnügen und jede Störung etwa durch Krankheit oder Ereignisse in der Erziehung, sehr schnell beseitigt. Dann tritt ein solches Individuum mit einem Ich in die Welt, das alles von außen kommende positiv beurteilt. Es gibt aber Kinder, denen ein solcher Lebensablauf vollkommen fehlt. Früher sind sie an Krankheiten gestorben, heute werden ihre Körper gesund erhalten, aber die Seelen dieser Kinder sind mit negativen Gefühlen für alles, was von außen kommt, besetzt. Daraus resultieren zwei Möglichkeiten: Die eine ist die Entwicklung eines sehr starken Ichs, das sich durchsetzen und leben will. Das andere ist ein rein körperliches Ich, das seelisch ein Kleinkind bleibt. Aus der letzteren Gruppe gäbe es keine jugendlichen Rechtsbrecher, wenn die Drogenabhängigkeit nicht kriminalisiert worden wäre, denn es ist die zweite Gruppe, die die meisten Drogenabhängigen schafft. Aus der ersten Gruppe werden durch alle möglichen Umstände bereits Kinder zu Rechtsbrechern, allerdings ist dies keine notwendige, sondern nur eine mögliche Entwicklung.

Menschen der ersten Gruppe finden wir auch in sozial sehr angesehenen Berufen. Psychoanalytisch gesprochen, und ich sage das mit voller Betonung, können delinquente Akte bis hin zum Töten von sozial sehr angesehenen Berufen ausgeführt werden, von Ärzten, Richtern, Politikern, Soldaten und Polizisten. Menschen in diesen Berufen ist es erlaubt, Taten rechtmäßig auszuführen, die, wenn sie andere begehen, bestraft werden. Es gibt also für das Ich jedes Menschen soziale Möglichkeiten delinquente Neigungen nicht nur legal, sondern mit großem sozialen Ansehen auszuleben. Diese Möglichkeiten nicht zu nützen, sondern dissozial zu handeln, also gegen die Gesetze zu verstoßen, ist in einer Demokratie immer ein Fehlverhalten des Ichs. In Diktaturen steht die Sache ein bißchen anders, das kann aber hier nicht behandelt werden. Kinder und Jugendliche haben eine solche Wahlmöglichkeit zum sozial anerkannten Ausleben dissozialer Neigungen noch nicht.

Es ist daher sehr wichtig zu erkennen, ob der jugendliche Rechtsbrecher genügend Einsicht in seine Tat zeigt, die erkennen läßt, daß er mit der ersten Delinquenz auch seine letzte begangen hat. Die Wichtigkeit der Kenntnis eines solchen Moratoriums für junge Menschen wurde am Anfang unseres Jahrhunderts erkannt. In Österreich wurde ihr durch eine gesonderte Jugendgerichtsbarkeit in den zwanziger Jahren Rechnung getragen. Seit einigen Jahren ist man dieser Erkenntnis einer, ich möchte sagen "normalen" Delinquenz, so weit nachgekommen, daß anstatt eines Gerichtsverfahrens mit Strafe, eine Konfliktlösung zwischen Täter und Opfer gesucht und in vielen Fällen auch gefunden wird. Sehen wir von diesen Fällen ab, so ist bei der Behandlung straffälliger Jugendlicher das Wichtigste, die Ursachen der Tat schnell zu erkennen. Für delinquentes Verhalten gibt es drei Ursachen, wenn man von dem absieht, was ich als "normale" Delinquenz bezeichnet habe. Letztere ist als zufälliges, meistens einmaliges Ausagieren von Wünschen, die dem jugendlichen Alter gemäß sind, anzusehen. Angemerkt sei, daß die sozialen Verhältnisse, in denen der Rechtsbruch geschieht, von größter Bedeutung sind. Doch ist der Einfluß solcher sozialer Bedingenen nicht Gegenstand dieser Ausführungen.

Folgende *Ursachen* lassen sich unterscheiden:

1. Neurotische Delinquenz. D. h. latente Konflikte werden nicht neurotisch in Symptome umgesetzt, sondern vom Ich ausagiert. Der häufigste Fall ist die Suche

nach Strafe für ein unbewußt gewordenes Verhalten, das als strafwürdig angesehen wurde. Ein anderer Fall ist der unbewußte Wunsch, jemandem einen Schaden zuzufügen. Werden diese unbewußten Prozesse nicht bewußt gemacht, folgt unausweichlich ein Delikt dem anderen.

2. Formung des Ichs durch das Milieu, in dem der Jugendliche aufwächst. Ein Beispiel für viele andere ist das im ländlichen Raum aufgewachsene Kind, das als Pubertierender in ein Großstadtmilieu versetzt wird. Das Ich ist dann u. U. nicht fähig, mit einem solchen sozialen Wechsel fertig zu werden. Neue Einflüsse werden aufgenommen, deren soziale Unangepaßtheit nicht erkannt wird. Rechtsbrüche sind die Folge.

3. Ein in früher Kindheit gestörtes Ich. Wir wissen aus der Kleinkindforschung der letzten 15 Jahre mehr über das Wachsen des Kindes nach der Geburt. Starke Ichs entwickeln sich ohne Verstehen des anderen, agieren dementsprechend in der Gesellschaft und können zu Rechtsbrechern werden. Schwache Ichs ziehen sich von der Gesellschaft zurück und suchen Lösungen ihrer Probleme und Wünsche sofort. Diese jungen Menschen können nicht warten. Für viele ist die Droge die Lösung und unsere völlig einsichtslose Gesetzgebung macht sie zu Rechtsbrechern. Es gibt noch einen Grund für Drogendelinquenz: Die Herausforderung durch den Tod. Junge Menschen, auf anderen Gebieten tun es auch ältere , spielen "Russisches Roulette". Leider gibt es nur wenige verläßliche psychoanalytische Forschungen auf diesem Gebiet. Die existierenden Arbeiten sind alle der Meinung, daß Drogenabhängigkeit auf eine frühe Defizienz in der Ichentwicklung zurückgeht. Delinquent werden letztere nur durch das Gesetz. In Wirklichkeit sind es schwerst seelisch gestörte Menschen.

Wie sind sie nun zu behandeln: Die erste Gruppe zerfällt in leichtere und schwerere Fälle. Die leichteren Fälle zeigen Vandalismus, Eigentumsdelikte und Betrügereien. Die schwereren Körperverletzung bis hin zum Mord. In diese Teilgruppe gehören auch Brandstiftung, Bombenlegung und Sexualdelikte. In der ersten Gruppe genügt Bewährungshilfe, die die latenten Gründe des Verhaltens aufdeckt, aber sie muß therapeutisch, d. h. analytisch vorgehen. Bei den schweren Fällen ist eine lange Behandlung angezeigt und daher die stationäre Aufnahme in ein gutes Heim notwendig. Diese kann manchmal allerdings auch bei den leichteren Fällen angezeigt sein.

Die stationäre Behandlung von Kindern und Jugendlichen, die wegen Rechtsbruches verurteilt worden sind, ist mit noch größeren Schwierigkeiten behaftet als andere Heimbehandlungen. Die untergebrachten Kinder sind beinahe alle äußerlich nicht als krank zu erkennen. Ihr Benehmen ist undiszipliniert und dissozial. Eine kleine Gruppe versteht es immer, sich an die Institution anzupassen und sich beliebt zu machen, ohne irgendeine Änderung in ihrem Verhalten vorzunehmen. Es sind das die scheinbar Angepaßten, die nach der Entlassung schnell wieder rückfällig werden. Eine gute Anstalt ist eine, in der diese immer auftretenden Probleme dadurch gelöst werden, daß alle Insassen, gleichgültig wie sie sich benehmen, gut, d. h. verständig, von allen Angestellten behandelt werden. Das verlangt eine psychologische Einstellung, ebenso vom Elektriker wie vom Koch. Wo nur ein Teil des Personals über ein solches Verständnis verfügt, nehmen die schwierigeren Fälle immer die Angestellten zum Vorbild, die sich im Grunde den Insassen am ähnlichsten verhalten. Die stationäre Behandlung von dissozialen Kindern und Jugendlichen scheitert gewöhnlich an diesem Problem des Personals, das in der Praxis nur schwer zu lösen ist.

Eine stationäre Behandlung ist immer nötig, wenn das soziale Milieu des Kindes oder Jugendlichen dissozial ist, wenn also bereits von der Familie her ein zerstörerischer Einfluß vorhanden ist. Wo andere Familienverhältnisse vorliegen, müssen diese genau untersucht werden, um zu entscheiden, ob ambulante oder Heimbehandlung angezeigt ist. Die Hauptaufgabe, diese Entscheidung zu treffen, liegt bei den Gerichten, wo psychoanalytisch eingestellte Richter eine Seltenheit sind. Man muß daher sagen, daß die Auswahl für die stationäre Behandlung ihre größte Schwachstelle ist.

Das Heim bietet Kindern und Jugendlichen vor allem neue mütterliche Versorgungsfunktionen an. Daher ist Sorgfalt und Liebe die Voraussetzung für einen Erfolg. Selbst das schlimmste Kind und der unbändigste Jugendliche müssen mit Liebe von seiten des Heimes rechnen können. Das heißt aber nicht nachgeben, sondern das Verstehen des dissozialen Verhaltens. Eine gewisse Disziplin, wie ein Festhalten an Regeln, ist genau so wichtig, wie Beweglichkeit im Reagieren auf Gewalttätigkeiten. Einen möglichen Ausbruch eines gewaltsamen Verhaltens vorauszusehen ist das Zeichen einer guten Anstalt. Sie darf daher nicht zu groß sein, 40 Insassen sind ein Maximum. Diese brauchen mindestens 10 Betreuer. Mit den anderen Angestellten benötigt man ungefähr einen Angestellten auf zwei Insassen. Eine stationäre Behandlung bietet auch den Vorteil, Gruppenanalysen und -erfahrungen anbieten zu können. Es gibt immer Dissoziale, die sich im Einzelgespräch nicht verständlich machen können. Auch Arbeitsgruppen erreichen bei manchen Insassen einiges im Hinblick auf eine Sozialisation. Die Behandlung muß von den guten Seiten des Jugendlichen ausgehen, um von diesen aus andere Ebenen ansprechen zu können.

Die Arbeit in solchen Anstalten ist sehr schwierig und verlangt volle Hingabe. Dabei ist das seelische Klima unter den Angestellten von größter Wichtigkeit. Ich habe einige Anstalten in den Vereinigten Staaten besucht, die auf mich einen guten und vertrauenswürdigen Eindruck machten. Im Vergleich zur Arbeit mit geistesgestörten Kindern und Jugendlichen ist die Arbeit mit dissozialen Jugendlichen nur insofern leichter, als der dissoziale und straffällige Patient von seinen Betreuern keine spezielle Ausbildung erfahren muß. Die Länge des Aufenthaltes für Delinquenten beträgt etwa zwei Jahre. Sechs Monate braucht man, um zu beginnen, ein Jahr für die eigentliche Arbeit und wieder sechs Monate zur Gewöhnung an die Freiheit. Diese Terminangaben resultieren aus der Erfahrung und dürfen nicht als unbedingte Norm genommen werden. Geisteskranke Kinder brauchen dreimal so lange.

Die stationäre Behandlung hat das Ziel, dem kindlichen oder jugendlichen Ich die Möglichkeit zu geben, nachzuwachsen. Sie ist daher nur bei Ichgestörten anzuwenden. Wo wir ein gut gewachsenes Ich haben, das neurotisch delinquent ist, ist eine ambulante Therapie einer stationären vorzuziehen, weil die Unterbringung mit einem Muttterersatz gar nicht nötig ist. Der Besuch der Eltern ist immer individuell zu regeln, ebenso das nach Hause gehen. Eine gute Kenntnis der sozialen Verhältnisse ist daher unbedingt nötig.

Ich komme zum Schluß: Indem wir erkennen, daß dissoziales Verhalten entweder eine Störung durch unbewußte Konflikte darstellt oder einen Mangel im Sinne einer Fehlentwicklung, können wir entscheiden, ob eine ambulante oder stationäre Behandlung angezeigt ist. Diese Erkenntnis verdanken wir der Psychoanalyse, die uns lehrt, wie die verschiedenen Mängel an Objektbeziehungen im frühen Kindesalter unter bestimmten sozialen Verhältnissen zum rechtsbrecherischen Verhalten führen. Schwere soziale Not, wie sie derzeit von Kriegen und in den friedlichen Ländern von Obdachlosigkeit und Fluchtverhalten hervorgerufen wird, machen meine Überlegungen natürlich unrealistisch und undurchführbar. Die Anwendung psychoanalytischer Erkenntnisse braucht eben eine gewisse soziale und politische Stabilität.

Literatur

Aichhorn, A.: Verwahrloste Jugend. Bern (Huber), 7. Aufl. 1971.

Bollinger, L.: Psychoanalyse und die Behandlung von Delinquenten. Heidelberg Karlsruhe (C.F. Müller Juristischer Verlag) 1979 .

Eissler, K.R.(Hrsg.): Searchlights on Delinquency. Madison, Ct., (International Universities Press) 1949.

Federn, E.: Die therapeutische Persönlichkeit, erläutert am Beispiel von Paul Federn und August Aichhorn. Schweizerische Zeitschrift für Psychologie und ihre Anwendungen 19, 1960, 117-131.

Krystall, H. und Raskin, H.A.: Drogensucht. Göttingen (Vandenhoeck & Rupprecht) 1983 .

Lempp, R. : Jugendliche Mörder. Bern Stuttgart Wien (Huber) 1977.

Lennhoff, F.G.: Problem Kinder. München (Reinhardt) 1967 .

Rauchfleisch, U. : Dissozial. Göttingen (Vandenhoeck & Rupprecht) 1981 .

Reik, Th., Alexander, F., Staub, H. : Psychoanalyse und Justiz. Frankfurt/M. (Suhrkamp) 1974 .

Therapieren oder Substituieren?

Psychoanalytische Sozialarbeit mit adoleszenten Gewalttätern im Spannungsfeld von Pädagogik, Sozialarbeit und Psychotherapie

Martin Feuling

> "Es erscheint dringend geboten, sich von der klassischen psychiatrischen Nosologie freizumachen (....) Die Kriterien Krankheit und Gesundheit greifen nicht. Das einzige verlässliche Kriterium ist das subjektive Leiden des Betroffenen oder das seiner Umgebung." (LEMPP 1988, 51)

Reinhart LEMPP beschreibt in seinem Aufsatz "Die Borderline-Persönlichkeitsstruktur in ihrer Bedeutung für vom Täter selbst nicht erklärbare kriminelle Handlungen" einen Typus von Gewalttätern, deren einmalige Taten von ihnen selbst als vollkommen fremd erlebt und auch von Außenstehenden im Zusammenhang ihres übrigen, sozial relativ gut integrierten Lebens als weitgehend uneinordenbar wahrgenommen werden. Reinhart LEMPP diagnostiziert bei diesem Typus von Tätern übrigens nur unter Vorbehalten ein Borderline-Syndrom, weil er ihre Taten als phasenspezifische, u.U. nur Sekunden dauernde, quasi-psychotische, eruptiv agierte Regression auf eine präödipale Stufe interpretiert und nicht als bleibende Persönlichkeitsstruktur. Er schreibt:

> "Bemerkenswerterweise benötigen diese Jugendlichen nach der Tat weniger eine aufgreifende und aufdeckende Psychotherapie als vielmehr eine zeitlich befristete soziale Begleitung und Betreuung." (LEMPP 1988, 47)

In meinem Beitrag will ich versuchen, LEMPPS kontrastierende Gegenüberstellung von "sozialer Begleitung und Betreuung" und "aufgreifender und aufdeckender Psychotherapie" zu präzisieren. Dabei werde ich als vermittelndes Drittes zwischen diesen beiden Polen den Terminus der "klinischen Sozialarbeit" bzw. der "psychoanalytischen Sozialarbeit" einführen. Im Rahmen meines Beitrages werde ich nicht den Versuch unternehmen, Pädagogik und Sozialarbeit einerseits, Psychotherapie andererseits begrifflich scharf gegeneinander abzugrenzen: eine solche Abgrenzung - wiewohl ich sie grundsätzlich auf reflektiertem theoretischen Niveau für erhellend halte - hat immer etwas Künstliches, weil sich in der Praxis die Felder notwendig überschneiden. Zum Ausgangspunkt meiner Überlegungen will ich vielmehr meine persönlichen Erfahrungen aus der Begegnung mit einzelnen Gefängnisinsassen nehmen, um daran einige Reflexionen über Bedingungen und Möglichkeiten, Eigentümlichkeiten und Technik psychoanalytischer Sozialarbeit mit Straftätern anzuschließen.

Ich stelle in meinem Beitrag die Frage: was ist die spezifische Differenz von Ziel, Methode und Dauer zwischen "Begleitung und Betreuung" und "Psychotherapie", die die "psychoanalytische Sozialarbeit" umfassen und vermitteln soll? Anders gefragt: Welche Modifikationen des klassisch-pädagogischen bzw. klassisch-psychotherapeutischen Wegs, ihrer Interventionsformen und ihres Settings, unternimmt "psychoanalytische Sozialarbeit" in der Begegnung mit adoleszenten Gewalttätern?

Sofern das Ziel jedes pädagogischen und psychotherapeutischen Handelns in größter Allgemeinheit grundsätzlich dasselbe ist, nämlich nur sekundär das Symptom zu beseitigen, primär aber der subjektiven Wahrheit eines Individuums zur Anerkennung zu verhelfen[1], muß dieses Ziel in Anpassung an bestimmte Formen tiefgreifender psychosozialer Störungen spezifischer gefaßt werden: Wie kann die Anerkennung[2] der subjektiven Wahrheit eines Individuums - i.e. sein Platz in der Ordnung der Generationen, sein Verhältnis zu anderen Menschen und zum Sozialen - in lebbarer, möglichst wenig fremd- und selbstdestruktiver Form gestaltet werden bei Menschen, bei denen dieses Verhältnis - ob sie nun die psychiatrische Diagnose einer schweren Neurose, einer Psychose oder eines Borderline-Syndroms zu tragen haben - grundlegend gestört ist? Wie läßt sich dieses Ziel beispielsweise dort erreichen, wo aufgrund irreversibler, strukturell psychotischer[3] Persönlichkeitsanteile - wie Ernst FEDERN es einmal sagte - "Heilung oft nicht, Hilfe aber immer möglich ist"? Wie kann - um in einem Bild von Reinhart LEMPP[4] zu bleiben - dort geholfen werden, wo das Ich langfristig nicht die Kraft und die Fähigkeit entwickelt, ein sozial unverträgliches und persönlichkeitsinkompatibles "Gepäckstück" selbst ver-

1 vgl. dazu auch GÜNTER 1991, 48.

2 "Anerkennung" ist zugleich transitiv und intransitiv, also als Anerkennung durch das Subjekt selbst und als Anerkennung durch den Anderen zu verstehen.

3 Ernst FEDERN schreibt über den Begriff der Borderline-Störung: "Das besagt natürlich gar nichts, außer daß es sich um Fälle handelt, die an der Grenze zwischen Psychose und Neurose stehen, womit wir überhaupt nichts wissen, solange wir nicht wissen, was Psychose und was Neurose ist. Wenn wir aber wissen, was Psychose und was Neurose ist, dann ist der Begriff "borderline" völlig unnötig, denn da weiß man ja, zu welcher Seite ein Mensch gehört." (FEDERN 1991, 21) Auch ich neige zu der Anschauung, daß phänomenale Beschreibungen der Borderline-Störung klinisch-praktisch wertvoll sind, daß strukturell aber das psychotische Moment, auch wenn es weitgehend latent bleibt und sich nicht sozial auffällig aktualisiert, theoretisch das wesentliche Moment ist. Ob eine psychotische Struktur, die LACAN als "Verwerfung des Namens-des-Vaters" (vgl. LACAN 1955) konzeptualisiert hat, reversibel oder irreversibel ist, ob eine psychotische Struktur also geheilt oder nur substituiert werden kann, ist eine schwierige Frage, die sich hier zwingend anschließt.

4 LEMPP schreibt über den oben erwähnten Typus von borderline-ähnlich strukturierten Einmal-Gewalttätern: "Auf eine im einzelnen noch nicht bekannte Weise werden die betreffenden, ja meist normal oder sogar gut intelligenten, differenzierten und sozial angepassten Jugendlichen mit diesem Einbruch in die ihnen bekannte eigene Persönlichkeitsstruktur fertig, als einem Ereignis, das sie als zu sich selbst gehörig zwar akzeptieren, mit dem sie sich aber nicht identifizieren müssen. Sie tragen es gewissermaßen wie ein Gepäckstück mit durchs Leben." (1988, 47).

schlossen zu halten und durch sein Leben zu tragen und deshalb - tendenziell lebenslang - auf ein anderes Ich angewiesen bleibt, das seine fehlenden Ich-Kräfte substituiert?

Ich hatte Kontakt mit adoleszenten Gewalttätern, bei denen ein viel deutlicherer Zusammenhang zwischen ihren manchmal nur einmaligen - oft aber auch wiederholten - eruptiven Gewalttaten und zwischen einer insgesamt zerstörten Lebensgeschichte sowie einer tief gestörten Persönlichkeits- und Beziehungsstruktur zutage liegt. Diesbezüglich gibt es Differenzen zu dem von LEMPP beschriebenen Typus von Einmal-Tätern. Die Taten dieser jungen Menschen können als u.U. nur Sekunden dauernde manifest psychotische Episoden, gleichwohl aber auch als Ausdruck einer dauernden, latent psychotischen Persönlichkeits- und Beziehungsstruktur interpretiert werden. Gegen die latent psychotischen Anteile wird manchmal während der Haft vorübergehend eine pseudoneurotische Anpassung als Abwehr[5] mobilisiert; das psychotische Potential zeigt sich dann oft nur noch indirekt in den Gegenübertragungsreaktionen der involvierten Betreuer und Institutionen. Auch für diese Personengruppe trifft m.E. LEMPPS Forderung einer "Begleitung und Betreuung" im Gegensatz zur Psychotherapie zu; ich meine jedoch, daß sein Argument der zeitlichen Befristung modifiziert werden muß.

Die eruptiven, persönlichkeitsfremd und psychotisch anmutenden Taten, deren Subjekt und Objekt, Täter und "Opfer" zugleich diese Menschen werden, fallen aus dem Raster einer üblichen, d.h. relativ bewußten, zielgerichteten Kriminalität heraus. Häufig ist es allen involvierten Personen und Institutionen evident, daß die Motive für diese Taten nur aufgrund von unbewußten psychischen Konstellationen - wie z.B. eines Wiederholungszwanges, eines Anerkennungs- und Strafbedürfnisses oder eines latent persistierenden, nur situativ manifesten, partiellen Realitätsverlustes - und im Grunde auch als Formen der Autoaggression interpretiert werden können (vgl. LEMPP 1984).

Von pädagogischer Seite, im Vorfeld einer Strafvollzugskarriere, und auch von Seiten des Strafvollzugs, nach juristischer Anerkennung einer solchen Tat , wird dann immer wieder der Ruf nach einer "Therapie" laut. Neben dem Wunsch, helfen zu wollen, motiviert diesen Ruf nach "Therapie" oft sicherlich auch die Angst der betreuenden Institutionen und Personen vor dem Unzugänglichen, vor dem "Unheimlichen" an/in diesen Menschen. Und aus dieser Angst resultiert notwendig ein gutes Stück Ratlosigkeit der involvierten Personen und Institutionen, wenn ein bestimmter junger Mensch mit seinen Problemen ganz offensichtlich alle verfügbaren Hilfsangebote sprengt, weder durch klassisch erzieherische, sozial- oder heilpädago-

5 Diese These einer pseudoneurotischen Abwehr einer latent psychotischen Struktur durch soziale Anpassung vor, während und nach der Haft, die sich im Augenblick der Manifestation der psychotischen Struktur punktuell in eruptiven Gewalttaten manifestiert hatte, verstehe ich nicht als Widerspruch, sondern als Ergänzung der von Michaela STIEPEL geäußerten These, daß klassisch-kriminelle Delinquenz häufig als "pseudoneurotische Abwehr einer Psychose" interpretiert werden kann, wobei die Delinquenz "dem Subjekt immerhin diesen einen, nämlich den antisozialen Kontakt zur Realität (...) ermöglicht." (Stiepel 1993, 191) Wenn diesem Täter-Typus die Möglichkeit des Realitätsbezugs durch die Delinquenz in der Haft genommen wird, wird er manifest psychotisch.

gische, noch durch vollzugliche, noch durch psychiatrische oder klassisch psychotherapeutische Ansätze in seiner ungünstigen, fremd- und selbstzerstörerischen Entwicklung beeinflußt werden kann. Kann psychoanalytische Sozialarbeit dort etwas beitragen, wo andere Interventionsformen an die Grenzen ihrer definierten Zuständigkeit[6] kommen?

Fallbeispiele

Reinhart LEMPP war im Rahmen seines Wirkens immer wieder mit dramatischen Einzelfällen konfrontiert, die seine ganze große Kreativität und Erfahrung bei der Suche nach unkonventionellen Lösungswegen herausforderten. In einigen dieser Fälle wandte er sich an den "Verein für Psychoanalytische Sozialarbeit e.V.", dessen Arbeit er seit seiner Gründung unterstützt und als Mentor begleitet hat. Teilweise unter unmittelbarer Supervision von Reinhart LEMPP hatte der Autor Gelegenheit, einige Erfahrungen in der Arbeit mit adoleszenten Gewalttätern vor und während ihrer Strafhaft zu machen.

In den letzten Jahren begegnete ich im Gefängnis drei Männern zwischen 16 und 30 Jahren, die wegen Kapitalverbrechen wie Mord und Vergewaltigung einsaßen. Ihre Lebensschwierigkeiten und Betreuungsgeschichten will ich hier in kurzen Abrissen darstellen:

1. Mit einem heute 21-jährigen, anerkannten Asylanten begann ich vor fast fünf Jahren auf Anfrage des Jugendamtes, das kein anderes stationäres oder ambulantes Hilfsangebot mehr wußte, im Rahmen der Ambulanten Dienste des Vereins für Psychoanalytische Sozialarbeit zu arbeiten, also noch bevor er zum ersten Mal ins Gefängnis kam. Neben einer massiven Entwurzelungsproblematik, die er qua Wie-

6 Im Rahmen der Strafgesetze wie auch im Rahmen der zuständigen Institutionen der Verwaltung des Leidens und der Hilfe gegen das Leiden kann mit solchen "Problemfällen" oft nicht adäquat umgegangen werden. Weder das Gefängnis, noch die Psychiatrie, noch die Jugendhilfe vermögen hier häufig ein Setting einzurichten und ein Betreuungsangebot zu machen, das eine Entwicklungsmöglichkeiten eröffnende Antwort auf die Frage des Jugendlichen ist, die als Grund seiner Lebensschwierigkeiten überhaupt erst herauszufinden wäre. In manchen Fällen schiene es notwendig und angemessen, ein Setting zu erfinden , das die ganze Bandbreite zwischen ambulanter Psychotherapie und betreutem Wohnen einerseits und geschlossener Psychiatrie und Gefängnis andererseits abdeckt. Die Realisierung solch flexibler Settingvarianten scheitert aber oft daran, daß die herkömmlichen Abgrenzungen berufsständischer (z.B. zwischen Medizinern, Juristen, Psychologen und Pädagogen) und administrativer (z.B. zwischen Krankenkassen, Justiz, Jugendhilfe und Sozialhilfe) Zuständigkeiten solche Settingvarianten nicht zulassen. Diese Abgrenzungen müßten zugunsten einer praktizierten Interdisziplinarität aufgelöst werden, um eine fachlich angemessene und humane Hilfe leisten zu können. Auf dieser Forderung hat Reinhart LEMPP immer insistiert; diese "Utopie" - wie er es selbst nannte (LEMPP 1983b, 215) - ist sicherlich einer der wichtigsten Impulse seines Wirkens in der deutschen Kinder- und Jugendpsychiatrie, und weit darüber hinaus.

derholungszwang ständig aufs Neue reinszenierte, war er auch mit großer Wahrscheinlichkeit vom 10. Lebensjahr an von seiner Mutter regelmäßig sexuell mißbraucht worden. Seine psychiatrische Diagnose lautete: Pseudologia phantastica. Bevor ich ihn kennenlernte, war er bereits aus mehreren Einrichtungen der Jugendhilfe und der Psychiatrie herausgefallen; auch damals waren schon sexuelle Übergriffe auf Jüngere und aggressive Attacken auf Betreuer vorgekommen. All seine strafbaren Handlungen wurden aber wegen Strafunmündigkeit nicht strafrechtlich verfolgt, weil er in seinem Paß mit einem um vier Jahre zu geringen Alter geführt wurde.

Die psychoanalytische Sozialarbeit mit ihm bestand zunächst darin, für ihn einen Platz zum Wohnen und an einer Schule bzw. einen Arbeitsplatz zu finden, was jedoch nicht dauerhaft gelang, weil alle Institutionen ihn nach kurzer Zeit als untragbar ablehnten. Also begleitete ich ihn auf seinen Odysseen durch die Region und versuchte ihn allmählich an feste Orte und Zeiten zu binden, was er anfangs überhaupt nicht aushalten konnte. Die aufkeimende Beziehung zu mir war anfangs hochambivalent, eine Phase paranoider Verfolgungsgefühle mit manifesten Attakken auf den Betreuer mußte ausgehalten werden, ehe sie sich auf einem Niveau milder Idealisierung stabilisieren konnte. Im Laufe der Zeit bekam ich durch diese Begleitung und durch mein Erinnerungsvermögen an unsere gemeinsamen, freundlichen und schmerzhaften Erlebnisse, in denen mir seine fragmentierten Selbst- und Objektrepräsentanzen ein Stück weit einfühlbar geworden waren, die er selbst noch überwiegend verdrängen und verleugnen mußte, auch eine wichtige Zeugenfunktion für ihn. Soweit möglich, habe ich auch versucht, das, was er tat, und das, was ihm geschah, verbal aufzugreifen und sehr behutsam zu interpretieren, also ganz vorsichtig eine psychotherapeutische Ebene des Kontakts einzustellen. Da er aber auf zu schnelle Interpretationen im direkten Kontakt sehr negativ reagierte, konnte ich ihm solche Interpretations- und Verständnisangebote oft nur in Anwesenheit realer Dritter geben, beispielsweise, wenn ich ihn bei seinen Kontakten mit der Polizei (wegen Bagatelldelikten) begleitete und in seiner Anwesenheit mit den Polizisten darüber sprach, daß man ihn ernst nehmen und zur Rechenschaft ziehen müsse und bei Gelegenheit auch vorsichtige Interpretationen über die Gründe seiner Taten gab. Ich versuchte auch mit seiner Zustimmung, auf dem Amtswege sein Alter den Tatsachen entsprechend korrigieren zu lassen, damit all seine Straftaten, die ich als Appell und als Symptom verstand, nicht ohne Anerkennung blieben. Ich wollte erreichen, daß das Gesetz ihn als rechtsfähiges Subjekt anerkennt. Dies erschien mir auch als eine Voraussetzung dafür, daß irgendwann ein vertragliches Arbeitsbündnis zwischen uns entstehen könnte. Leider konnte ich die soziale und juristische Anerkennung dieses jungen Mannes als rechts- und schuldfähiges Subjekt nicht rechtzeitig erreichen, denn während einer Urlaubsabwesenheit von mir vergewaltigte er eine junge Frau brutal beim Trampen.

Er bekam dafür drei Jahre Jugendstrafe, die er bis zum letzten Tag und praktisch ohne Vorbereitung auf die Freiheit absaß. Dieser junge Mann hat sich in diesen drei

Jahren in vier verschiedenen Gefängnissen aufgehalten; er inszenierte sogar im Gefängnis wiederholungszwangartig seine Entwurzelungsproblematik. In den Betreuerteams der Gefängnisse organisierte er immer wieder starke Spaltungstendenzen: es gab die wenigen Betreuer, die große Stücke auf ihn hielten, sich stark für ihn engagierten, und die vielen anderen, die ihn am liebsten auf der Stelle losgehabt hätten. Die drei Jahre seiner Haft über "verfolgte" ich ihn von Anstalt zu Anstalt und besuchte ihn wöchentlich, konnte jetzt allerdings nur noch mit ihm reden, ihn nicht mehr real in seinem sozialen Leben begleiten. Gesprächen über seine Tat und seine Motive, über sein Leben und seine psychische und soziale Situation war er nach wie vor kaum zugänglich, ebensowenig näherungsweise psychotherapeutischen Interventionen. Lange Zeit drehte sich unsere gemeinsame Arbeit darum, zwischen ihm und dem vierten Gefängnis, in dem er schließlich begann, sich mehr einzulassen (es gab aber auch kaum mehr andere Alternativen), zu vermitteln. Ich nahm die Position eines vermittelnden Dritten ein, der - manchmal in realer Anwesenheit beider Konfliktpartner - dem jeweils anderen die Position und Handlungsweise des einen verständlich zu machen und Lösungswege vorzuschlagen suchte. Ein kritischer Höhepunkt und Wendepunkt der Entwicklung war es, als er auch in diesem vierten Gefängnis seinen Wiederholungszwang der Entwurzelung agierte und einen Beamten tätlich angriff. Als er - gegen deutliche Tendenzen eines Teils der Betreuer, ihn für extrem gefährlich zu halten, ihn also negativ zu idealisieren und ihn sofort abzuschieben - für diesen aggressiven Akt zwar bestraft, anschließend aber dabehalten wurde, kehrte erstmals eine gewisse Beruhigung der zuvor für alle Beteiligten sehr anstrengenden Arbeit mit diesem jungen Mann ein. Das Gefängnis mit seinen klaren Regeln und sicheren Mauern wurde - für ihn vielleicht zum ersten Mal in seinem Leben - zu einer Art Heimat. Nach seiner Haftentlassung war er denn auch nur zwei Tage in Freiheit, bis er wieder - diesmal allerdings ohne jemand anderen zu verletzen - einen Taxi-Überfall inszenierte, um schnell wieder in seine Heimat, das Gefängnis, zurückzukommen. Diesen Wunsch formulierte er - rationalisierend - übrigens selbst.

Er bekam für diese zweite Tat eine 4-jährige Freiheitsstrafe. Nach seiner erneuten Inhaftierung konnte ich ihn nur noch sporadisch besuchen, da es keinen Kostenträger mehr für meine Arbeit gab: die bisherige Arbeit wurde wohl angesichts dieses erneuten Rückfalls als mißlungen angesehen. Auf diesem Hintergrund lehnte er selbst es ab, mich weiterhin zu sehen. Sicherlich - wie er selbst formulierte - , weil er sich so sehr schämte, mich durch seinen Rückfall enttäuscht zu haben. Vielleicht waren auch die sehr enge Bindung an meine Person und die darin liegende Abhängigkeit Gründe für diese aktive Beendigung des Kontakts durch ihn. Ich stehe weiterhin in brieflichem Kontakt mit ihm. Bei seinem gegenwärtigen Gefängnisaufenthalt scheint er sich relativ problemlos zu führen. Er hat allerdings seinen Wiederholungszwang dahingehend kultiviert, daß er - auf der Basis seiner vermeintlich sicheren Heimat im Gefängnis - mit großem Einsatz und ganz legal die Aberkennung seiner Asylberechtigung und die Abschiebung nach der Haft in sein Herkunftsland betreibt: mit diesem recht ungewöhnlichen Begehren stellt er die zuständigen Behörden erneut vor einige Probleme. Dieses "Aberkennungsbegehren" zeigt, daß die Dialektik der Anerkennung durch das Subjekt selbst und durch den Anderen über den Rahmen einer interpersonalen Zweier-Beziehungskonstellation hinausweist, daß die Anerkennung ohne die soziale Anerkennung als rechtsfähiges Subjekt durch einen Dritten, hier den Staat, nicht trägt.

2. Ein heute 20-jähriger junger Mann war als Adoptivkind in einer sehr problematischen Familienkonstellation ohne Vater großgeworden und hatte ebenfalls seit seiner Pubertät eine sehr wechselhafte Karriere in Jugendhilfeeinrichtungen und Jugendpsychiatrien hinter sich gebracht. Dort war er ebenfalls schon wegen sexueller Übergriffe auf Jüngere, wegen aggressiver Attacken auf Betreuer, wegen Weglaufens und Prostitutionstendenzen auffällig geworden. Per Gerichtsbeschluß wurde er in einem relativ geschlossenen Jugendheim untergebracht. In diesem geschlossenen Heim machte er durch weitere sexuelle Übergriffe bis hin zu manifesten Vergewaltigungen von Jüngeren auf sich aufmerksam. Nach einer richterlichen Bestrafung mit Arrest und Arbeitsauflagen wurden seine sexuellen Übergriffe noch gravierender. Daraufhin kam er in Untersuchungshaft, von dort aus in eine Jugendpsychiatrie zur Begutachtung und zum Versuch einer therapeutischen Beeinflussung. Letzteres blieb erfolglos. Die psychiatrische Diagnose lautete: frühkindliche psychische Fehlentwicklung im Sinne einer neurotischen Dissozialität, im forensischen Gutachten wurde eine "schwere andere seelische Abartigkeit" und eine erheblich verminderte Schuldfähigkeit festgestellt. Nach Rechtskraft seines Urteils von 1 1/2 Jahren Jugendstrafe wurde ich vom zuständigen Jugendamt gebeten, mit dem Jugendlichen zu arbeiten mit dem Ziel, eine vom psychiatrischen Gutachter für notwendig gehaltene Unterbringung in der Psychiatrie nach § 63 StGB nach der Haftzeit vielleicht noch verhindern zu können. Dies gelang nicht. Ich betreute ihn in der Haft knapp ein Jahr lang mit einer Frequenz von einer Stunde pro Woche.

Die psychoanalytische Sozialarbeit mit ihm bestand zunächst vorwiegend darin, überhaupt einen Kontakt und eine Beziehung mit ihm aufzubauen. Dies war sehr schwierig, denn er selbst hatte oberflächlich keinerlei Schuldgefühl bezüglich seiner Taten und keinerlei Einsicht in sein Leiden und seine Situation. Deshalb hatte er auch nicht den Wunsch, eine "Therapie" machen zu wollen. Im Gegenteil: er hatte schon sehr viele Erfahrungen mit Pädagogen und Psychologen gemacht und gelernt, solche Beziehungsangebote zu vermeiden. (Seine Adoptivmutter war Pädagogin.) Er widmete sich mir für die wöchentliche Stunde nur - so sagte er es -, weil "eine Stunde 'labern' immer noch besser ist als eine Stunde in der Zelle zu sitzen". Er flüchtete in eskapistische Illusionen über seine Zukunft und wollte nichts wissen von dem, was als Damoklesschwert der Unterbringung über ihm schwebte. Über seine Straftaten und sein vergangenes Leben, über seine aktuelle psychische und soziale Situation und seine Zukunft zu sprechen, wurde erst nach einer längeren Zeit andeutungsweise möglich, und zwar nur dadurch, daß ich weniger mit ihm darüber sprach, was er anderen Menschen angetan hatte, sondern mehr darüber, was er sich selbst mit seinen Taten angetan hatte. Auf diesem Weg einer Fokussierung auf die selbstverletzenden Aspekte seiner heteroaggressiven Taten, die in gewisser Weise eine Umkehrung der Sichtweise von Subjekt und Objekt, von Täter und Opfer implizierte, wurde es schließlich allmählich möglich, sich an seine Geschichte und die darin erlittenen Verletzungen bruchstückweise zu erinnern und seine Taten als aktive Wiederholung passiv erlebter Traumatisierungen zu begreifen. Nur über diese Fokussierung und das darin enthaltene Verständnisangebot konnte ich überhaupt eine offenere Arbeitsbeziehung zu ihm aufbauen. Gegen alle früheren und auch gegen meine Appelle an seine Einsichtsfähigkeit hatte er sich ja aufgrund seiner Lebenserfahrungen immunisieren können.

Nach Ablauf der Haftzeit, in der er den Hauptschulabschluß erwarb und sich - mit wenigen Ausnahmen - erstmals in seinem Leben relativ ruhig und passiv angepaßt verhielt, wurde er erneut begutachtet. Bei dem bis dahin erreichten Stand der Arbeit mit ihm wendete er das ihm von mir entgegengebrachte Verständnisangebot in eine Tendenz um, seine Opferposition hervorzuheben und dadurch seine Taten zu entschuldigen. Er erreichte damit, daß die Notwendigkeit der Unterbringung von einem weiteren Gutachter angesichts seiner nach wie vor eklatant mangelnden Schuldeinsicht und seiner deshalb - auch in meinen Augen - weiterhin bestehenden Gefährlichkeit bestätigt wurde. Inwieweit er mit dieser Position gegenüber dem Gutachter auch eine unbewußte Selbstbestrafungstendenz agiert hat, wage ich nicht zu beurteilen. Alternativen zu diesem Weg des "Wegschließens" in der forensischen Erwachsenenpsychiatrie schienen zu diesem Zeitpunkt nicht realisierbar. Dieser junge Mann ist seit zwei Jahren in der forensischen Psychiatrie untergebracht. Wann er dort angesichts seiner hartnäckigen "Therapieresistenz", die Ausdruck seiner Abwehrstruktur ist, wieder herauskommen wird, scheint mir ungewiß. Auch in der Psychiatrie besuchte ich ihn noch drei Monate lang. Der Stationsleiter hätte mich gerne weiterhin als externen Betreuer/Therapeuten im Spiel gesehen, weil er die therapeutische Arbeit im Rahmen einer geschlossenen Station, wo reale Sanktionsgewalt und "psychotherapeutische" Funktionen in einer Hand liegen, gerade im Falle der psychischen Struktur dieses jungen Mannes für besonders problematisch hielt. Weil die Anstaltsleitung jedoch Konflikte und Spaltungseffekte zwischen der externen Betreuung und den internen Sanktionsfunktionen der Anstalt befürchtete, vor allem aber weil eine Finanzierung der externen Betreuung kaum möglich erschien, konnte ich meine Arbeit nicht fortsetzen. Auch dieser junge Mann hält weiterhin brieflichen Kontakt zu mir.

3. Ein heute 30-jähriger Mann war als Jugendlicher nach Abbruch einer Lehre schon mehrfach wegen vergleichsweise harmloser Delikte auffällig geworden, bevor er mit 19 Jahren gemeinsam mit drei anderen in bestialischer, rauschhafter Weise einen jungen Mann ermordete. Die gutachterliche Diagnose lautete: schwere neurotische Fehlhaltung. Forensisch wurde von einer "schweren anderen seelischen Abartigkeit" ausgegangen.

Nach dem Mord saß er 4 1/2 Jahre einer 10-jährigen Jugendstrafe ab. In der Haftanstalt kam er frühzeitig in den Freigang und absolvierte während der Haft eine Berufsausbildung, anschließend mittlere Reife und Fachhochschulreife. Der Versuch einer externen Psychotherapie als Freigänger wurde schnell von beiden Seiten wieder abgebrochen, weil sich keine tragfähige Arbeitsbeziehung herstellte. Seine Entwicklung und Führung in der Haft wurde überwiegend als positiv beschrieben, auch von ihm selbst: erstmals in seinem Leben erlebte er in der Haft eine schützende Väterlichkeit, die eine völlige Neuorientierung seiner Werthaltungen bewirkte. Eine signifikante Ausnahme in dieser positiven Einschätzung seiner Entwicklung war projektiv bei einer Person in der Anstalt untergebracht, die ihn trotz aller manifest positiven Entwicklungen für hochgefährlich hielt.

Nach der Haftentlassung studierte er, jobbte zusätzlich und richtete sich gemeinsam mit einer während der Haftzeit gefundenen Lebenspartnerin eine Wohnung ein. Zwei Jahre nach der Haftentlassung überfiel er beim Joggen eine junge Frau und wurde wegen versuchter Vergewaltigung erneut zu 4 1/2 Jahren Haft verurteilt. Die Diagnose einer erneuten psychiatrischen Begutachtung lautete jetzt: "Psychopathie mit schizoid-hypomanen Zügen und schwere neurotische Fehlentwicklung". Festgestellt wurde erneut in forensischer Hinsicht eine "schwere andere seelische Abartigkeit". Auf eigenen Wunsch und mit der Unterstützung seines Richters und seiner Bewährungshelferin suchte er einen Therapeuten. Ein externer, niedergelassener Psychotherapeut, der bereit gewesen wäre, mit ihm im Gefängnis zu arbeiten, konnte nicht gefunden werden. Herr LEMPP vermittelte ihn drufhin an mich und ich arbeite jetzt seit zwei Jahren mit ihm mit einer Frequenz von zweimal monatlich 1,5 Stunden.

Die psychoanalytische Sozialarbeit mit diesem Mann ähnelt sicherlich einer modifizierten psychotherapeutischen Arbeit im engeren Sinne am meisten, angelehnt an die technischen Empfehlungen KERNBERGS (1993) für die "Psychodynamische Therapie bei Borderline-Patienten" und angepaßt an die äußeren Umstände (z.B. hinsichtlich der niedrigen Frequenz und des Stattfindens der Kontakte im Gefängnis). Affektives Erleben und nicht-projektive Übertragungsmomente, Schuldgefühl und Einsicht in das, was er anderen Menschen angetan hat, waren diesem Mann lange Zeit nur sehr eingeschränkt möglich. Affekte manifestierten sich in einem Schwanken zwischen massiv depressiven Einbrüchen und einer projektiven oder rationalisierenden Abwehr.

Indem verfolgende Momente überwiegend in den Binnenrahmen des Gefängnisses projiziert wurden, konnte in der Beziehung zu mir das positive Moment der Ambivalenz in Form einer milden, distanzierten Idealisierung bewahrt bleiben. Eine Form der Übertragung, die die Durcharbeitung der Ambivalenzkonflikte im Binnenraum der Beziehung zu mir erlaubt hätte, war lange Zeit nicht möglich und wurde von mir auch bewußt nicht forciert.

Ein wesentlicher Bestandteil der Arbeit bestand auch hier darin, angesichts der Tendenzen zu projektiven Spaltungen von gut und böse die Ambivalenz als Entwicklungsraum und als Spiel zu erhalten und immer wieder die Position eines vermittelnden Dritten einzunehmen und dadurch die Tendenz zu einer aggressiven Verclinchung zwischen Insasse und Gefängnis zu relativieren. Über lange Phasen der Arbeit hinweg wurden die Gespräche mit mir vielleicht weniger in ihrer Einsicht schaffenden Funktion wesentlich, sondern vielmehr in einer "containing-function" (BION). Durch die "containing-function" wurden seine unbewußten, weitgehend verleugneten, mörderischen Affekte aufgenommen, symbolisiert und dadurch ertragbar und tendenziell auch bearbeitbar gemacht. In dieser Funktion sollte die psychoanalytisch-sozialarbeiterische Betreuung und Begleitung auch noch über das Ende der Haftzeit hinaus erhalten bleiben, um die in der Vergangenheit in Konfliktsituationen fehlende Ich-Kontrolle über die unbewußten Affekte zu substituieren und dadurch eine weitere Wiederholungstat nach Möglichkeit zu vermeiden. Die Zusammenarbeit mit diesem Mann ist noch nicht abgeschlossen.

Diese Falldarstellungen zeigen partiell massiv gestörte Ich-Strukturen, die sich in einem Überwiegen projektiver Mechanismen, in gravierenden Realitätsverkennungen und in geringer Leidens- und Schuldeinsicht ausdrücken. Wegen dieser Ausgangslage war eine psychotherapeutische Arbeit im klassischen Sinne, die ein Minimum eines Wunsches nach Selbsterkenntnis und Selbstveränderung voraussetzt, zumindest bei zwei der drei Männer kaum möglich. Selbsterkenntnis und Wille zur Veränderung konnten nur Ziel der psychoanalytisch-sozialarbeiterischen Begleitung und Betreuung sein und insofern eine Psychotherapie im engeren Sinne allenfalls vorbereiten. Ob nach Erreichen dieses Ziels ein Wechsel der Bezugsperson sinnvoll wäre oder nicht, kann nicht generalisierend gesagt werden.

Die beschriebenen Männer erlitten im Augenblick ihrer Straftaten einen weitgehenden Realitätsverlust. Aus diesem Realitätsverlust tauchten sie im sicheren, engen und begrenzt komplexen Rahmen des Gefängnisses schnell wieder auf, verhielten sich dort mehr oder weniger ich-synton und realitätsangepaßt. Zwei dieser Männer übernahmen übrigens selbst im Rahmen des Gefängnisses "väterliche Positionen" als Gruppensprecher bzw. im Gefangenenrat.

Sie standen ihren eigenen Taten sehr fremd gegenüber: verleugneten sie entweder vollkommen oder suchten die Ursachen dafür bei anderen oder in der Umwelt. Wie sie anfangs über ihre schlimmsten Taten vollkommen unbeteiligt reden konnten, als wäre es etwas, was ein anderer getan hat, oder als hätten sie es im Fernsehen gesehen, war eindrucksvoll. Daraus folgte, daß - mit Ausnahme des 30-jährigen Mannes - keiner eine "Therapie" machen wollte: sei es, weil sie nicht wußten, was das sein kann, oder, weil sie selbst ja kein Problem hatten, sondern nur die anderen. Der junge Mann, der jetzt in der forensischen Psychiatrie lebt, ließ sich zunächst überhaupt nur auf die Begegnungen mit mir ein, weil das im Gefängnisalltag eine "willkommene Abwechslung" sei.

Einen Zugang zur Problematisierung und Bearbeitung ihrer Taten bzw. zu den dahinterliegenden seelischen Abgründen gelang mir nur dadurch, daß ich ihre Taten unter dem Aspekt aufgriff, wie sehr sie sich mit ihrem Handeln selbst verletzt haben. Der Weg zum Erschrecken, zur Einsicht und zur besseren Kontrolle verdrängter bzw. projizierter Affekte konnte aus verschiedenen - "inneren" wie "äußeren" - Gründen noch in keinem der Fälle zu einem Ende geführt werden.

Reflexionen

Welche verallgemeinernde Folgerungen über Ziel und Methode, über Bedingungen und Möglichkeiten psychoanalytischer Sozialarbeit im Gefängnis lassen sich aus diesen Falldarstellungen ziehen?

Ernst FEDERN charakterisierte einmal Psychoanalytische Sozialarbeit als Sozialarbeit und Pädagogik, die von Sozialarbeitern ausgeübt werden, die etwas von den frühen, präödipalen Entwicklungsstufen und den Fehlentwicklungen des Ichs wissen und die in ihrer Arbeit diesen kranken Anteilen des Ichs Rechnung tragen. Dieses Wissen wird sicherlich durch eine eigene Psychoanalyse des Sozialarbeiters gefördert.

Diese allgemeinste Definition psychoanalytischer Sozialarbeit muß für die hier zur Betrachtung stehende Personengruppe und auf der Grundlage der geschilderten Fallgeschichten präzisiert werden: Wie situiert sich Psychoanalytische Sozialarbeit im Spannungsfeld von Pädagogik und Therapie, und was ist die Bedeutung der externen Position für diese Arbeit? Ich interpretiere LEMPPS Gegenüberstellung von "sozialer Begleitung und Betreuung" und "aufgreifender und aufdeckender Psychotherapie" zunächst ex negativo:

1. Die beschriebenen Formen "psychoanalytischer Sozialarbeit" sind keine Psychotherapie, dienen allenfalls der Vorbereitung auf eine Psychotherapiefähigkeit, weil zumindest zwei Kriterien für eine Psychotherapie weitgehend fehlen: die Leidenseinsicht des Betreuten und folglich der Anspruch auf Heilung und Veränderung zum einen; die äußeren institutionellen Rahmenbedingungen für einen relativ frei zwischen psychoanalytischem Sozialarbeiter und Insasse auszuhandelnden Vertrag und ein Arbeitsbündnis zum anderen. Zu viele Parameter von Raum, Zeit und Aktionsmöglichkeiten sind aufgrund der gegebenen Struktur des Gefängnisses unverhandelbar gesetzt. In den Fällen der von mir betreuten jungen Männer wäre jedoch eine externe Psychotherapie außerhalb des Gefängnisses kaum durchführbar gewesen. Dies zeigt der gescheiterte Therapieversuch im einen Falle, in den anderen Fällen fehlte dafür jede Voraussetzung.

2. Psychoanalytische Sozialarbeit unterscheidet sich im Sinne einer "sozialen Begleitung und Betreuung" jedoch auch von anderen Strategien der Pädagogik und Sozialarbeit, soweit diese vorzugsweise am "gesunden Teil des Ichs" anzusetzen versuchen. Psychoanalytische Sozialarbeit trägt vorrangig den ich-dystonen, latent oder manifest psychotischen Anteilen Rechnung.

Psychoanalytische Sozialarbeit im beschriebenen Sinne findet im Rahmen eines komplexen Gesamtsettings mehrerer Institutionen, Funktionen und Instanzen statt: "mütterlich"-versorgende, "väterlich"-grenzsetzende Instanzen und die Funktionen der pädagogischen Förderung der gesunden Anteile des Ichs werden vom Gefängnis in mehr oder weniger differenzierter und glückender Form abgedeckt. Was bleibt hier noch für die "externe psychoanalytische Sozialarbeit" zu tun, was kann nicht durch die umfassende, geschlossene Institution Gefängnis abgedeckt werden?

Es ist ein grundlegendes Wesensmerkmal psychoanalytischer Sozialarbeit, daß sie dort, wo überwiegend duale Beziehungskonfigurationen vorzuherrschen scheinen - wie dies sowohl im Setting der ambulanten Psychotherapie, als auch in der klassischen Konstellation Erzieher-Zögling, wie auch in der Konstellation Gefängnis-Insasse der Fall ist -, die Funktion des Dritten einzuführen und - wenn nötig - auch real zu verkörpern versucht. Pädagogik wie Psychotherapie greifen dort nicht, wo qua psychotischer Strukturmomente die Hintergrundfunktion des Dritten nicht genügend internalisiert ist, die alleine eine phänomenal überwiegend dual konstellierte Beziehungsfigur aushaltbar macht. Den primitiven Abwehrmechanismen von in diesem Sinne ich-strukturell gestörten Menschen, insbesonderen ihren Tendenzen zur Projektion und zur Spaltung, muß im sozialen Außen der Gefängnisrealität ein differenziertes Gesamtsetting mehrerer Bezugspersonen und -funktionen entgegengesetzt werden, in das gute und böse Aspekte, verfolgende und schützende Über-Ich-Funktionen, gewährende und versagende Positionen projiziert werden können, ohne daß diese Positionen sich qua projektiver Identifikation bekämpfen und ausschließen.

Um in der Betreuung ich-strukturell gestörter Menschen konstruktive Entwicklungen zu ermöglichen, muß die betreuende Institution vielmehr die Arbeit an der Integration der fragmentierten Ich-Anteile anstreben. Psychoanalytische Sozialarbeit im Gefängnis kooperiert und kommuniziert in dieser Absicht immer wieder in reflektierter Form mit den Instanzen des Gefängnisses, bleibt nicht in einem enggefaßten Sinne extern und enthaltsam. Durch differenzierte Beziehungsangebote an den Insassen wie an die Institution wird versucht, die intrapsychisch fehlende oder fragile dritte Instanz im realen, sozialen Außen zu substituieren.

Konkret heißt das: Vermittlungspositionen zwischen Gefängnis und Insassen zu übernehmen, gelegentlich auch in einer beratenden Position die immer wieder von Auslöschung bedrohte Instanz eines außenstehenden Dritten einzunehmen, d.h. eine meist fehlende externe Supervision für alle involvierten Personen und Instanzen des Gefängnisses zu substituieren. Ich habe grundsätzlich nicht versucht "extern" zu bleiben in dem Sinne, daß ich mich vollkommen aus den Beziehungsspielen zwischen Gefängnis und Insassen heraushielt. Im Gegenteil ließ ich mich immer wieder bewußt ein Stück weit involvieren, und versuchte dann, ein vermittelndes Außen, ein Drittes für Gefängnis wie für Insassen zu repräsentieren. Ein Drittes, zu dem Insassen wie Gefängnis ein gewisses Vertrauen haben konnten: was natürlich in diesem Rahmen eine sehr prekäre Position ist, die nur dadurch annähernd einzuhalten war, daß ich alles, was ich mit der einen Partei redete, der anderen Partei unmittelbar transparent machte. Wenn ich hineingezogen wurde, versuchte ich, die Position eines Dritten zu repräsentieren, was es möglich macht, aus immer wieder sich anbahnenden mörderischen, dualen Übertragungs-/Gegenübertragungs-Konstellationen des "Entweder-ich-oder-Du" herauszufinden. Ein wesentliches Moment dieser Positon bestand in der Bezugnahme auf das Gesetz: nicht nur auf das Strafgesetzbuch oder das Justizvollzugsgesetz, sondern auf ein allgemeines Gesetz des Zusammenlebens zwischen Menschen, das es geben muß, weil es ohne dieses Gesetz nur Willkür, z.B. pädagogische Willkür der Betreuer und Instanzen des Gefängnisses gibt. Ich habe manchmal mit diesen jungen Männern darüber geredet, wie ein Gesetz aussehen sollte, das sie selbst gestalten dürften: Sie lieben das Gesetz und suchen es. Sie suchen das Gesetz als kombiniertes mütterlich-väterliches Objekt, das sie versorgt und sie schützt, besonders vor als willkürlich empfundenen Übergriffen konkreter Anderer. Sie können konkrete Andere nur in einem großen Abstand ertragen, nur dann, wenn sie das Gefühl haben, daß diese Anderen selbst einem Gesetz unterworfen sind, das ihnen verbietet, sie zu vernichten.

Meine Erfahrung ist, daß gerade borderline-strukturierte junge Straftäter mit längeren und problematischen Karrieren in pädagogischen Einrichtungen die Schwächen einer Pädagogik, die sich wesentlich auf die gelebte Beziehung und das Austragen von Konflikten von Person zu Person stützt, sehr genau spüren und genau die Punkte kennen, an denen sie derart orientierte Bezugspersonen aushebeln können. Was solche jungen Männer suchen und immer wieder inszenieren, ist eine enge Beziehung in einer homosexuellen Übertragung. Eine solche identifikatorische Beziehung wird aber schnell so bedrohlich, daß sie zerstört werden muß. Sehr viel erträglicher scheint für solche jungen Männer eine Beziehungsform zu sein, die einen Abstand gewährleistet und sie vor ihren eigenen homosexuell-paranoiden Verschmelzungswünschen schützt: eine Beziehung, in der ein Gesetz wirksam ist, dem beide Seiten unterworfen sind.

Das Gefängnis als allumfassende, totale Institution muß qua Struktur und Auftrag gute und böse, gewährende wie versagende Aspekte übernehmen. Wenn innerhalb der gegebenen internen Hierarchie und der sich fixierenden Betreuungsstrukturen des Gefängnisses ein reflektierter Umgang mit den Spaltungstendenzen im Rahmen eines differenzierten und von außen supervidierten Settings nicht mehr möglich ist, stellt sich ein destruktiver, nicht zu einer Integration fragmentierter Ich-Anteile führender Wildwuchs agierter Spaltungen ein. Es scheint mir ein Faktum, daß ichstrukturell gestörte Menschen, die mit den klassischen erzieherischen Mitteln des Gefängnisses nicht zu beeinflussen sind, qua projektiver Identifikation immer wieder ganze Institutionen dahin bringen, ein fast unentwirrbares Beziehungsknäuel mit ihnen einzugehen[7], in dem Subjekt und Objekt, Täter und Opfer ununterscheidbar werden. Die Gratwanderung zwischen Willkür und Gesetz, zwischen verfolgenden und schützenden Funktionen birgt immer die Gefahr eines Absturzes in sich.

Speziellen technischen und ethischen Fragen psychoanalytischer Sozialarbeit mit adoleszenten Gewalttätern will ich hier nicht weiter nachgehen. Vielmehr will ich noch einige abschließende Gedanken über ihre institutionellen und praktischen Voraussetzungen anfügen, von denen ich meine, daß sie einen theoretisierbaren, inhaltlichen Bezug zur Problematik psychosenaher seelischer Störungen haben.

Der Autor konnte sich bei seiner Arbeit mit Straftätern erstens auf eine (unabhängige) Institution und ein Team in tragender Hintergrundsfunktion, zweitens auf eine fachlich hochqualifizierte Supervision und drittens auf eine theoretische Orientierung an der Psychoanalyse stützen, die zumindest ein Modell einer - von LEMPP geforderten - "weitgefächerten Entwicklungspsychologie"[8] anbieten kann. Ohne diese drei Voraussetzungen scheint dem Autor eine "Begleitung und Betreuung" solcher Menschen durch all ihre Versuche hindurch, qua Wiederholungszwang jede aufkeimende gute Beziehung zu anderen Menschen bzw. zu sich selbst/in sich selbst zu zerstören, aus theoretischen wie pragmatischen Gründen nur schwer durchführbar und erträglich.

Ich will hier nur einige vereinzelte - vordergründig ganz pragmatische, bei näherer Reflexion aber durchaus als zur Sache gehörig theoretisierbare - Gründe andeuten, weshalb mir diese drei Voraussetzungen unabdingbar erscheinen:

1. Die existenztragende Funktion einer (unabhängigen) Institution tritt z.B. dann in Kraft, wenn ein Wechsel der Zuständigkeit und der Kostenträgerschaft eintritt, der sich u.U. bis zur Klärung im Streit der (Nicht-)Zuständigkeiten mehrere Monate hinziehen kann. Ist es sinnvoll, die kontinuierliche Fortführung einer mühsam aufgebauten Beziehung durch eine von außen induzierte Unterbrechung zu gefährden? Zudem ist klar, daß die Arbeit mit schwer gestörten Menschen mit einem Hang zu Kontrollverlusten und eruptiven Gewalttaten "riskant" und potentiell immer - be-

7 vgl dazu die aus gefängnisinterner Perspektive ausgeführte Analyse der "Komplizenschaft" bei STIEPEL (1993).

8 "Es erscheint dringend geboten, sich von der klassischen psychiatrischen Nosologie freizumachen, den Versuch zu beginnen, unvoreingenommen einen neuen Anlauf zu versuchen, der nach meiner Ansicht nur von einer weitgefächerten Entwicklungspsychologie ausgehen kann, die emotionale, kognitive, somatische und soziale Faktoren gleichermassen miteinbezieht." (LEMPP 1988, 51) Die Psychoanalyse, insbesondere die strukturale, intersubjektivitätstheoretische Psychoanalyse von Jacques LACAN, bietet dem Autor durch ihre Entwicklungspsychologie, durch die Theorie der Übertragung und durch ihre ethischen und technischen Einsichten einen gedanklichen Raum, der es ihm möglich macht, die schwierigen und schmerzhaften Übertragungs- und Gegenübertragungsprozesse im Umgang mit jungen Menschen durchzustehen, deren seelisches Funktionieren (im Sinne einer Fähigkeit zum Überstieg zwischen Haupt- und Nebenrealität) dauernd oder vorübergehend schwer beeinträchtigt ist. Nicht zufällig begann LACAN seine Arbeit als Psychiater und beschäftigte sich schwerpunktmäßig mit der Problematik der Paranoia, insbesondere auch mit paranoisch motivierten Gewalttaten.

sonders aber bei "Nicht-Gelingen" (für das es jedoch in Anbetracht der problematischen Ausgangssituation nur schwerlich objektivierbare Kriterien geben dürfte) Kritik und Angriffen von Außenstehenden ausgesetzt ist.

2. Aus letzterem Grund bekommt u.U. auch die distanzierende und reflektierende Supervision eine existenzielle Mit-Verantwortung, die über das bloße Reflektieren des auftauchenden Materials und der sich entwickelnden Beziehungsfiguren hinausreicht.

3. Die Bezugnahme auf die Theorie als ein Drittes erscheint angesichts der Tendenzen borderline-strukturierter, partiell psychotischer Menschen, jedes trennende und zugleich verbindende Dritte auszuschließen, in einer ausschließlich dualen Beziehung zwischen Idealisierung und Entwertung zu schwanken, essentiell.

Das Gemeinsame dieser drei notwendigen Voraussetzungen ist, daß es Versuche sind, das qua Psychose ausgeschlossene Dritte in einer realen Hintergrundsfunktion jenseits der Betreuer-Betreuter-Dyade bzw. der Gefängnis-Insasse-Dyade zu instituieren.

Literatur

Federn, E.: Die Dauer der Behandlung psychotischer Patienten. In: St. Becker (Hrsg.): Psychose und Grenze - Zur endlichen und unendlichen psychoanalytischen Sozialarbeit mit psychotischen Kindern, Jugendlichen, jungen Erwachsenen und ihren Familien. Tübingen (edition diskord) 1991.

Günter, M.: Ambulante forensische Sozialarbeit aus jugendpsychiatrischer Perspektive. Z.schr. Bewährungshilfe 38, 1. Vierteljahr 1991.

Kernberg, O.F. et al.: Psychodynamische Therapie bei Borderline-Patienten. Bern Göttingen Toronto Seattle 1993.

Lacan, J.: Über eine Frage, die jeder möglichen Behandlung der Psychose vorausgeht. In: ders.: Schriften 2, Olten (Walter-Verlag) 1975.

Lempp, R.: Gerichtliche Kinder- und Jugendpsychiatrie. Bern Stuttgart Wien (Huber) 1983.

Lempp, R.: Erziehungshilfen im Grenzbereich - Konflikthaftigkeit in Entscheidungsprozessen zwischen Jugendhilfe, Psychiatrie und Strafvollzug. Neue Praxis, 3. Quartal 1983, 208 - 216 .

Lempp, R. : Der autoaggressive Charakter aggressiver Wiederholungstaten. Mschr Krim 67, Heft 5, 1984.

Lempp, R.: Die Borderline-Persönlichkeitsstruktur in ihrer Bedeutung für vom Täter selbst nicht erklärbare kriminelle Handlung. In: Bürgin, D. (Hrsg.): Beziehungskrisen in der Adoleszenz. Bern Stuttgart Toronto (Huber) 1988, 43 - 51.

Stiepel, M.: Psychoanalytische Sozialarbeit im Gefängnis. In: Verein für Psychoanalytische Sozialarbeit (Hrsg.): Innere Orte - Äußere Orte, Die Bildung psychischer Strukturen bei ich-strukturell gestörten Menschen, Tübingen (edition diskord) 1993.

Begriffene Machtlosigkeit

A. Frommann

Die ungleichen Geschwister Pägagogik und Jugendpsychiatrie haben in den vergangenen 25 Jahren einen Enttäuschungsprozeß erlebt, der weder am Ende angekommen, noch "eingeordnet" ist. Gemeint ist die kränkende Erfahrung, daß Erziehung weniger bewirkt, als die Erzieher wenigstens zweier Jahrhunderte gemeint hatten, daß aber auch Jugendpsychiatrie die Seelen nicht heilen und gesundet der Gesellschaft zurückgeben kann, deren Erkrankungen sie nur teilweise medizinisch zu verstehen und zu behandeln vermag.

Zunächst zur Erziehung. Was ist das für ein selbstbewußtes Wort! Es läßt Bewegung und Forderung anklingen, der Höhenunterschied ist unüberhörbar, die Richtung scheinbar eindeutig. Es gibt jemanden, der erzieht, und andere, die erzogen werden. die Vorsilbe er- ist es, die Macht suggeriert: Erfolg haben, erreichen, erringen, erwerben, - aber auch erhalten, ernähren, erkennen, erfahren. Die Erwachsenen sind schon da, sie werden mehr oder weniger gekonnt dafür sorgen, daß Kinder und Jugendliche das Ziel erreichen, an dem sie selbst vor längerer Zeit schon angekommen sind; sie warten im Stande der Selbständigkeit auf die neuen Mitglieder der Family of Man, die, gesund und ausgebildet, werterfüllt und hilfsbereit zu ihnen stoßen sollen. Und auf dem Wege zu diesem Zustand unterscheiden Erzieher souverän, was gut ist für die Jugend und was ihr schadet. An wem die Erziehung versagt, der muß krank sein, oder - schwer erziehbar. Alle anderen aber verlassen ihren kindlichen Egoismus, sie werden vernünftig und denken an andere. Oder sie werden nützliche Bürger und schaffen Mehrwert; sie passen sich an und sind dankbar für das, was die Gesellschaft ihnen ermöglicht; sie sorgen für eine gute Erziehung ihrer Kinder usw. usw.

Diese Karikatur muß schon vor längerer Zeit nachdenklichen Pädagogen zum Gruseln gedient haben. Sie "wußten", daß es so nicht ist. Sie entwarfen daher einfühlsame Bilder vom Gärtner und seinen Pflanzen ("Führen und Wachsenlassen"), die sie dem intentionalen Einfluß-Ausüben entgegensetzten. Sie "fanden" ähnliche Polaritäten auch im Leben, und so kam es, daß für Generationen der Vater die Strenge, die Mutter die Güte in der Erziehung verkörperten. Und wahrscheinlich - wegen der Ungleichzeitigkeiten im Denken und im Handeln - ist das für viele Zeitgenossen auch heute noch wahr. Wie konnte dieses polarisierend-ausgleichende Bild seinen Gehalt verlieren? Welche Kränkungen trübten den Blick der Pädagogen auf ihre Aufgabe, den Gegenstand ihrer Mühen, ihre Überzeugung, sie könnten die Kinder erziehen für eine gestaltete Welt?

Während ich diese Fragen notiere, kommen sie mir ungeheuerlich vor, blind, naiv, borniert, dumm. Lange genug haben wir Pädagogen die Augen verschlossen vor der Tatsache, daß wir ganz hinten im Gefolge der Mächtigen die Nachfolgenden anzupassen hatten. Hatten es zwei Weltkriege noch nicht vermocht, die Verführbarkeit von Erziehung zu entlarven, so taten es die "Verhältnisse" und die Medien der kommenden Jahrzehnte. Aus dem Erziehungsziel wurde das Produkt der Sozialisation, aus der Erzieherin die Bezugsperson, aus der Bindung die gefürchtete Abhängigkeit. "Mut zur Erziehung" ließ sich weithin nicht beschwören, Demokratie in Schule, Jugendgruppe und Heim schränkte die Autoritäten ein. Darin waren Resignation und Progression seltsam gemischt. Wir "glaubten" an die sich - selbst - regulierenden Kindergemeinschaften und begannen, die eigene Vollmacht und Autoritätsausübung kritisch zu analysieren. Wir wollten mit den Kindern und für die Kinder eine bessere Welt aufbauen ...

Das alles dauerte nicht einmal eine Generationen-Spanne. Erst wenige, dann viele wurden zu der Einsicht gezwungen, daß "die Welt" und die Gesellschaften nicht besser geworden waren und, daß unter unseren Händen, während unserer aktiven Berufsjahre, trotz unserer Einsichten der Frieden und die Natur stärker gefährdet waren, als je zuvor. Wir konnten nicht vorangehen, wir wußten nicht besser als die Kinder Bescheid über falsche Furcht und berechtigte Angst, wir hatten keine unversehrten Werte mehr, für die sich die Anstrengung der Kinder lohnte: War und ist es so?

Ich glaube, es ist nicht nur so. Wir halten auch diese Einsicht nicht lange aus und suchen deswegen an ihr vorbei nach alten und neuen Hilfskonstruktionen für Erziehung. In Momenten der Besinnung aber wissen wir, daß das Beste, was wir tun konnten und können, nicht die Erziehung war, sondern die Begleitung von und die Solidarität mit Jüngeren. Die Erfahrung der Ohnmacht hat uns Erwachsene den Kindern nahe gebracht. Da wir so wenig vermochten, hatten wir nur die Wahl, die Kinder sich selbst zu überlassen oder mit ihnen zusammen durch diese unübersichtliche Welt zu gehen.

Und nun zur Jugendpsychiatrie. Ich habe sie in Tübingen in den Jahren ihres "Paradigmen-Wandels" miterlebt. Am Anfang der 70er Jahre gab es noch ärztliche Macht und den Heilungsauftrag, der durch Erkenntnis, ärztliches Handeln aufgrund von Erfahrung, Eingriffe in physiologische und psychologische Vorgänge "im" Patienten wirken wollte. Im Kolleg wurden junge Patienten vorgestellt und die Diagnosen, die medikamentöse Behandlung, die Psychotherapie etc. standen in einem Verhältnis von Ursache und Folge zueinander. Das Ziel war die Wiederherstellung der oder die Annäherung an die Lernfähigkeit und Erziehbarkeit. Das änderte sich, zunächst kaum bemerkt, dann immer rascher: Die drängenden Fragen nach dem Milieu, das krankmachend war und um dessentwillen sich das Gesundwerden lohnen könnte, führte zum "therapeutischen Milieu", das die ganze Klinik umfassen müsse. Die Niederschläge früherer Interaktionen in der Innenwelt der jungen Patienten zu erkennen, hieß nun, die gegenwärtigen Interaktionen als Heilmittel zu betrachten und anzuwenden. Je mehr Subjektivität zugelassen wurde, umso mehr

Gemeinschaft in therapeutischer Absicht wurde möglich. Nichts aber schien mir so tiefgreifend, wie die wachsende Ohnmacht gegenüber schwerkranken und nicht erreichbaren Patienten. Das Loslassen, nicht das Festhalten, das Nicht-Können und das bei den Menschen Aushalten hat wohl manchem ein Stück Boden gegeben, der nichts mehr hatte, als die Verweigerung. Diese "Kranken-Geschichten" haben die Tübinger Jugendpsychiatrie durch ihre Armut bereichert. Sie haben auch die Nähe zur Pädagogik erleichert, eine Nähe, die Kinder und ihre Lebens-Umstände gemeinsam wahr- und ernst nimmt. Es bleibt Ärzten, "Beziehungspersonen" und Sozialpädagogen noch viel zu tun, nachdem sie durchgearbeitet haben, was alles sie nicht erreichen und erringen können! Da ist zuerst und immer wieder der Kampf um die Verbesserung der Bedingungen des Lebens für Kinder und Jugendliche, der in Stadt und Land, Schule und Klinik und Universität so viel Kraft und Intelligenz erfordert. Dieser Kampf schließt die Fähigkeit ein, über die eigenen Vorteile und Interessen hinaus etwas für Kinder "übrig zu haben", für Kompensation von Schäden und für Gerechtigkeit einzutreten. Ob diese "Haltung" auch als Modell auf die nächste Generation wirken wird, wissen wir nicht. Wir dürfen aber hoffen. Dann ist da die Pflege, die Sorge und die Begleitung, - die alten "mütterlichen" Weisen der Ermöglichung von Leben, die gerade in der Klinik gebraucht werden, aber eben nicht nur da. Und dann ist das Aufpassen gefordert, damit zwischen den modernen Gefährdungen überhaupt Platz und Zeit bleibt zum Aufwachsen - zum Aufwachsen in Widerspruch zwischen Reichtum und Elend, technischer Vollmacht und menschlicher Kapitulation, zwischen weltweitem Informationssystem und engem dumpfem Patriotismus. Das Aufpassen in diesen Gefilden braucht Mut und Phantasie, Liebe und Strenge. Und da sind sie wieder, all die hohen Anforderungen an die Erzieher! Dabei sollte doch von der begriffenen Machtlosigkeit die Rede sein. Wir sind wohl doch noch immer nicht so weit, wir müssen noch voneinander lernen, wie wenig wir können. Aber die Gemeinsamkeit des Weges und die großen Aufgaben, die jenseits des Grabens auf uns warten, sind auf eine schwer beschreibbare Weise geeignet, die "gekränkten" Geschwister Pädagogik und Jugendpsychiatrie in Bewegung, also am Leben zu halten.

Sozialpädagogische Arbeit mit delinquenten Jugendlichen

Reinhard Fatke

Die Sozialpädagogik hat im wissenschaftlichen Gespräch über delinquente Jugendliche bislang eine eher randständige Position inne. Die Diskussionen werden eindeutig dominiert von juristischen, administrativen und psychiatrisch-psychologischen Betrachtungsweisen. Und doch sind es am Ende Sozialarbeiter und Sozialpädagogen, die in der Alltagspraxis "vor Ort" die intensivsten und zugleich herausforderndsten Kontakte mit delinquenten Jugendlichen haben. Ihnen vor allem fällt die Aufgabe zu, mit ihrer spezifischen sozialpädagogischen Kompetenz beim Jugendlichen das in die Realität umzusetzen, was mit juristischen Entscheidungen, administrativen Maßnahmen und psychiatrisch-psychologischen Gutachten letztlich bezweckt werden soll: die Resozialisierung.

So muss es denn verwundern, daß nicht häufiger und vor allem nicht offener und lernbereiter seitens der genannten Disziplinen das gleichberechtigte Gespräch mit der Sozialpädagogik und Sozialarbeit gesucht wird. Das ist durchaus nicht lamentierend gemeint. Es geht hier weder um eine professionelle Profilierung der Sozialpädagogik noch gar um ein Kompetenzgerangel, sondern lediglich darum, in eine vorwiegend juristische Diskussion in stärkerem Maße, als das gemeinhin geschieht, sowohl die konkreten Erfahrungen, welche die Sozialpädagogik mit delinquenten Jugendlichen (innerhalb und außerhalb des Jugendstrafvollzugs) macht, einzubringen als auch insbesondere die *wissenschaftliche Reflexion* über diese Erfahrungen, die die sozialwissenschaftlich begründete Disziplin der Sozialpädagogik/Sozialarbeit anstellt.

Dabei ergibt sich eine Reihe von Überlegungen wie auch Forderungen, die vielleicht nicht gerade neu sind, deren Herkunft aus sozialpädagogischen Erfahrungs- und Forschungszusammenhängen aber den meisten gar nicht recht geläufig ist und die auf jeden Fall in einen verantwortungsvollen Diskurs über delinquente Jugendliche hineingehören. Denn das Ziel, um das sich Juristen, Psychiater/Psychologen und Sozialwissenschaftler/Sozialpädagogen bemühen, sollte letztlich doch das gleiche sein: den jungen Menschen zu helfen, möglichst gar nicht erst straffällig zu werden bzw., wenn sie straffällig geworden sind, sie so rasch und so wirksam wie möglich wieder in die Gemeinschaft zurückzuführen.

Im folgenden sollen ein paar Hinweise gegeben werden, auf welche Schwerpunkte die Sozialpädagogik - als Praxisfeld wie auch als wissenschaftliche Disziplin - ihre Aufmerksamkeit richtet. Dies geschieht in der Hoffnung, daß dabei Aspekte - die als solche durchaus bekannt sein mögen - stärker in das Zentrum der Diskussion um

Jugend und Delinquenz rücken, als dies ohne eine Beteiligung der Sozialpädagogik am Diskurs möglicherweise der Fall wäre. Die Sozialpädagogik, in deren Mittelpunkt - wie der zusammengesetzte Begriff "Päd-Agogik" schon sagt - das Kind/der Jugendliche und seine durch Erziehungseinwirkungen zu fördernde Entwicklung stehen, macht sich konsequent zum Anwalt des erzieherischen Wohls der Kinder und Jugendlichen, notfalls auch gegen den justitiellen Zugriff.

Sozialpädagogen/Sozialarbeiter sind sowohl im Strafvollzug selbst als auch ausserhalb des Strafvollzugs mit delinquenten Jugendlichen beschäftigt, vor einer Verurteilung genauso wie nach einer Verurteilung, wenn diese nicht zu einer Freiheitsstrafe führt (bzw. nach der Entlassung aus dem Gefängnis). Deshalb wird im ersten Teil dieses Beitrags die Aufmerksamkeit auf die Problematik delinquenter Jugendlicher im Strafvollzug gerichtet, wobei aus sozialpädagogischer Sicht ein eher kritisches Resümee zu ziehen sein wird und im zweiten Teil auf die sozialpädagogische Arbeit mit Jugendlichen *anstelle* des Strafvollzugs oder anderer punitiver Maßnahmen, zu denen im großen und ganzen auch die traditionelle Heimerziehung zu rechnen ist.

Um zu ergründen, wie sich das Straferlebnis auf die jugendliche Persönlichkeit auswirkt, genügt es nicht - wie es üblicherweise in der kriminologischen, auch der soziologischen Forschung geschieht -, mit Fragebögen oder Beobachtungsrastern zu arbeiten oder Akten zu analysieren, oder auch Interviews nach einem festen Leitfaden durchzuführen. Solche Erhebungstechniken bringen meist nur Verkürzungen hervor, die die subjektiven Erfahrungen und Sichtweisen der betroffenen Jugendlichen ausblenden. Diese Perspektive der Betroffenen kommt eher in autobiographischen Selbstzeugnissen oder in unstrukturiert geführten narrativen Interviews zur Geltung. Ein besonders gut gelungenes Beispiel dafür ist die Studie der beiden Sozialwissenschaftler KERSTEN und WOLFFERSDORF-EHLERT: "Jugendstrafe - Innenansichten aus dem Knast" (1980). Solche in die Tiefe des Erlebens und der eigenen Deutungsmuster der Betroffenen dringende Untersuchung fördert dann eine Realität zu Tage, die sehr zu denken gibt. (Die folgenden Ausführungen stützen sich im wesentlichen auf diese Untersuchung und deren sehr aussagekräftigen Befunde.)

Schon die dem Delikt und der Haft vorangehenden Erfahrungen stellen die Jugendlichen zumeist als einen Prozeß kontinuierlicher Zerstörung wichtiger Lebensbereiche dar. Hinsichtlich der eigenen Familie, des Wohnbereichs, der Gleichaltrigengruppe und der Beziehungen zu Freunden und Freundinnen haben sie kaum noch Hoffnungen darauf, in diese Strukturen zurückzukehren bzw. sich darin wieder einzurichten. Besonders die in der Gleichaltrigengruppe, der "Clique", gemachten Erfahrungen sind von großer Ambivalenz gekennzeichnet. Einerseits herrscht dort die Angst, durch die bloße Gruppenzugehörigkeit bereits in Konfrontation mit den Staatsorganen zu geraten, sowie Mißtrauen, "gelinkt" oder "verpfiffen" zu werden. Dennoch ist diese Gruppe andererseits nach wie vor die wichtigste Verbindung zur früheren Existenz, auch wenn sie während der Haftzeit nur noch symbolisch als idealer Ort für gewünschte Lebensformen angesehen wird.

Die öffentlichen Institutionen der Erziehung - wie Schule und Erziehungsheim - vermitteln den Jugendlichen nach ihrem eigenen Eindruck in der Regel nicht viel von deren pädagogischer Intention, sondern werden eher als eine übermächtige, strafende Institution erfahren, die ihren Anspruch mit Hilfe der ihr zur Verfügung stehenden Sanktionsmittel gegen die Kinder und Jugendlichen durchsetzt. Die in diesen Institutionen gemachten Erfahrungen sind eher Erfahrungen des Überlebens und des Sich-Durchsetzens, wobei insbesondere gelernt wird, die Mechanismen der Institution sich selbst zunutze zu machen und zwar in der Regel auf Kosten anderer.

Mit solcherlei Vorerfahrungen und Persönlichkeits- und Verhaltensprägungen geraten die Jugendlichen nun in Kontakt mit den Strafverfolgungsinstanzen. Diese hätten - wenn auch zu einem relativ späten Zeitpunkt in der delinquenten Entwicklung - noch einmal die Chance, erzieherisch wirksam zu werden, beispielsweise indem sie sich bemühten, die persönlich-biographischen Hintergründe der strafbaren Handlungen aufzuklären und daraus (sozial-)pädagogische Konsequenzen zu ziehen. Statt dessen aber geht es in der Regel hauptsächlich darum, das Delikt juristisch aufzuklären, den Täter zu überführen und ihn nach den rechtlichen Vorschriften zu bestrafen.

Wie sieht nun die Realität aus, die Realität im Jugendstrafvollzug, aber auch in der Heimerziehung? Denn abgesehen von einigen Heimen, die nach Reformkonzepten arbeiten, zeigen sowohl wissenschaftliche Untersuchungen wie auch Praxiserfahrungen, daß die Unterschiede zwischen der Heimrealität und der Jugendgefängnisrealität nur gradueller, nicht aber prinzipieller Natur sind. Die Fülle der hierzu vorliegenden Literatur ist so groß, daß sie gar nicht genannt werden kann; stellvertretend sei auf COLLA (1981), HOMES (1984) sowie auf die Arbeiten der Zürcher Forschungsgruppe zur Heimerziehung von TUGGENER u.a. verwiesen.

Die meisten offiziellen Darstellungen beschwören jeweils das Bild einer Institution, die den gestrauchelten Jugendlichen helfen und sie (nach-)erziehen will. Der Begriff " Strafe" wird konsequent durch den der Erziehung bzw. der Behandlung ersetzt, und doch scheint dies überwiegend nur ein kosmetischer Kunstgriff zu sein. Zwar soll nicht bezweifelt werden, daß er auch die ehrliche Intention der Verantwortlichen zum Ausdruck bringt, den Jugendlichen in ihrer schwierigen Lebenslage zu helfen; aber eine nüchterne Analyse muß einfach feststellen, daß auch dem besten persönlichen Willen und der zweifelsohne vorhandenen Qualifikation der Mitarbeiter im Heim bzw. im Jugendstrafvollzug relativ enge Grenzen gesetzt sind durch rechtlich-administrative Vorschriften einerseits und durch institutionelle Mechanismen andererseits. Die vielen Charakteristika der totalen bzw. quasi-totalen Institution Heim und Jugendgefängnis, die seit den bahnbrechenden Studien von GOFFMAN bekannt sind, erweisen sich in der alltäglichen Praxis stets als mächtiger als die gut gemeinten Bemühungen von Betreuern, Aufsehern, Sozialarbeitern, Therapeuten u.ä. (s. THIERSCH 1971).

Ein besonderes Problem, das sich immer wieder den pädagogischen und therapeutischen Bemühungen entgegenstellt, liegt in den besonderen Sozialerfahrungen, die die Jugendlichen in der Institution machen und für die eigentlich die Pädagogen und

Therapeuten in besonderem Maße zuständig sind, die sich jedoch hauptsächlich außerhalb ihres Blickfeldes und ihres Einflußbereichs vollziehen. Vom Anstaltssystem geht auf die Jugendlichen ein Vereinzelungs- und Spaltungsdruck aus, der von ihnen als ein Zwang zu dauerhafter Konkurrenz untereinander wahrgenommen wird. Diesem Zwang zur Konkurrenz unterliegt der Besitz von Gegenständen, der grundsätzlich begrenzt und durch Verbote eingeschränkt ist. Aus diesem Zwang ergibt sich auch die Versuchung, den eigenen Einfluß und die eigene Position durch das Ausüben physischer Gewalt oder durch das Anbieten sexueller Dienstleistungen zu verstärken. Es fehlen also wesentliche Voraussetzungen für einen risikofreien, konstruktiven Umgang der Jugendlichen untereinander, während gerade solche Verkehrsformen Grundbedingung einer effektiven Sozialerziehung bzw. Resozialisation wären. Solange sich die Jugendlichen eher als Gegner, Konkurrenten oder Geschäftspartner ansehen und nicht als Personen in vergleichbarer schwieriger Lebenslage, die gemeinsam etwas lernen könnten, fehlen auch wichtige Voraussetzungen für pädagogisch-therapeutische Angebote oder Programme.

Die Untersuchungen über die sogenannten " Prisonisierungsprozesse" haben gezeigt, daß - vor allem in Gefängnissen, mit Modifikationen aber auch in Heimen - die Individualität der von diesen Prozessen betroffenen Personen allmählich abstumpft und verflacht, was zunehmend zu einem passiven Dahinleben und Abwarten führt. Auf die Dauer wird ihnen ein neuer Code "einverleibt", der am Ende auch zu einer Redefinition der Identität führt, welche nun durch die Institution mit ihrer spezifischen Subkultur und ihren Mechanismen bestimmt wird. Jugendstrafanstalten in der Bundesrepublik Deutschland müssen sich selbstkritisch fragen, in wie starkem Maße das Wort von EISENHARDT (1978) auf sie zutrifft: "... die Organisation Strafvollzug schafft erst die Probleme, die sie dann versucht zu bearbeiten."

Ein anderes großes Problem liegt in der besonderen Form der Arbeit, der sowohl jugendliche Strafgefangene als auch, jedenfalls immer noch in manchen Fällen, Heimzöglinge nachzugehen haben. Hier ist es insbesondere die sich im niedrigen Lohn ausdrückende geringe Wertbestimmung ihrer Arbeitsleistung, die den Betroffenen zu schaffen macht. Sie müssen es als ungerecht empfinden, daß der Wert ihrer Arbeit nicht wie in der realen Arbeitswelt bemessen wird, sondern nach diffusen Maßstäben, die sich nicht am Produkt, sondern an den sogenannten " sekundären Tugenden" orientieren, wie z. B. Sauberkeit, Pünktlichkeit, Fleiß, Zuverlässigkeit, Ausdauer usw. So ist es denn nicht verwunderlich, daß die Jugendlichen darauf mit Arbeitsverweigerung, manchmal mit Selbstbeschädigung, vielfach aber auch nur mit lustloser Gewöhnung reagieren.

Von offizieller Seite wird gegen eine solche Kritik gern eingewandt, daß die eigentliche Funktion der Arbeit eine pädagogische sei, indem sie den Jugendlichen einerseits gemeinschaftsfähig machen, andererseits ihm neue berufliche Kompetenzen vermitteln und ihn durch die sekundären Tugenden wieder in ein geordnetes Leben "draußen" hineinführen solle. Aber einer solchen angestrebten Funktion stehen die Eintönigkeit, der Zwang, die niedrige Qualifizierung und letztlich auch die in der Bezahlung sich dokumentierende Entwertung der Arbeitskraft entgegen

(s. auch FOUCAULT 1977). Im Lichte solcher Befunde und Überlegungen müßte die Verpflichtung zu einer Arbeitsleistung auch außerhalb des Strafvollzugs eingehender auf seine Wirkungen und vor allem seine ungewollten Nebenwirkungen untersucht werden.

Wenn dies alltägliche Realität im Regelvollzug wie in der Heimerziehung ist, wie kann dann überhaupt Resozialisierung, Nacherziehung durch Sozialpädagogen, Psychologen und Therapeuten möglich werden? Gewiß fehlt es nicht an Engagement und an Handlungskompetenz beim Personal; aber auch dieses ist ja den gleichen strukturellen Zwängen ausgesetzt, die ihrem Auftrag wie auch ihrer Intention zuwiderlaufen. Zum einen kollidieren ständig das Prinzip "Sicherheit und Ordnung" und das Prinzip "Hilfe und Behandlung" miteinander. Zum anderen konfligieren die Bedürfnisse und persönlichen Probleme der Jugendlichen miteinander und schaukeln sich gegenseitig auf. Sie führen zu Krisen und Konflikten, so daß sich die Jugendlichen in der Regel nicht, wie dies aber unterstellt wird, ratsuchend und behandlungswillig an das Personal wenden, sondern es mit Feindseligkeit überziehen oder ihm emotionslos gegenüber treten.

Hinzu kommt die große Zahl von Jugendlichen auf einen Sozialpädagogen oder Therapeuten, was eine intensive Einzelbetreuung unmöglich macht. Und schließlich geraten Sozialpädagogen und Therapeuten in einen strukturellen Konflikt mit den Aufsichtspersonen, wenn es darum geht, um der sozialen Lernprozesse willen die Beziehungen nach draußen aufrechtzuerhalten, Zukunftsperspektiven zu eröffnen, so häufig wie möglich Ausgang oder Urlaub zu erwirken, den Aufenthalt in der Institution so kurz wie möglich zu halten usw.

Trotz aller begrüßenswerten Reforminitiativen, die es an vielen Orten in vielen Ländern sowohl im Strafvollzug als auch in der Heimerziehung gegeben hat, und trotz mancher positiver Befunde über die Lebensbewährung nach längerem Heimaufenthalt (s. BOEHLEN 1983, KRUSE 1988), muß man resümierend doch feststellen, daß die grundlegenden Fragen, wie die nach dem Verhältnis von Hilfe und Strafe, von Arbeit und Lohn, von Therapie bzw. Erziehung und Zwang, nach wie vor ungelöst sind. Die schon von Gustav RADBRUCH entworfene Utopie von einer Überwindung des Strafvollzugs durch Pädagogik harrt immer noch ihrer Verwirklichung. Dazu bedarf es vermutlich anderer Maßnahmen als lediglich sozialer Trainings, therapeutischer Behandlungsprogramme oder sonstiger Resozialisierungsbemühungen *innerhalb* der Strafanstalt.

Wichtige Schritte in Richtung wirksamer Alternativen sind in den letzten Jahren mit Initiativen unternommen worden, die delinquente Jugendliche am Strafvollzug vorbeizulenken versuchen. Da diese Anstöße aus den USA nach Europa kamen, hat sich auch der dort geprägte Begriff bei uns eingebürgert: "Diversion". Auch diese Idee, Rechtsbrechen nicht mit Bestrafung zu ahnden, ist nicht neu, hatte doch bekanntlich schon F. von LISZT im Jahre 1900 auf der Jahrestagung der Westfälischen Gefängnisgesellschaft den später viel zitierten Satz gesagt: " Wenn ein Jugendlicher oder auch ein Erwachsener ein Verbrechen begeht, und wir lassen ihn laufen, so ist die Wahrscheinlichkeit, daß er wieder ein Verbrechen begeht, geringer, als wenn wir ihn bestrafen."

Doch nicht dieser Position, die heute in ihrer radikalen Konsequenz von den Befürwortern des Abolitionismus vertreten wird, soll die weitere Aufmerksamkeit gelten, sondern denjenigen Ansätzen, in denen durch sozialpädagogische und sozialarbeiterische Projekte verschiedenster Art - von Gruppenarbeit bis hin zu gemeinwesenorientierten Projekten - die jugendlichen Delinquenten einerseits vor den sozialen und physischen Schäden bewahrt werden sollen, denen sie durch etikettierende strafrechtliche Ermittlung, durch stigmatisierende Verurteilung und Inhaftierung und durch Prisionierungswirkungen ausgesetzt sind und in denen sie andererseits in einem geeigneten und dem Ziel förderlichen Kontext wirksam resozialisiert werden sollen.

Denn wenn es uns wirklich ernst ist mit den jugendlichen Delinquenten als Menschen, die noch Kompetenzen zu erwerben haben, um ihre spezifische Lebenslage anders zu bewältigen als mit Rechtsverletzungen, dann müssen alle Bemühungen darauf gerichtet sein,

1. ihnen keine weiteren Probleme psychosozialer Art aufzuladen. Gerade dies aber geschieht, wenn sie in die Mühlen von Polizei und Justiz geraten.

2. ihre Beziehungen zum stützenden sozialen Umfeld nicht abzuschneiden. Gerade dies aber geschieht, wenn sie mit einer Haftstrafe belegt werden.

3. ihnen durch geeignete Erfahrungen diejenigen Fähigkeiten und Handlungsmuster zu vermitteln, die sie aufgrund ihrer primären und sekundären Sozialisation bislang noch nicht entwickeln konnten, um Konflikte und Probleme gewaltfrei und gesetzeskonform auszutragen und zu lösen. Dies kann nur durch außerjustitielle Verarbeitungsstrategien, d.h. in Freiheit geschehen, und zwar durch ein besonderes sozialpädagogisches Angebot.

Eine Option für solche Alternativen impliziert zugleich, daß Probleme, die vormals als delinquent gegolten haben, nunmehr als erzieherisch, familial, sozialstrukturell oder sozialstaatlich redefiniert werden. Damit fallen sie dann auch nicht mehr in den Zuständigkeitsbereich der Jugendgerichtsbarkeit, sondern in den der sozialen Dienste eines Gemeinwesens. Nun gibt es bekanntlich in den meisten Jugendstrafrechtsbestimmungen die Möglichkeit, durch Weisungen oder Auflagen eine Bestrafung mit Haft oder Geldbuße zu umgehen und den Betreffenden stattdessen einer sozialpädagogisch-therapeutischen Maßnahme zuzuführen (s. KAISER 1983). Aber das ist nicht identisch mit dem, was hier gemeint ist. Es geht ja gerade darum, daß *außerhalb* eines justitiellen Verfahrens, genauer gesagt: *vorher* und *anstelle* eine solche Maßnahme zur Anwendung kommt. In diesem Zusammenhang sei einmal von den Problemen abgesehen, die mit dem geltenden Legalitätsprinzip und mit dem Postulat der Rechtssicherheit zusammenhängen. Es kann auch nicht auf die Kontroverse eingegangen werden, ob mit der Diversion lediglich eine anders nicht mehr zu bewältigende Arbeitslast der Gerichte durch Umfunktionierung sozialpädagogisch kaschiert werde (s. PFEIFFER 1986, VOSS 1986). Im übrigen ist darauf hinzuweisen, daß sich die meisten Reformen ohnehin ökonomischen, finanziellen oder administrativen Entwicklungszwängen verdanken, die aus einer eingetretenen Not eine Tugend zu machen verlangen.

Aus sozialpädagogischer Perspektive aber ist nachdrücklich darauf hinzuweisen, daß die wirklich wirksamen und pädagogisch zu verantwortenden Diversionsprogramme diejenigen sind, die durch eine umfassende, auf das Gemeinwesen (bzw. einen Teil davon, z.B. eine Nachbarschaft, ein Quartier, einen Stadtteil) bezogene sozialpädagogisch-politische Strategie alle vorhandenen Möglichkeiten zu einer privaten, außerjustitiellen Regulierung von jugendlichen Fehlverhaltensweisen und Straftatbeständen auszuschöpfen suchen (also etwa durch Absehen von einer Anzeige; durch informelles Aushandeln von Konflikten; durch Täter-Opfer-Ausgleich u.ä.). Ausformungen haben solche Ansätze - vor allem natürlich in den USA, aber auch in Holland und in Skandinavien, bislang nur recht vereinzelt jedoch in den deutschsprachigen Ländern - in Jugenddienststellen, familienbezogenen Interventionsprogrammen und vor allem Street-Work-Programmen gefunden (s. SPECHT 1979, HERRIGER 1981, TOMASIC und FELLEY 1982). Die Erfahrungen und die Erfolge können im großen und ganzen als gut beurteilt werden.

Diese Programme sind auch weitergehend und umfassender als die - auch und gerade von Sozialpädagogen geforderten - Wohngemeinschaftsprojekte als Alternativen zur Haft oder zur geschlossenen Heimunterbringung. Abgesehen davon, daß eine solche Maßnahme meist erst auf der Grundlage eines justitiellen Verfahrens angeordnet wird, haben Erfahrungen und Untersuchungen gezeigt, daß eine solche Einrichtung auf Gruppenlernprozesse ausgerichtet ist. Wenn bestimmte Verhaltensmuster aufeinanderprallen, wird das Konfliktpotential schnell vergrößert. Das Team der Betreuer ist dann rasch überfordert und nach einiger Zeit ausgebrannt. Denn die Anforderungen, gleichzeitig extreme Verhaltensprobleme, Alltagsprobleme, Beziehungskonflikte, Sozialisationsdefizite, vielleicht auch noch Suchtgewohnheiten zu "behandeln" , sind auf die Dauer einfach zu groß (s. MANTEL 1987).

Auch Alternativen im sogenannten "exotischen" Bereich - beispielsweise mehrmonatige Segelfahrten, Aufenthalte in abgelegenen Berghütten, Wildwasser-Kanufahrten, Überlebenstrainings in einsamen Gegenden u.ä. -, die in den letzten Jahren immer zahlreicher geworden sind, müssen hinsichtlich ihrer Wirksamkeit bei jugendlichen Delinquenten zurückhaltend eingeschätzt werden. Ganz sicher können sie in Einzelfällen eine richtige sozialpädagogische Antwort auf das vorhandene Problem darstellen. Aber bei weitem nicht alle Jugendlichen sind psychisch und sozial in der Lage, die besonderen Anforderungen, die durch solche Unternehmungen gestellt werden, konstruktiv zu verarbeiten. Erlebnispädagogische Unternehmungen dieser Art verwechseln oftmals das angestrebte Ziel, was aus den Jugendlichen werden soll, mit dem, was sie jetzt schon bewältigen und vertragen können (s. FATKE 1988). So positiv die vielen alternativen Angebote auch zu würdigen sind - weil sie doch unschätzbare Vorteile für die Persönlichkeitsentwicklung einzelner Jugendlicher haben *können* -, so wenig kann und darf sich die Sozialpädagogik damit als dem Optimum begnügen. Denn auch in solchen Alternativen spielt die Sozialpädagogik nur Feuerwehr, die einen schon eingetretenen Schaden zu bekämpfen sucht.

Eigentliches und vorrangiges Ziel der Sozialpädagogik ist es jedoch, durch Erziehungsmaßnahmen - und das heißt: behütend, unterstützend und gegenwirkend (so bereits SCHLEIERMACHER 1826) - tätig zu sein bzw. zu intervenieren, um die Entstehung von Verhaltensproblemen, auch und gerade von Delinquenz, zu verhindern. Sozialpädagogische Arbeit mit delinquenten Jugendlichen meint also letztlich Prävention im psychosozialen Bereich mit pädagogischen Mitteln (s. MÜLLER und OTTO 1986).

Dazu gehören präventive Schulprogramme, in die ein Beratungssystem für delinquenzgefährdete Problemschüler in das Schulsystem integriert ist, so daß diese Schüler nicht erst in einen außerschulischen Korrekturbereich delegiert und damit ausgegrenzt und schon stigmatisiert werden (s. COWEN 1975). Dazu gehören auch Veränderungen derjenigen Elemente des Schulsystems, die die Lernmotivation der Schüler einschränken, Mißerfolgserlebnisse begünstigen, den Erwerb sozialer Kompetenzen verhindern, das einfühlsameVerständnis und ein psychosozial angemessenes Umgehen der Lehrer mit den Schülern beeinträchtigen usw. (s. FATKE 1977).

Dazu gehören aber auch und vor allem *außerschulische* Programmangebote der offenen Jugendarbeit, um die Jugendlichen zu sinnvollen und erfüllenden Freizeitaktivitäten zu führen. Daß die Wichtigkeit solcher sozialpädagogischer Jugendarbeit für die Prävention von Delinquenz so wenig politische, auch kriminalpolitische Beachtung und finanzielle Unterstützung findet, muß als ein verhängnisvolles Versäumnis mit erheblichen sozialen wie auch finanziellen Folgekosten angesehen werden.

Im Lichte solcher Ansätze gewinnt die schon erwähnte RADBRUCHsche Utopie von der Überwindung des Strafvollzugs durch Pädagogik noch einen anderen, tieferen, ja vielleicht ihren eigentlichen Sinn: nämlich, daß durch verstärkte pädagogische und sozialpädagogische Bemühungen im Vorfeld diejenigen Lebensbedingungen mitgeschaffen und diejenigen Kompetenzen mitvermittelt werden, welche die Jugendlichen, zumindest einen größeren Teil von ihnen als bisher, davor bewahren können, überhaupt erst delinquent zu werden. Damit vermögen sie sie letztlich auch vom Strafvollzug fernzuhalten.

Daß dies keine abstrakte Utopie, also weltfremdes Wunschdenken ohne jede Realitätsgrundlage bleibe, sondern eine konstruktive Utopie, also etwas real Mögliches werde, dazu sind Sozialpädagogik und die rechtswissenschaftlichen Disziplinen, aber auch Psychologie und Psychiatrie gleichermaßen aufgerufen.

Literatur

Boehlen, M.: Das Jugenderziehungsheim als Faktor der sozialen Integration. Bern 1983.

Colla, H.E.: Heimerziehung. Stationäre Modelle und Alternativen. München 1981.

Cowen, E.L. et al.: New Ways in School Mental Health. Early Detection and Prevention of School Maladaptation. New York 1975.

Eisenhardt, Th.: Strafvollzug. Stuttgart 1978.

Fatke, R.: Schulumwelt und Schülerverhalten. Adaptationsprozesse in der Schule. München 1977.

Fatke, R.: Erlebnispädagogik - Grundlagen und Grenzen. Sozialarbeit 20, 1988, 21-29.

Foucault, M.: Überwachen und Strafen. Frankfurt/M. (Suhrkamp) 1978.

Goffman, E.: Asyle. Frankfurt/M. (Suhrkamp) 1972.

Herriger, N.: Gemeindebezogene Konzepte der Kontrolle und Prävention von Jugenddelinquenz - Eine Übersicht über Praxisprogramme in den USA. In: Kury, H., Lerchenmüller, H. (Hrsg.): Diversion - Alternativen zu klassischen Sanktionsformen. Bd. 1. Bochum 1981, 327-360.

Homes, A.M. (Hrsg.): Heimerziehung - Lebenshilfe oder Beugehaft? Frankfurt/M. 1984.

Kaiser, G.: Möglichkeiten der Entkriminalisierung nach dem Jugendgerichtsgesetz im Vergleich zum Ausland. Z.schr. Pädagogik 29, 1983, 31-48.

Kersten, J., Wolffersdorf-Ehlert, Ch. von: Jugendstrafe - Innenansichten aus dem Knast. Frankfurt/M. 1980.

Kruse, A.: Die langfristige Entwicklung ehemaliger Heimkinder. Jugendwohl - Zeitschrift für Kinder- und Jugendhilfe 69, 1988, 157-165 u. 207-215.

Mantel, B.: Portrait eines Wohngruppenprojekts. Unveröffentlichte Lizentiatsarbeit Universität Freiburg u.Ue. 1987.

Müller, S., Otto, H.-U. (Hrsg.):
Damit Erziehung nicht zur Strafe wird. Sozialarbeit als Konfliktschlichtung. Bielefeld 1986.

Pfeiffer, Ch.: Diversion: Ein Versuch, die Intensität strafrechtlicher Sozialkontrolle zu reduzieren. In: Müller, S., Otto, H.-U. (Hrsg.): Damit Erziehung nicht zur Strafe wird. Sozialarbeit als Konfliktschlichtung. Bielefeld 1986, 95-106.

Specht, W.: Jugendkriminalität und mobile Jugendarbeit. Ein stadtteilbezogenes Konzept von Street Work. Neuwied 1979.

Thiersch, H.: Institution Heimerziehung - Pädagogischer Schonraum als totale Institution. In: Riedel, H., Tuetken, H. (Hrsg.): Realistische Erziehungswissenschaft. Hannover 1971, 405 ff.

Tomasic, R., Feeley, M.M.: Neighborhood Justice. New York 1982.

Voß, M.: Diversion: Eine neue Form der sozialen Kontrolle. In: Müller, S., Otto, H.-U. (Hrsg.): Damit Erziehung nicht zur Strafe wird. Sozialarbeit als Konfliktschlichtung. Bielefeld 1986, 79-93.

Zur Entwicklung der Psychotherapie im Jugendstrafvollzug

G. Hinrichs und G. Schütze

Einleitung

Psychotherapie - so schwer sie sich im engeren Sinne von pädagogisch-therapeutischen Maßnahmen abgrenzen läßt (LEMPP 1992) - hat inzwischen einen begrenzten Stellenwert im Jugendstrafvollzug gefunden. Grundlage dafür ist zum einen die deutliche psychische Belastung der Klientel (ANTONIO 1974; NIEMANTSVERDRIET 1988; STEMMER-LÜCK 1980), zum anderen ein Interesse der Justiz an Psychotherapie unter legalprognostischen Aspekten. Die Frage, inwieweit das Umfeld des Jugendstrafvollzuges überhaupt eine Psychotherapie zulasse, wurde oft unter ideologischen Gesichtspunkten kontrovers diskutiert. An der Möglichkeit ihrer Durchführung in ausgesuchten Fällen kann heute ernsthaft kein Zweifel mehr bestehen. Nahezu alle therapeutischen Richtungen haben ihre in der Regel an der Arbeit mit psychoneurotischen bzw. klinischen Patienten entwickelte Vorgehensweise modifiziert. Dies erforderte einerseits der besondere Bezugsrahmen, andererseits sind auch die Voraussetzungen bei einer großenteils dissozialen Bezugsgruppe grundsätzlich anders. Hinsichtlich einer Psychotherapie von inhaftierten Delinquenten bestehen noch große Unsicherheiten, was ihre Durchführung z.B. in einer stationären jugendpsychiatrischen Einrichtung, in der Sozialtherapie oder im Maßregelvollzug anbelangt, wo Jugendliche wie auch Heranwachsende zahlenmäßig kaum vertreten sind. Bis dato existieren auch keine speziellen derartigen Einrichtungen für diese Altersgruppe.

Nachfolgend werden, ausgehend von einer kurzen historischen Übersicht, Fragen der Indikation, der Therapeutenparameter, der Vorgehensweise und Methode - unter Berücksichtigung des vollzuglichen Rahmens - sowie deren Evaluation dargestellt. Es folgt eine Reflexion verbunden mit einem Ausblick auf zukünftige Entwicklungen.

Historische Entwicklung

Während es Freiheitsstrafen in der heutigen Form schon seit etwa 200 Jahren gibt, entstanden Jugendstrafanstalten in Deutschland erst im 20. Jahrhundert. Die erste als selbständig zu betrachtende Einrichtung wurde 1912 in Wittlich/Rheinlandpfalz bezogen (DÜNKEL 1970, SCHNEIDER 1981). Zunächst dachte niemand an eine Arbeit mit inhaftiertem Jugendlichen, auch wenn schon vornehmlich aus den USA (Engel 1973) erste psychoanalytische Erfahrungen mit erwachsenen Inhaftierten vorlagen. Vielmehr entstand die Idee des Erziehungsstrafvollzuges, die in den 20er Jahren erstmals im Jugendgefängnis auf der Elbinsel Hahnöfersand verwirklicht wurde (GERLICHER 1986). In diese Zeit fällt auch die Arbeit von AICHHORN (1926), dessen Werk oft als Grundlage für spätere therapeutische Bemühungen an Inhaftierten gesehen wird. Dabei ist allerdings zu berücksichtigen, daß seine Arbeit nicht speziell auf Strafgefangene bezogen war.

Zu einer Erprobung und nachfolgenden Ausdifferenzierung psychotherapeutischer Arbeit im Jugendstrafvollzug kam es erst in den 60er Jahren in Verbindung mit dem Aufkommen neuer psychotherapeutischer Methoden. In der BRD entwikkelte sich ein gezielter Behandlungsansatz bei Straffälligen im internationalen Vergleich recht spät (KURY 1986). SCHNEIDER (1981) stellt ausführlich die US-amerikanischen Verhältnisse dar. Er referierte die intensive Diagnostik und Klassifikation im "Robert-Kennedy-Jugend-Zentrum", einer Bundesjugendstrafanstalt, weiter den Einsatz der Realitätstherapie nach GLASSER (1972) in einer Jugenderziehungsanstalt in Kalifornien, sowie kritisch die Durchführung von "guided-group-interaction" (STEPHENSON, SCARPITTI 1974). Am Beispiel der Schließung der Jugendstrafanstalten in Massachusetts führt er an, daß es in Verbindung damit weder zu einem kräftigen Anstieg noch zu einer wesentlichen Verringerung der Rückfallhäufigkeit kam. Daraus leitet sich Skepsis sowohl gegenüber der Effizienz intramural durchgeführter Therapien als auch gegenüber der von Alternativmaßnahmen wie etwa Gemeinschaftsbehandlungsprojekten ab.

In Deutschland wurde Anfang der 70er Jahre (1970-72) in der hessischen Jugendstrafanstalt Rockenberg ein Gruppentherapieversuch in Form einer psychoanalytischen Gruppenbehandlung als Teil eines umfangreicheren Behandlungsforschungsprojektes durchgeführt (CHRIST 1978). Damit wurde modifiziert ein aus den 60er Jahren (1966-68) stammender zweijähriger Behandlungsversuch jugendlicher Gefangener in kleineren "Aussprachegruppen" in derselben Anstalt fortgeführt (MOSER, KÜNZEL 1969). Nachfolgend führte KUNZE (1973) Einzeltherapie durch und führte systemische Sichtweisen und Ansätze ein.

In der Jugendstrafanstalt Neumünster für das Bundesland Schleswig-Holstein kam es in den 70er Jahren zu einer Zusammenarbeit zwischen dem Psychologischen Institut der Universität Kiel und dem Strafvollzug. Gegenstand waren psychologische Entlassungsvorbereitungen bei jugendlichen Strafgefangenen. Fragen der Therapiemotivation (STELLER und HOMMERS 1977, HOMMERS und STELLER 1976) und des Einsatzes von Vollzugsbeamten als Trainer (ALISCH und STELLER 1980) wurden erforscht. Ferner wurde das "Modellunterstützte Rollentraining" (MURT), ein Training zur Bewältigung schwieriger sozialer Situationen nach der Entlassung, für junge Inhaftierte entwickelt und erprobt (STELLER, HOMMERS und ZIENERT 1978). Vom "Wissenschaftlichen Institut des Jugendhilfswerkes an der

Universität Freiburg" (WI-JHW) wurde eine umfangreiche diagnostische Arbeit in der Untersuchungshaft durchgeführt, sowie ein ausgedehntes Behandlungsangebot (therapeutische Gruppenarbeit) für straffällige Jugendliche und Heranwachsende angeboten. Die Klärung der Anwendbarkeit und Effizienz unterschiedlicher psychotherapeutischer Methoden bei Straffälligen wurde parallel im Rahmen einer Evaluationsstudie vom Max-Planck-Institut übernommen. Vielfältige therapeutische Aktivitäten entwickelte auch die in den 70er Jahren konzipierte Jugendanstalt Hameln in Niedersachsen (BULCZAK 1979). So wurde als Beispiel für ein integratives Therapiekonzept die pädagogisch-therapeutische Arbeit im Rudolf-Sieverts-Haus im Sinne der "problemlösenden Gemeinschaft" beschrieben (WEISS 1984). Auch ein therapeutischer Ansatz zur Behandlung jugendlicher Vergewaltiger wurde entwikkelt (HEILEMANN 1991). In neuerer Zeit wurde ein Anti-Aggressivitätstraining für Gewalttäter publiziert (WOLTERS und WEIDNER 1989). Verbindungen der Jugendpsychiatrie zum Jugendstrafvollzug beschrieb HOLSTEIN (1986). Neben der externen, intramuralen psychotherapeutischen Tätigkeit einzelner Kollegen beispielsweise in Adelsheim oder Eltville existiert in der Jugendanstalt Neumünster ein integriertes Behandlungskonzept für Gewalttäter auf der Grundlage gutachterlich-forensischer und stationär jugendpsychiatrisch-psychotherapeutischer Erfahrung (HINRICHS 1991). Hier wurden Einzel- und Gruppenpsychotherapien themenzentriert unter Selbsterfahrungsaspekten bei ausgesuchten Häftlingen durchgeführt. In einzelnen Fällen findet eine ambulante Weiterbehandlung statt. Verfolgt man die eingangs erwähnten Ansätze zu Behandlungen aus den 60er Jahren (bis hin zur "Behandlungseuphorie") weiter, so findet man etwa 10 Jahre später - weitgehend von der Situation in den Vereinigten Staaten und in Skandinavien bestimmt - eine heftige Kritik am Behandlungsgedanken, die prägnant zusammengefaßt wird in der "Nothing workes"-Formel von MARTINSON (1976). Neuerdings bemerkt LÖSEL (1992), daß die Diskussion um die Straftäterbehandlung international wieder auflebe. Dabei scheint das besondere Interesse Sexualstraftätern zu gelten, wobei sich hier aufgrund der relativ geringen Zahl im Jugendvollzug ein deutlicher Unterschied zu erwachsenen Straftätern zeigt.

Intramurale Delinquo-Patienten/Klienten

Bereits bei den Begriffen deuten sich Schwierigkeiten an: von Patienten zu sprechen, erscheint aufgrund oft fehlenden Leidensdruckes nicht recht zutreffend, die Bezeichnung "Klienten" war zumindest ursprünglich für die Gesprächspsychotherapie reserviert. Am einheitlichsten an der zur Diskussion stehenden Klientel erscheint noch das Alter, das im Vergleich mit jugendpsychiatrischen Patienten in die Jungerwachsenzeit hineinragt. Zur Charakterisierung werden oft klassische Beschreibungsmerkmale wie frühkindliche Deprivation, familiäre Sozialisationsschäden, institutionalisierte Erziehung, schulischer Mißerfolg sowie eine bereits eingetretene delinquente Entwicklung angeführt. Dabei fällt auf, daß die im Jugendstrafvollzug

Inhaftierten oft global so beschrieben werden (CHRIST 1978, KURY 1986), als ob potentiell alle jungen Insassen für Psychotherapie in Frage kommen würden. Tatsächlich trifft dies nicht zu. Es stellt sich also die schwierige Frage der *Indikation*, für die es bisher kaum Kriterien gibt, die eine Einschätzung vorab ermöglichen würden. Ein erster Hinweis auf eine Therapiebedürftigkeit von Insassen kann sich aus vorliegenden Gutachten ergeben. Die Selbstmeldung zur Psychotherapie im Sinne einer primären Eigenmotivation kann nicht als Voraussetzung angesehen werden. Mitunter ist eine Bereitschaft zur Mitarbeit daraus sinnvoll zu entwickeln, wobei immer auf Sekundäranteile unter den Gegebenheiten des Vollzuges zu achten ist. Die standardisierte Erhebung der Therapiemotivation - etwa durch konfigurale Klassifikation nach STELLER und HOMMERS 1977 - erscheint in ihrem Anwendungsbereich begrenzt, kann durch ihr aversives Erleben sogar als untauglicher Selektionsfaktor wirken. Deliktspezifische Überlegungen (ENGEL 1973) können bezüglich einer Therapieindikation hinweisend sein, etwa bei Sexual- oder Gewaltdelinquenten. Weiter sind Vollzugsparameter wie etwa die Bedingungen des Langstrafenvollzugs einschließlich der Verfügbarkeit bestehender Behandlungsangebote vor Ort zu berücksichtigen. Wichtig sind diagnostizierte Persönlichkeits- und Störungsanteile, auf die sich die therapeutische Arbeit einschließlich ihrer Zielvorstellungen bezieht, etwa im Bereich der Störungen des Sozialverhaltens, der neurotischen Delinquenz oder der Persönlichkeitsstörungen (dissoziale, Borderline- und narzißtische oder Identitätsproblematik). Zusammenfassend erscheint es bis dato sinnvoll, Therapiebedürftigkeit, -fähigkeit und -willigkeit unter Berücksichtigung der jeweiligen Persönlichkeitsstruktur sowie spezifische Störungsanteile bei für Psychotherapie in Frage kommenden jungen Inhaftierten in Form eines erweiterten Erstinterviews oder in Form von Probekontakten zu prüfen. Dabei können eventuell ergänzend, um nicht voreingenommen zu handeln, psychodiagnostische oder gutachterliche Befunde hilfreich sein.

Therapeuten/Innen

Psychotherapie wird sowohl in der Anstalt (intramural) als auch außerhalb (extramural) durchgeführt, letzteres meist gegen Ende der Haft unter Vollzugslockerungen. Die Therapeuten können Anstaltsbedienstete sein (intern) oder aber von anderen Institutionen (extern) kommen. Fast immer handelt es sich dabei um Diplompsychologen (HINRICHS 1991b). MEY (1986) beschreibt Beratung und Therapie als ein wichtiges Tätigkeitsfeld des Psychologen im Strafvollzug, weist allerdings auch darauf hin, "daß unter dem Behandlungsansatz des Strafvollzugsgesetzes manche Interventionen von Psychologen als Therapie bezeichnet werden, die diesem Anspruch kaum genügen können" (MEY 1986, 8). Sowohl CLASSEN (1978) als auch KUNZE (1973) äußern sich zur Problematik der innerbetrieblichen Schweigepflicht der Psychologen und dem Widerspruch des Arbeitens auf therapeutischer sowie organisatorisch-stellungnehmender Ebene, dem mitunter durch Aufgabenteilung begegnet werden kann. Einheitlich wird die Wichtigkeit einer Supervision herausgestellt (MATHIAS und SINDBERG 1985). Dies ist nicht nur wegen der schwierigen Übertragungsverhältnisse und dem Externalisieren von Konflikten (Agieren) notwendig, sondern auch aufgrund der häufig bestehenden "Einzelkämpfersituationen". Der Psychologe ist mit seiner therapeutischen Arbeitsweise nicht eingebunden in ein Team mit gleicher Zielrichtung oder vergleichbarer Identität. Auch spielen hier die besonderen Rahmenbedingungen des Strafvollzuges eine wichtige Rolle einschließlich des Umganges mit jungen Menschen im Zustand der Deprivation, aus dem heraus häufig ein extrem forderndes oder auch hilfesuchendes Verhalten seitens der Gefangenen resultiert. Gegenübertragungsreaktionen wie Solidarität mit Tätern, die nunmehr in einer Opferrolle sind, oder das Einfließenlassen von Bestrafungstendenzen in die Therapie sind zu nennen. Eine spezielle Ausbildung für die Psychotherapie Delinquenter beinhaltet genauso wie bei anderen Klientengruppen die Gefahr einer Aufsplitterung der therapeutischen Identität. Insofern erscheint es adäquater, Besonderheiten im therapeutischen Vorgehen im Vergleich zu anderen Patienten herauszustellen. Verschiedentlich wurde die Annahme geäußert, im Strafvollzug werde häufig gearbeitet, ohne daß eine ausreichende Ausbildung vorliege. Hierüber liegen keine gesicherten Daten vor.

Behandlungsformen

Gemäß einer Umfrage in den Jugendstrafanstalten der ehemaligen Bundesrepublik (HINRICHS 1991b) ist in der Mehrzahl der Anstalten ein psychotherapeutisches Angebot verfügbar. Während Gruppentherapie nur selten durchgeführt wird, überwiegt die Einzeltherapie. Vereinzelt gibt es Gesamtkonzepte, in die sich unterschiedliche Elemente eingliedern. Das Vorgehen ist überwiegend gesprächspsychotherapeutisch-klientenzentriert. Dem folgen nach der Häufigkeit: Psychoanalytische, familientherapeutisch-systemische, eklektische Orientierung, sowie Sprachtherapie und Transaktionsanalyse. Hierbei handelt es sich in der Regel um Schwerpunkte. Das Fehlen verhaltenstherapeutischer Ansätze hat wohl mehrere Gründe: Zum einen scheint sie für viele in Elementen in das sonstige therapeutische Arbeiten einzugehen. Weiter wird sie offenbar häufiger in Gruppenform angewandt, was dann häufig nicht als eigentliche psychotherapeutische Interventionsform angesehen wird. Beispiele dafür sind das bereits erwähnte Modellunterstützte Rollentraining (STELLER, HOMMERS und ZIENERT 1978) und das soziale Training (PIELMAIER 1980). In der ehemaligen DDR dürfte der Schwerpunkt im (Jugend-) Strafvollzug eher auf Erziehungs- und Arbeitstherapie als auf Psychotherapie gelegen haben. So ist in den beiden grundlegenden Werken "Psychologische Probleme der Täterpersönlichkeit" (DETTENBORN und FRÖHLICH 1971) und "Der fehlentwikkelte Jugendliche und seine Kriminalität" (SZEWCZYK 1982) von Psychotherapie nicht die Rede.

Zu den unterschiedlichen Therapieformen im einzelnen: Bei Anwendung der Gesprächspsychotherapie bei dissozialen Jugendlichen rät MINSEL (1973) zu ergänzenden Methoden, wie Vorschlagen von Themen, Stellen von Fragen, sowie aktiveres Handeln des Therapeuten in Form von Lebenshilfe. DEUTSCHBEIN (1986) beschreibt die Anwendung der Gesprächspsychotherapie bei Jugendlichen in der Untersuchungshaft und spricht aufgrund seiner Ergebnisse von einer bedingten Indikation. Problematisch seien vor allem die geringe Akzeptanz und die niedrige Selbstexploration - im Gegensatz zu den Befunden von MINSEL und HOWE (1983). KROTT beschreibt zwei verhaltenstherapeutische Vorgehensweisen in der Einzeltherapie: ein Selbstinstruktionstraining zur Kontrolle von Ärger und Wut bei jugendlichen Gewalttätern (KROTT 1984) sowie eine kognitive Therapie als Möglichkeit einer kurzfristigen psychotherapeutischen Intervention im Strafvollzug (KROTT 1987). Auch Entspannungsverfahren wurden angeboten und beschrieben: so etwa in Kombination mit anderen Therapieelementen bei WEINE (1987), oder als Anwendung einer bestimmten Methode, wie etwa der progressiven Relaxation bei KROTT (1991). Ein Beispiel für psychoanalytische Gruppentherapie wurde bereits mit der Arbeit von CHRIST (1978) erwähnt. Eine grundlegende Darstellung der psychoanalytischen Einzeltherapie ist die Arbeit von RAUCHFLEISCH (1985), auch wenn sie sich schwerpunktmäßig auf die ambulante Behandlung bezieht. JUDITH (1988) beschreibt systemisches Denken und Behandeln in einer Sozialtherapeutischen Anstalt anhand praxisbezogener Fallbeispiele, wobei es sich allerdings um Erwachsene handelt. Auf den breiten Rahmen, den unterschiedlich konzipierte Gruppenmaßnahmen vor allem im anglo-amerikanischen Sprachraum einnehmen (GENSHEIMER et al. 1986, GOTTSCHALK et al. 1987), sei hier nur kurz der Vollständigkeit halber verwiesen: Unterschiede bezüglich der Delinquenz, der Konzeption, sowie des Umfeldes müßten andernfalls eingehender dargestellt werden.

Der vollzugliche Rahmen

Die Frage, inwieweit das Umfeld und die Struktur des Jugendstrafvollzuges eine Psychotherapie zulassen, wurde bereits in der Einleitung angesprochen. Das Problem einer "Therapie hinter Gittern" ist die grundsätzliche Unvereinbarkeit einer Erziehung zu Freiheit in Unfreiheit. Allerdings ist der referierte Radikalstandpunkt insofern zu relativieren, als auf einer geschlossenen psychiatrischen Station oder gar im Maßregelvollzug, auch Behandlung in Unfreiheit stattfindet. In der Tat stehen allerdings ein geringer Grad an Offenheit, ein sehr starkes Bemühen um Selbstbehauptung und das ständige Streben nach Vorteilen und Unterstützung der Entwicklung eines therapeutischen Klimas entgegen. In Anlehnung an die Deprivationstheorie forderte SLUGA (1970) zu klären, wie kompatibel etwa ein therapeutisch induziertes Reflektieren für einen Gefangenen mit der psychischen Verarbeitung der Haftsituation ist. Immerhin gibt es aber auch Hinweise gerade von Vollzugserfahrenen darauf, daß die Haftsituation durchaus auch für psychotherapeutisches Arbeiten vorteilhaft sein kann, etwa dadurch, daß in der Haft Leidensdruck und Betroffenheit entstehen können. SCHNEIDER (1981) formuliert andererseits beispielhaft seine weitreichende Skepsis bezüglich psychotherapeutischer Bemühungen an Inhaftierten und favorisiert die Behandlung in Freiheit. Vergleiche intramuraler Psychotherapie mit Therapie unter Bewährung fehlen bisher vollständig, ebenso Überlegungen zu einer Vorbereitung auf die Behandlung nach der Entlassung bereits während der Haft.

Evaluationsforschung

Bereits in der Einleitung wurde angesprochen, wie schwierig die Abgrenzung von Psychotherapie im engeren Sinne von Interventionen allgemein ist. Weitere Schwierigkeiten zeigen sich bei der Frage, was sie denn im Vergleich mit Pädagogik spezifisch bewirkt. Letztere beinhaltet eine positive emotionale Beziehung und ein Identifikationsangebot (LEMPP 1992). KURY (1986) beschreibt das bereits erwähnte umfassende Evaluationsprojekt, sowohl in der Prä-Post-Erhebung als auch anhand von Verlaufsdaten im Detail. Dabei konnten keine eindeutigen Zusammenhänge hinsichtlich der Wirksamkeit der Behandlung gefunden werden. DEUTSCHBEIN (1986) hält, wie erwähnt, Gesprächstherapie für nicht indiziert. Die Akzeptanz falle gering aus, die Selbstexploration bleibe niedrig und könne nicht auf positive Veränderungsvariablen bezogen werden. Statt dessen weise die Gesprächsthematik einen stärkeren Zusammenhang mit dem Ergebnis auf. Für das soziale Training erwies sich lediglich die variable soziale Zuwendung als positiv verändernd, die Lernzielverwirklichung überraschend als negativ, woraus am ehesten der Schluß zu ziehen ist, daß der konkrete Umgang der Klienten untereinander wichtiger ist als die Thematisierung hypothetischer Situationen in der Zukunft. So scheint der Faktor Beziehung die Grundlage für das Lernen neuer Verhaltensweisen zu sein, die nicht nur durch Modellernen zu verwirklichen sind, sondern auch in der sozialen Realität des Klienten verankert werden müssen. WAXWEILER (1980) äußert sich detailliert zur Evaluation in der Sozialtherapie, die nur selten Aspekten der internen und externen Validität gerecht wurde, wobei aufgrund der besonderen Schwierigkeiten in diesem Bereich eine "Methodenarroganz" naheliegt. Sie kann gleichwohl nicht das letzte Wort sein. Die meist geringe Korrelation zwischen psychologischen Veränderungskennwerten und Rückfälligkeit bildet ein Hauptproblem, ferner ist Rückfälligkeit definiert als Begehung weiterer Straftaten nicht unbedingt gleichzusetzen mit erneuter strafrechtlicher Registrierung. LÖSEL (1992) findet in der Meta-Evaluation sowohl hinsichtlich der Sozialtherapie in Deutschland als auch der Behandlung jugendlicher Delinquenter in den USA eine mittlere Effektstärke von ca. 10. Das bedeutet, daß 10 % der behandelten Probanden im Vergleich mit einer Kontrollgruppe weniger rückfällig wurden und/oder weniger negative Persönlichkeitsmerkmale aufwiesen. Bei diesem scheinbar geringen Behandlungseffekt sind sowohl das schwierige Klientel, als auch ungünstige Rahmen- und Therapiebedingungen zu berücksichtigen. Ferner erscheint neben diesem Haupteffekt die Frage nach differentiellen Effekten bedeutsam. Darüber hinaus ist die bisher kaum geklärte Bedeutung von Risiko- und Schutzfaktoren bezüglich delinquenten Verhaltens ein weiterer Faktor.

Ausblick

Die bisherigen Ausführungen dürften - wie eingangs bereits erwähnt - gezeigt haben, daß Psychotherapie im Jugendstrafvollzug inzwischen einen gewissen Stellenwert hat. Er ist wohl am ehesten als Baustein in einer Sozialtherapie oder im sogenannten Behandlungsvollzug zu beschreiben. Psychotherapie gibt im Unterschied etwa zur psychoanalytischen Behandlung ihren Anspruch auf ein Primat auf, was sich aus der Notwendigkeit einer verstärkten Kooperation mit anderen Berufsgruppen ergibt. Die anfänglichen psychotherapeutischen Bemühungen im Jugendstrafvollzug (von einem Vollzugspraktiker einmal als "subversiv" bezeichnet) hatten offenbar mehr explorativen Charakter mit der Frage, ob ein solches Vorgehen überhaupt sinnvoll sei. Inzwischen ist die Entwicklung zur differentiellen Fragestellung fortgeschritten: welches Vorgehen eignet sich unter welchen Umständen bei welcher Klientel für welche Ziele? Wie im Bereich der allgemeinen Psychotherapieforschung scheint sich auch hier die Aufmerksamkeit von spezifischen Wirkfaktoren einzelner Interventionsverfahren hin zu schulenübergreifenden Aspekten zu verlagern. Bis dato fehlt ein qualitativer Forschungsansatz. Dieser könnte das hochelaborierte Forschungsdesign der Meta-Analysen sinnvoll ergänzen und einen Beitrag zu der so oft zitierten Verbindung von Forschung und Praxis leisten.

Aus Sicht der klassischen Psychotherapie ist selbstkritisch zu fragen, ob ihre vergleichsweise artifizielle Ausgestaltung für Delinquente einen geeigneten Rahmen für Veränderung bereitstellt. Auch über den Bereich der Behandlung straffälliger Jugendlicher hinaus stellt sich die Frage, ob diese Kommunikationsform dem zeitgeschichtlichen Wandel noch Rechnung trägt. Ist doch im Bereich der Kinder- und Jugendpsychiatrie zu beobachten, daß eine eindeutig psychosozial belastete, wenn nicht gar schwer gestörte Gruppe junger Menschen gar nicht mehr erreicht wird. Auch im Rahmen intensiver sozialpädagogischer (Einzel-)betreuung liegt meist der Schwerpunkt auf Beziehungsarbeit. Sie stellt somit auch angesichts ähnlicher Zielvorstellungen keine wirkliche Alternative dar. Vielleicht haben wir uns ja hier auf einen partiellen Abschied von der "Therapeutisierung" einzustellen zugunsten einer Orientierung an der Stärkung von Eigeninitiative und Verantwortung. Fragen ergeben sich auch bezüglich einer Qualitätssicherung oder eher "Aufwertung" intramuraler Psychotherapie. Das Interesse der in Frage kommenden Kollegen an einer derartigen Tätigkeit ist noch als gering anzusehen. Im Hinblick auf Psychotherapie ist auch zu berücksichtigen, daß die heutige Generation junger Inhaftierter erlebte Bevormundung oft stark abwehrt. Außerdem zeigt gerade die jüngste Erfahrung, daß sich Reformen im Jugendstrafvollzug gar nicht so schnell durchsetzen lassen, wie sich neue Entwicklungen ergeben, auf die man dann zu reagieren hat (z.B. Gewalt in Gruppen, Drogenproblematik, Migrations-Kriminalität und Abschiebehaft). Auswirkungen auf die intramurale Psychotherapie sind aber auch von seiten der Justiz zu erwarten, etwa in Form von Fragen nach der Effizienz, der Betonung des legal-prognostischen Aspektes sowie Kosten-Nutzen-Analysen. Bei der geringen Effektstärke läßt sich leicht vorstellen, daß unter geänderten gesellschaftspolitischen Verhältnissen mit eingeschränkten finanziellen Möglichkeiten andere Schlußfolgerungen gezogen werden. Auch die Öffentlichkeit beurteilt Psychotherapie an Inhaftierten offenbar zwiespältig: teils als notwendig, wie etwa bei Sexualstraftätern, andererseits als ineffektiv bzw. gar nicht angebracht. Dabei ist die Einschätzung stark abhängig von sogenannten spektakulären Fällen. Wenn man sich denn grundsätzlich für eine Psychotherapie mit Tätern entscheiden kann, insbesondere mit inhaftierten Straftätern, gilt es zunächst, der Resignation zu begegnen. Dies gelingt am ehesten über ein Aufgreifen und Weiterentwickeln der vorhandenen Ansätze. Angesichts einer noch steigenden Veränderungsgeschwindigkeit auch im Bereich Jugenddelinquenz erfordert die Adaptierung an aktuelle Entwicklungen einiges. So mag nach wie vor das Konfuzius-Zitat gelten, das schon WAXWEILER (1980) seiner Arbeit voranstellte: Es ist vernünftiger eine Kerze anzuzünden als über Dunkelheit zu klagen.

Literatur

Aichhorn, A.: Verwahrloste Jugend. Bern Stuttgart Toronto, (Huber) 1926.

Alisch, J. und Steller, M.: Voraussetzungen für Therapie im Strafvollzug - Institutionsberatung und Personaltraining. In: Schmidtchen, S. und Baumgärtel, F. (Hrsg.). Kohlhammer 1980, 133-142.

Antonio, J. : Correctional Psychiatry and Phase Psychotherapy , Am. J. Psychiatry 131, 1974, 1150-1152.

Bulczak, G.: Gemeinsam lernen. Hameln, Unveröffentlichtes Manuskript 1979.

Christ, H.: Psychoanalytische Gruppenbehandlung im Jugendgefängnis . Stuttgart (Enke) 1980.

Classen, H .: Zur Situation der Psychologen im Strafvollzug. Zeitschrift für Strafvollzug und Straffälligenhilfe 27, 1978, 67-73.

Dettenborn, H. und Fröhlich, H.H.: Psychologische Probleme der Täterpersönlichkeit. Berlin (VEB Deutscher Verlag der Wissenschaften) 1971.

Deutschbein, T .: Die prozeßanalytische Untersuchung von Gesprächspsychotherapie und sozialem Training bei Jugendlichen in der Untersuchungshaft. In: Kury, H. (Hrsg.): Prognose und Behandlung bei jungen Rechtsbrechern - Ergebnisse eines Forschungsprojektes. Freiburg i.Br. (Eigenverlag Max-Planck-Institut für ausländisches und internationales Strafrecht) 1986, 393-510.

Dünkel, F.: Die Geschichte des Strafvollzuges als Geschichte von (vergeblichen?) Vollzugsreformen. In : Driebold, R. (Hrsg.): Strafvollzug. Erfahrungen, Modelle, Alternativen. Göttingen (Verlag für medizinische Psychologie im Verlag Vandenhoeck und Ruprecht) 1983, 25-54.

Engel, S.W.: Zur Metarmorphose des Rechtsbrechers - Grundlagen einer Behandlungslehre. Stuttgart (Enke) 1973.

Gensheimer, L.K., Mayer, J.P., Gottschalk, R. u. Davidson II, W.S.: Diverting youth from the juvenile justice system: A meta-analysis of intervention efficacy. In: Apter, S.A. und Goldstein, A. (Eds.): Youth violence: Programms and Prospects. Elmsford, NY (Pergamon Press) 1986, 39-57.

Gerlicher, K.: Überlegungen zur Erziehung und Psychotherapie in der sozialtherapeutischen Forschungs- und Erprobungsanstalt. Zeitschrift für Strafvollzug und Straffälligenhilfe 35, H. 6, 1986, 347-351.

Glasser, W.: Realitätstherapie. Weinheim Basel (Beltz) 1972.

Gottschalk, K.R., Davidson II, W.S., Gensheimer, L.K., Mayer, J.P.: Community-based interventions. In : Quay, H.C (Ed.): Handbook of juvenile delinquency, New York (Wiley) 1987, 266-289.

Heilemann, M.: Vergewaltigertherapie - Männersache und/oder Frauensache? In: Rotthaus, W. (Hrsg.): Sexuell deviantes Verhalten Jugendlicher. Dortmund (Verlag modernes Lernen) 1991, 108-126.

Hinrichs, G.: Psychotherapie mit Gewalttätern im Jugendstrafvollzug - Beschreibung eines Projektes und erste Erfahrungen. Monatsschr. Kriminol. Strafrechtsreform 74, 1991a, 17-26.

Hinrichs, G.: Rahmenbedingungen und Inhalte psychotherapeutischer Arbeit im Jugendvollzug, Vortrag auf dem Internationalen Kongreß für Kinder- und Jugendpsychiatrie in Bad Homburg vom 1. - 4. Mai 1991b.

Holstein, K.: Jugendpsychiatrische Marginalien zum Jugendstrafvollzug. Zeitschrift für Strafvollzug und Straffälligenhilfe 35, H. 5, 1986, 277-279.

Hommers, W. und Steller, M..: Zur Beeinflussung der Behandlungsbereitschaft von jugendlichen Strafgefangenen durch die "Experimenter-subject"-Methode. Prax. Kinderpsychol. Kinderpsychiat. 25, 1976, 222-227.

Judith, U.: Systemisches Denken und systemische Familientherapie in der Sozialtherapeutischen Anstalt - Ein Erfahrungsbericht. Zeitschrift für Strafvollzug und Straffälligenhilfe 37, 1988, 220-227.

Krott, E.: Selbstinstruktionstraining zur Kontrolle von Ärger und Wut bei jugendlichen Gewalttätern. Zeitschrift für Strafvollzug und Straffälligenhilfe 37, 1988, 221-223.

Krott, E.: Kognitive Therapie - eine Möglichkeit kurzfristiger psychotherapeutischer Intervention im Strafvollzug. Zeitschrift für Strafvollzug und Straffälligenhilfe 36, 1987, 279-281.

Krott, E.: Die progressive Relaxation - Anwendungsmöglichkeiten eines Entspannungsverfahrens im Strafvollzug. Zeitschrift für Strafvollzug und Straffälligenhilfe 40, 1991, 226-228.

Kunze, R.: Psychotherapie im Strafvollzug. Zeitschrift für Strafvollzug und Straffälligenhilfe 42, 1983, 151-156.

Kury, H.: Fragen und Probleme der Behandlung Straffälliger und der Behandlungsforschung. In: Kury, H. (Hrsg.): Prognose und Behandlung bei jungen Rechtsbrechern - Ergebnisse eines Forschungsprojektes. Freiburg i. Br. (Eigenverlag Max-Planck-Institut für ausländisches und internationales Strafrecht) 1986, 11-85.

Lösel, F.: Sprechen Evaluationsergebnisse von Meta-Analysen für einen frischen Wind in der Straftäterbehandlung? In: Schweizerische Arbeitsgruppe für Kriminologie, Bd. 10, Rückfall und Bewährung. Recidive et Rehabilitation 1992, 335-353.

Lempp, R.: Wann findet endlich das Jugendgerichtsgesetz eine sinnvolle Anwendung? Zentralblatt für Jugendrecht 79, 1992, 385-392.

Martinson, R.: What works? - Questions and answers about prison reform. In: Martinson, R., Palmer, T., Adams, St.: Rehabilitation, Recidivison and Research , Hackensack/N.J. 1976, 7-39.

Mathias, R.E., Sindberg, R.: Psychotherapie in Correctional settings. International Journal of Offender Therapy and Comparative Criminology, 1985, 265-275.

Maxweiler, R.: Psychotherapie im Strafvollzug. Weinheim (Beltz) 1980.

Mey, H.G.: Zum Begriff der Behandlung im Strafvollzugsgesetz (aus psychologisch-psychotherapeutischer Sicht). Zeitschrift für Strafvollzug und Straffälligenhilfe 36, 1987, 42-47.

Minsel, W.R.: Psychotherapie bei dissozialen Jugendlichen. Prax. Kinderpsychol. Kinderpsychiat. 22, 1973, 131-135.

Minsel, W.R., Howe, J.: Gesprächspsychotherapie bei Delinquenten. In: Lösel, F. (Hrsg.): Kriminalpsychologie. Basel und Weinheim (Beltz) 1983.

Moser, T., Künzel, E.: Gespräche mit Eingeschlossenen (Gruppenprotokolle aus einer Jugendstrafanstalt). Frankfurt/M. (edition suhrkamp) 1969.

Niemantsverdriet, J.R.: Die Interaktion zwischen Juristen und Therapeuten auf dem Gebiet der psychiatrischen Behandlung von Straffälligen. Zeitschrift für Strafvollzug und Straffälligenhilfe 37, 1988, 161-163.

Pielmaier, H. (Hrsg.): Training sozialer Verhaltensweisen. Ein Programm für die Arbeit mit dissozialen Jugendlichen. München (Kösel) 1980.

Rauchfleisch, U.: Besonderheiten in der ambulanten Psychotherapie von Delinquenten. Prax. Psychother. Psychosom. 30, 1985, 254-260.

Schneider, H. J.: Behandlung des Rechtsbrechers in der Strafanstalt und in Freiheit. In: Die Psychologie des 20. Jahrhunderts. Bd. 14, (Kindler) 1981, 899-935.

Sluga, W.: Die psychotherapeutische Situation im Strafvollzug. Z. Psychoth. Med. Psychol. 20, 1970, 75-83.

Steller, M. und Hommers, W.: Zur Diagnose der Therapiemotivation durch konfigurale Klassifikation. Diagnostica 13, 1977, 266-280.

Steller, M., Hommers, W. und Zienert, H.J. (Hrsg.): Modellunterstütztes Rollentraining. Berlin Heidelberg (Springer) 1978.

Stemmer-Lück, M.: Die Behandlungsindikation bei Straffälligen. Kriminologische Studien, Bd. 34, Göttingen (Verlag Otto Schwarz & Co.) 1980.

Stephenson, R.M., Scarpitti, F.R.: Group interaction as therapy. The use of the small group in corrections. Westport London (Greenwood Press) 1974.

Szewczyk, H.: Der fehlentwickelte Jugendliche und seine Kriminalität. Medizinisch-juristische Grenzfragen, Bd. 15, Jena (VEB Gustav-Fischer-Verlag) 1982.

Weiss, M.: Konzept des Rudolf-Sieverts-Hauses der Jugendanstalt Hameln. Zeitschrift für Strafvollzug und Straffälligenhilfe 33, 1984, 263-267.

Wolters, I. und Weidner, J.: Antagonisten-Training. Manuskript, (Jugendanstalt Hameln) 1989.

Der Zusammenhang von Mißbrauch, Gewalt und Identitätsdiffusion

Die Tötung eines nahen Angehörigen im Rahmen einer Identitätskrise

Gerd Schütze

Raptusartige gewalttätige Handlungen Jugendlicher haben - insbesondere, wenn es sich um Tötungsdelikte handelt, die in der Oberflächenbetrachtung unzulänglich motiviert erscheinen - nicht nur die Gemüter der breiten Öffentlichkeit, sondern auch die der Fachwelt immer wieder beschäftigt. So beschreibt Ernst KRETSCHMER (1949) in seinem Buch "Psychotherapeutische Studien" die Tötungshandlungen eines jungen Mädchens und eines Knaben als Ausdruck von Pubertätskrisen wie folgt: "... Ein stets als gutmütig, lenksam und fleißig bekannter 16jähriger Junge lebt mit seiner Pflegemutter in bestem Einvernehmen; eines Nachmittags, als sie ruhig nähend am Tisch sitzt, beginnt er ohne jede Veranlassung oder Einleitung unter dem Ruf 'Vergeltung!' mit dem Beil auf sie einzuschlagen und verfolgt die Flüchtende mit Schlägen auf den Kopf bis zur Haustür. Dann wirft er sich auf den Boden: 'Schlagt mich tot!' Nach ein paar Minuten ist alles vorbei, die Bewußtseinstrübung war nur gering und partiell und gibt keine Erklärung. ... Es läßt sich weiter nichts eruieren, als daß er viel Kriminalromane gelesen und daß die Pflegemutter ihm am selben Vormittag eine offenbar beabsichtigte sexuelle Spielerei mit einem Mädchen verwehrt hatte." (S. 133) KRETSCHMER hebt in dieser wie auch der anderen Tatschilderung - ein junges Mädchen hatte den Pfarrer des Ortes und dessen Haushälterin mit einem Beil erschlagen - besonders das eruptive Moment der Handlung im Kontrast zur Gleichförmigkeit der sonstigen Lebensführung hervor und diskutiert die Gewaltdelikte als Ausdruck einer Pubertätskrise und schreibt: "... Der Begriff 'Pubertätskrise' sagt demnach etwas ganz Präzises aus: Pubertätskrisen sind keine Krankheiten, auch keine Neurosen - ebenso wenig sind sie stabile Konstitutionsfaktoren -, vielmehr sind sie umschriebene konstitutionelle Phasenabläufe, die eng an die Pubertät gebunden sind. ... Pubertätskrisen sind nie harmlos. In der Mehrzahl der Fälle werden sie allerdings nach einem hinziehenden Pubertätsverlauf in einigen Jahren nach inneren Gesetzen spontan überwunden. In den ungünstigen Fällen gehen sie in ein Heboid, eine Schizophrenie über ... oder sie laufen in eine dauernde Verbiegung einzelner Charakterlinien aus oder werden in ihren konstitutionellen Restsymptomen mit einer Neurose reaktiv beantwortet."(S. 133).

LEMPP (1989) greift die Überlegungen KRETSCHMERS auf und diskutiert die Bedeutung und Wertigkeit solcher Pubertätskrisen in unserer heutigen Nomenklatur als Borderline-Störungen. Speziell derartig eruptive, sich nicht länger anbahnende Gewaltdelikte Jugendlicher, die, wie schon KRETSCHMER (1949) beschrieb, vor und nach der Tat unter dem Aspekt der psychiatrischen symptomatologischen Diagnostik als unauffällig erscheinen, könnten nach LEMPP (1990) auch als zeitlich eng befristete psychotische Dekompensationen verstanden werden.

Innerhalb des Spannungsbogens zwischen passageren Krisen und psychotischen Dekompensationen diskutiert GROSBÜSCH (1981) derartige Affekttaten als Ausdruck einer Identitätsdiffusion mit Ausbildung einer negativen Identität im Sinne ERIKSONS (1973).

Anhand einer kasuistischen Darstellung, und zwar der Tötung der eigenen Großmutter durch ein 16jähriges Mädchen, soll die Problematik der differentialdiagnostischen Unterscheidung von normalen Entwicklungskrisen, Identitätskrisen und Borderline-Störungen im Zusammenhang mit Gewaltdelikten Jugendlicher diskutiert werden.

Kasuistik

In den späten Abendstunden eines Wintertages Ende Februar sucht ein zur Tatzeit 16;3 Jahre altes Mädchen ihre damals 78 Jahre alte Großmutter in deren Wohnung unter dem Vorsatz auf, diese zu töten. Durch über 20, z. T. mit größter Wucht geführte Messerstiche verstirbt die alte Frau unmittelbar nach dem gegen sie geführten Angriff. Als Begründung für ihr Verhalten gibt das junge Mädchen vor der Polizei an - sie hatte sich wenige Tage nach der Tat bereitwilligst festnehmen lassen -, daß sie ihre Großmutter gehaßt habe. Ihre beiden älteren Schwestern seien stets bevorzugt worden. Auch sie habe sich um die Liebe der Großmutter bemüht, sei aber immer wieder zurückgewiesen worden. So habe sie z. B. weniger Taschengeld bekommen, habe sich auch nicht alleine in der großmütterlichen Wohnung aufhalten dürfen, da sie angeblich schon einmal Geld gestohlen hätte, und habe auch sonst keine Unterstützung durch die Großmutter erfahren. Im übrigen sei ihre Situation zur Tatzeit eine verzweifelte gewesen, da ihr am Tage zuvor eröffnet worden sei, daß sie in ein geschlossenes Mädchenheim habe untergebracht werden sollen, wovor sie Angst gehabt habe. In der auf diese Eröffnung folgenden Nacht, d. h. in der Nacht unmittelbar vor der Ausführung des Tötungsdeliktes, habe sie nur sehr unruhig schlafen können. Irgendwann im Laufe der Nacht sei sie dann aufgewacht und, so fährt sie in den im polizeilichen Vernehmungsprotokoll wörtlich festgehaltenen Darstellungen fort: "Ich war in einer ziemlich hoffnungslosen Situation und hatte auch kein Geld. Ich wollte mir irgendwas von meiner Großmutter holen. In Verbindung damit wollte ich auch mich an ihr rächen. Sie sollte eine harte Strafe von mir bekommen. Die harte Strafe sollte der Tod sein." Sodann habe sie den Rest der Nacht ruhig durchgeschlafen.

Am Morgen habe sie dann die Freundin, bei der sie zu dem Zeitpunkt gelebt habe, in den Plan eingeweiht und sei von dieser in ihrer Absicht bestärkt worden. Gemeinsam hätten sie sodann beschlossen, die Wohnung nach der Tötung zu durchwühlen, um einen Raubmord vorzutäuschen. Tatsächlich verlief dann die Tat so wie geplant: "Der Film lief ab." Neben Wertgegenständen und etwas Bargeld erbeuteten die Mädchen auch einen Blanco-Scheck, mit dem sie am nächsten Tag DM 1000,00 bei der Bank abhoben. Für das auf diese Weise gewonnene Geld kauften sie sich Kleidung.

Das Verhalten des Mädchens vor bzw. nach der Tat zeigt äußerlich betrachtet kaum Auffälligkeiten. Nach dem Beschluß, die Großmutter zu töten, schläft sie, wie gesagt, für den Rest der Nacht ruhig durch. Abgesehen von dem morgendlichen Gespräch mit der Freundin habe sie im weiteren Tagesverlauf nicht mehr über ihr Vorhaben nachgedacht. Lediglich ganz vereinzelt sei in ihr die Sorge aufgekommen, ob sie es denn auch wirklich schaffen werde.

Am Tage vor dem nächtlichen Entschluß, die Großmutter zu töten, und nach der Mitteilung der beabsichtigten Verlegung in ein geschlossenes Heim habe sie ihre ältere Schwester in deren Wohngemeinschaft aufgesucht und versucht, dort Aufnahme zu finden, was jedoch abgelehnt worden sei. Sie sei dann mit der Schwester in die Stadt zurückgekehrt, die Schwester habe die Großmutter besuchen wollen. Ihr selbst sei dann eingefallen, daß sie schon seit längerem einem mit ihr befreundeten Ehepaar - ihr früherer Lehrer - einen Schlüssel zu deren Mansardenwohnung habe zurückgeben sollen. Diese Familie habe sie aufgesucht; dort habe man für sie jedoch keine Zeit gehabt, da die Leute gerade hätten fortfahren wollen. Die Frau habe sich für die Rückgabe des Schlüssels bedankt und habe sie aufgefordert, gelegentlich doch mal zum Tee zu ihr zu kommen. Am Abend dieses Tages stellte sie in einem Brief an die Schwester ihre hoffnungslose Lage noch einmal dar und überlegte als Maßnahme, ihr Aussehen zu verändern und vorübergehend unterzutauchen.

Da die Leiche der Getöten erst vier Tage nach der Tat entdeckt wurde, erfolgte die Verhaftung des jungen Mädchens erst am fünften Tage nach der Tat. In der Zwischenzeit, so berichtet sie, habe sie ziellos, ja, wie zeitlos gelebt. Sie habe noch einmal flüchtig das Lehrerehepaar besucht, im übrigen habe sie aber nichts weiter unternommen. Sie habe auch nicht daran gedacht, sich irgendwie einer Verhaftung zu entziehen. Der Gedanke, das Aussehen zu verändern oder aber unterzutauchen, sei nicht wiedergekommen. Jugendgerichtlich war bis dahin das junge Mädchen lediglich zweimal auffällig geworden. So hatte sie fünf Wochen vor der Tat gemeinschaftlich mit Freundinnen Polizisten beleidigt, und drei Wochen vor dem Tötungsdelikt hatte sie einen Überfall vorgetäuscht und sich gemeinsam mit einem anderen Mädchen selbst Schnittverletzungen am Arm beigebracht. Beide Verfahren wurden eingestellt.

Aus der Biographie des Mädchens sollen ergänzend nur die wesentlichsten Daten, soweit sie zum Verständnis des Tatgeschehens wichtig zu sein scheinen, referiert werden. Als drittes von drei Mädchen wuchs sie in einer Problemfamilie auf. Zum Zeitpunkt ihrer Geburt war der Vater 64 Jahre und die Mutter 40 Jahre alt. Es war die zweite Ehe des Vaters. Die Mutter, insgesamt etwas leichtlebig, wird als sprunghaft, launisch, aufbrausend und streitsüchtig beschrieben. Sie habe den Haushalt vernachlässigt und mehr und mehr dem Alkohol zugesprochen. Der Vater, von Beruf Bauingenieur, wird im Gegensatz dazu als ruhig, zurückhaltend, besonnen, wenig durchsetzungsfähig und von insgesamt feinem Wesen beschrieben. Die Großmutter mütterlicherseits, das spätere Opfer, sei nur wenig jünger als der Vater gewesen. Die

Eheschließung ihrer Tochter mit diesem Mann habe sie mißbilligt und daher ihren Schwiegersohn auch stets wie einen Fremden behandelt, habe ihn mit "Sie" und seinem Nachnamen angeredet. Auch die Großmutter sei insgesamt eher laut und durchsetzungsfähig gewesen und habe auch dem Alkohol zugesprochen. Nach dem Tod ihres Mannes habe sie in einer kleinen Wohnung in finanziell geordneten Verhältnissen gelebt.

Obgleich in ihrer Art dem Vater ähnlich, seien die beiden älteren Schwestern von Anfang an bei der Großmutter wohlgelitten gewesen. Die beiden sehr ruhigen, zielstrebigen Gymnasiastinnen hätten sich bei Turbulenzen in der Familie immer zur Großmutter zurückziehen können. Dort hätten sie in Ruhe für die Schule lernen können. Sie selbst, so berichtet die Jugendliche, sei in Art und Aussehen eher der Mutter und Großmutter ähnlich. Sie sei schon als kleineres Kind eher wild und rauflustig gewesen, habe am liebsten Lederhosen getragen und mit den Buben auf der Straße Fußball gespielt. Zum Vater habe sie eine sehr enge Beziehung gehabt und sei oft in dessen Begleitung auf Spielplätze und ähnliches gegangen. Die Großmutter habe sie von Anfang an abgelehnt. So habe die Großmutter schon zu einem sehr frühen Zeitpunkt gesagt, daß aus diesem Kind mit Sicherheit nichts Gutes würde werden können. Tatsächlich sei sie dann auch in der Schule nicht so gut mitgekommen. Sie habe sich nur schlecht konzentrieren können, habe auch keine Ausdauer gehabt. In die elterlichen Streitigkeiten habe sie schon als etwa Zehnjährige aktiv eingegriffen. Wenn die Mutter zumeist in alkoholisiertem Zustand den Vater beschimpft und körperlich attackiert habe, hätte sie, den Vater verteidigend, die Mutter wiederholt tätlich angegriffen. In der Schule sei es bei ihr zu einer Wende gekommen, nachdem sie in der 7. Klasse der Hauptschule einen ihr wohlgesonnenen Klassenlehrer bekommen habe. Unter dessen und seiner Ehefrau Einfluß habe sie sich sehr stabilisiert, die Leistungen seien nach oben gegangen, sie sei Klassensprecherin und schließlich sogar Schulsprecherin geworden. Von diesem Lehrerehepaar habe sie auch den Schlüssel zu deren Mansardenzimmer bekommen, da dieses von dem Ehepaar nicht benutzt wurde. In dieses Zimmer habe sie sich fortan bei häuslichen Turbulenzen zurückziehen können, um in Ruhe ihre Schulaufgaben zu erledigen.

Nachdem die ältere Schwester nach ihrem Schulabschluß mit dem Abitur von zuhause ausgezogen sei und die Belastungen durch den Alkoholmißbrauch der Mutter immer größer geworden seien, sei auch sie gemeinsam mit ihrer anderen Schwester mit Hilfe des Jugendamtes von zuhause ausgezogen. Die Schwester sei in eine Wohngemeinschaft gekommen, sie selbst habe in einem Heim untergebracht werden müssen, weil sie für die Wohngemeinschaft noch nicht das entsprechende Alter gehabt habe. Zunächst habe sie gehofft, von dem Lehrerehepaar aufgenommen zu werden, das habe sich aber zerschlagen. In dem Heim sei sie in der ersten Zeit unter den dort untergebrachten, vornehmlich dissozialen Mädchen die Vorzeigeinsassin mit dem am besten eingerichteten Zimmer und einer geordneten regelmäßigen Lebensführung gewesen. Mit guten Zensuren habe sie dann nach etwa einem halben Jahr die Hauptschule abgeschlossen. Ihr Wechsel auf eine weiterführende Schule mit dem Ziel des Realschulabschlusses sei dann jedoch nicht glatt verlaufen. Sie habe sich mehr und mehr ihrer späteren Mittäterin angeschlossen, habe kaum noch die neue Schule besucht, geschweige denn regelmäßig gelernt. Innerhalb kürzester Zeit sei es zu einem jähen Abgleiten gekommen. Sie habe sich herumgetrieben, habe Alkohol getrunken und sei ihren Verpflichtungen trotz mehrfacher Ermahnungen nicht mehr nachgekommen. So habe dann die Erzieherkonferenz schließlich beschlossen und ihr durch den Heimleiter mitgeteilt, daß sie in ein geschlossenes Mädchenheim verlegt werden solle. Diese Mitteilung habe sie dann, wie bereits geschildert, in die verzweifelte Situation hineingetrieben.

Die juristische Würdigung des dargestellten Gewaltdeliktes orientiert sich an unstrittigen Fakten der Oberflächenbetrachtung. So gesehen handelt es sich um einen Mord in Tateinheit mit schwerem Raub sowie Urkundenfälschung in Tateinheit mit Betrug. Auch wenn, so die Begründung in dem rechtskräftig gewordenen Urteil, die Erbeutung von Geld nicht das vorherrschende Motiv gewesen sei, reiche das Vorhandensein des Mordmerkmals "zur Ermöglichung einer anderen Straftat" zu einer Verurteilung gemäß § 211 Abs. 1 StGB aus.

Offen blieb in der juristischen Würdigung des Tatgeschehens naturgemäß die Antwort auf die Frage, welche anderen Motive, möglicherweise sogar in zentraler Position, zur Tötung der Großmutter geführt haben könnten. In der polizeilichen Vernehmung des Mädchens gibt die Täterin selbst erste Hinweise auf die Motivlage: Sie sei, so berichtet sie, in einer hoffnungslosen Situation gewesen und habe auch kein Geld gehabt. Sie fährt dann fort, daß sie irgendwas von ihrer Großmutter habe holen wollen. Die Hoffnungslosigkeit ihrer aktuellen Situation resultiert aus der angekündigten Unterbringung in einem geschlossenen Mädchenheim. Diese Maßnahme, vor der sie, wie sie selbst sagt, erhebliche Angst gehabt habe, wird in der nächtlichen Bilanzierung noch intensiviert durch Erinnerungen an glücklichere Zeiten. Sie berichtet in späteren Einlassungen, daß sie über sich, aber auch ihre Familie habe nachdenken müssen. Es seien ihr Erinnerungen gekommen an Zeiten, da sie noch eine heile Familie gewesen seien, an Weihnachten und so... Jetzt sei die Familie weitestgehend zerstört: Die Mutter, geistig abgebaut, alkoholsüchtig, lebe gleichsam in der Gosse; der Vater, schwerkrank, hochbetagt, sei in ein Pflegeheim abgeschoben worden; und sie selbst: rausgeworfen, ausgestoßen, von niemandem geliebt. Die Hoffnungslosigkeit scheint sich somit weniger auf den Geldmangel, denn auf den Verlust positiver Beziehungsstrukturen zu beziehen. In diesem Sinne folgerichtig fährt sie fort, daß sie sich von der Großmutter habe "irgendwas" holen wollen, ohne nochmals auf den Geldmangel zurückzukommen. In Verbindung mit dem "Irgendwas" habe sie sich ferner an der Großmutter rächen wollen. Sie beschreibt in eingehenderen Einlassungen, daß sich ihre Gedanken mehr und mehr auf die Großmutter konzentriert hätten: Wut, Haß und Enttäuschung seien in ihr aufgekommen und hätten in ihr gewühlt. Von der Mutter sei ja nichts mehr zu erwarten gewesen, aber die Großmutter, die hätte noch an der Gesamtsituation etwas ändern können. Hilfestellung habe sie von der Großmutter jedoch nie erhalten. Bis zuletzt, so berichtet sie, sei in ihr eine vage Hoffnung gewesen, daß die Großmutter mit ihr doch noch sprechen würde, da dann die Tötung hätte vermieden werden können. Unmittelbar vor der Tat habe die Großmutter ihr jedoch schwere Vorhaltungen gemacht und ihr an den Kopf geworfen, daß sie nicht in die Familie passe und es besser sei, wenn sie nie dazu gehört hätte. Das habe ihre Wut noch bis ins Unermeßliche gesteigert. Bereits kurz nach ihrer Geburt habe sich die Großmutter, wie berichtet, schon ähnlich negativ über sie geäußert.

In der nächtlichen Bilanzierung kommt es somit zunehmend zu einer dichotomisierten Polarität zwischen einer frühen Geborgenheit mit moralischer Integrität, repräsentiert durch die eigene frühe Kindheit und den Vater einerseits, sowie ihrem jetzigen Ausgestoßensein im Zusammenhang mit Unzuverlässigkeit, Herumtreiben und Alkohol, repräsentiert durch Mutter und Großmutter sowie durch ihre eigene aktuelle Lage andererseits. Gleichsam wie in einem Spagat spiegelt sich in ihrem Inneren die aufbrechende Verbindung beider Pole wider, ohne daß sich ein Ansatz zu einer Synthese oder wenigstens zu einer Verklammerung beider Teilwelten abzeichnet. Einen von ihr zunächst ins Auge gefaßten Lösungsansatz schreibt sie wenige Stunden vor der nächtlichen Bilanzierung an ihre Schwester, indem sie mitteilt, sie wolle weg, wolle untertauchen, sie wolle ihr Aussehen verändern. Die hoffnungslose Situation der äußeren Ereignisse entspricht in Wirklichkeit inneren Repräsentanzen, d. h. das jahrelange Bemühen um eine Identitätsfindung im Positiven war umsonst. Vielmehr realisiert sich nun die schon von Anfang an bestehende Zugehörigkeit zum negativen Identitätsfeld.

ERIKSON bezeichnet einen solchen Zustand als Identitätsdiffusion, gekennzeichnet durch eine Zersplitterung des Selbstbildes, den Verlust der eigenen Mitte, verbunden mit dem Gefühl der Verwirrung. Ausgelöst würden derartige Krisen in der Adoleszenz vor allem durch den Verlust eines bedeutsamen Anderen, durch die permanente Unterdrückung des eigenen Anteils im Rahmen zwischenmenschlicher Interaktionen sowie die mangelhafte Fähigkeit, in ungewohnten Interaktionen von außen herangetragene divergente Erwartungen ausgleichen zu können (ERIKSON 1973). Krisenhafte Entwicklungen scheinen im Jugendalter regelhaft aufzutreten, soweit der Begriff "Krise" nicht eingeengt wird auf spektakuläre Zustände einer dramatisch-stürmisch verlaufenden Adoleszenz, verbunden mit psychiatrischen Symptombildungen. Die überwiegende Mehrheit krisenhafter Erschütterungen im Jugendalter wird vermutlich nach außen nur wenig sichtbar und führt nicht zu einer Beeinträchtigung oder gar Blockade der Entwicklungsprozesse. Derartige Krisen dienen vielmehr dem Klärungsprozeß hinsichtlich der sich unerläßlich immer wieder aktualisierenden Frage nach der eigenen Position. ERIKSON (1973) gebraucht hierfür den Begriff der "normativen Krise". HÄFNER und HELMCHEN (1978) unterteilen psychische Krisen in 1. normale Reifungskrisen, 2. pathologische Krisen, gekennzeichnet durch einen Zusammenbruch bestimmter Leistungen von Individuen, Angehörigen und Gemeinden sowie 3. psychiatrische Notfälle mit einer unmittelbaren Gefährdung von Leben und Gesundheit. Eine solche Unterscheidung von drei Intensitätsstufen der Krise soll der besseren Einschätzung des Gefährdungspotentials sowie einem bestmöglichen therapeutischen Umgang dienen.

Neben der Einschätzung der Intensität einer Krise können aber auch inhaltliche Aspekte zur weiteren Differenzierung herangezogen werden. Schwerpunktmäßig können neben Irritationen bezüglich der Identität auch Störungen der Selbst- und

Fremdwahrnehmung (Depersonalisation und Derealisation), der Ich-Bezogenheit (Narzißmus) sowie der Sexualität mindestens idealtypisch voneinander unterschieden werden (REMSCHMIDT 1992). Eine ausreichend gesicherte individuelle prognostische Aussage läßt sich aber weder aus der Einschätzung des Intensitätsgrades noch aus der inhaltlichen Zuordnung derartiger Adoleszentenkrisen ableiten. In Übereinstimmung mit KRETSCHMER (1949) gilt bis heute, daß der Ausgang einer Adoleszentenkrise höchst ungewiß ist. Neben einer möglichen Rückkehr zur Normalität wird auch die Entstehung von Neurosen, von Persönlichkeitsstörungen, aber auch von dauerhaften psychotischen Dekompensationen registriert (KRETSCHMER 1949, REMSCHMIDT 1992).

LEMPP (1989) diskutiert die heutige psychiatrische Bewertung der von KRETSCHMER als Pubertätskrisen beschriebenen Zustände als möglichen Ausdruck einer Borderline-Störung im Jugendalter. Darüber hinaus ordnet LEMPP (1990) "unverständliche" Delikte Jugendlicher und Heranwachsender zeitlich begrenzten, teilweise nur sehr kurzfristig sich manifestierenden psychotischen Dekompensationen zu. Die differentialdiagnostische Palette möglicher Bewertungen einer adoleszenten Krise reicht somit von der normalen Entwicklungskrise bis hin zur Manifestation einer Psychose. Die diagnostische Zuordnung jeder eizelnen Krise ist nicht nur aus Gründen der prognostischen Einschätzung, sondern auch hinsichtlich der zu treffenden therapeutischen Maßnahmen unerläßlich. Handelt es sich darüber hinaus um Straftaten im Rahmen einer solchen Krise, ist deren forensische Beurteilung im Hinblick auf die strafrechtliche Zurechnungsfähigkeit gemäß §§ 20 und 21 StGB ebenfalls von der psychiatrischen Diagnosestellung unmittelbar abhängig.

Da eine psychotische Dekompensation bei dem hier diskutierten Tötungsdelikt nicht in Betracht gezogen werden muß, wird in der weiteren Diskussion auf den von LEMPP (1990) herausgestellten Aspekt einer zeitlich eng begrenzten psychotischen Dekompensation im Jugendalter in der weiteren Diskussion nicht näher eingegangen. Zu überprüfen ist demgegenüber, ob es sich bei der nächtlichen Bilanzierung möglicherweise um einen Prozeß der Spaltung im Rahmen einer Borderline-Störung gehandelt haben könnte. Das Mädchen schildert deutlich einen Prozeß der zunehmenden Zentrierung der als negativ erlebten Phänomene auf die Person der Großmutter, womit diese zum designierten Opfer des späteren Gewaltdeliktes wird.

Das grundsätzliche Problem, eine Persönlichkeitsstörung als definitive Fehlhaltung im Stadium der Persönlichkeitsentwicklung im Rahmen der Adoleszenz diagnostizieren zu können, gilt insbesondere für die borderline personality disorder (KLOSINSKI 1980). Die wesentlichste, einer Borderline-Störung unterlegte Problematik äußert sich in dem Phänomen der Spaltung (KERNBERG 1983), bzw. zeigt sich in einer Dichotomisierung des im Affektiven gebundenen Umwelterlebens in einen nur positiven und einen davon streng getrennt gehaltenen nur negativen Erlebnisanteil (SCHÜTZE 1988). Die Unterscheidung einer zwar extremierten, aber dennoch in den Basisstrukturen miteinander verbundenen und damit zumeist passageren Polarisierung des affektiven Erlebens einerseits sowie die dauerhafte Trennung beider Erlebnisqualitäten als Ausdruck einer sich manifestierenden Persönlichkeitsstörung andererseits ist anhand von nach außen sichtbar werdenden Phänomenen zumindest im Jugendalter kaum möglich. Erst anhand längerfristiger Verlaufsbeobachtungen kann eine entsprechende diagnostische Bewertung mit ausreichender Sicherheit vorgenommen werden. Langfristige Beobachtungen sind aber im Rahmen einer forensischen Beurteilung in aller Regel nicht möglich. Da es sich aber bei den hier zur Diskussion stehenden Gewaltdelikten um besonders prägnante Ausnahmesituationen handelt, kann eine genaue Analyse der näheren Tatumstände oftmals auch für die differentialdiagnostische Zuordnung hilfreich sein. Nach BATTEGAY (1981) kommt es vor der Ausführung eines Gewaltdeliktes im Rahmen einer Borderline-Störung zu dem intensiven Erleben des Täters, von dem designierten Opfer bedroht zu werden. Somit entwickeln sich Gewalttaten im Rahmen einer Borderline-Störung vor dem Hintergrund eines stark ausgeprägten Gefühls der Bedrohung und der Angst sowie der festen Überzeugung, daß nur durch ein schnelles und entschlossenes Handeln dem unmittelbar bevorstehenden Angriff des anderen begegnet werden könne (BATTEGAY 1981). Nur ein Sieg über das Böse, d.h. nur die Vernichtung der im Opfer zusammengezogenen negativen Anteile, kann die innere Ruhe wiederherstellen. Nach erfolgter Tat sehen wir bei dieser Tätergruppe ein stark ausgeprägtes inneres Bedürfnis, anderen, insonderheit positiv besetzten Personen die Tat mit dem Gefühl des Stolzes ohne Empfindungen des Bedauerns bis in Einzelheiten mitzuteilen.

Die Tötung der Großmutter als Auflösung der nächtlichen Bilanzierung und der Polarisierungsprozesse sowie die Identifikation des späteren Opfers als allein Schuldige läßt durchaus an eine grenzpsychotische Erlebnisverarbeitung denken. Gemäß der zuvor dargelegten Überlegungen spricht aber gegen die Annahme einer Borderline-Störung, daß in der vorgestellten Kasuistik ein Hinweis auf das Gefühl der Bedrohung fehlt. Ängste schildert das Mädchen lediglich im Zusammenhang mit der Sorge, ihren Entschluß aus eigener Schwäche möglicherweise nicht ausführen zu können. Als Gefühlsqualitäten beschreibt sie, daß Wut, Haß und Enttäuschung in ihr gewühlt hätten. Am bemerkenswertesten ist aber, daß in diesem Fall ganz offensichtlich bereits der nächtliche Entschluß, die Großmutter zu töten, zu einer ausreichenden inneren Entspannung führt; d.h. die Beschlußfassung und nicht die Ausführung der Handlung selbst bewirkt eine innere Entspannung und führt zu einer Auflösung der inneren Dramatik.

Die Überwindung der Identitätsdiffusion gelingt mit Hilfe der Realisierung einer negativen Identität, die als innere Konsolidierung erlebt wird. Da der Betreffende nun wieder weiß, wer er ist, wird, und das erzeugt das Gefühl der Entspannung, die innere Zerrissenheit überwunden. Dieser kathartische Effekt stellt sich auch dann ein, wenn es später nicht zu einer Realisierung der Absichtserklärung kommt. ERIKSON (1973) kennzeichnet die negative Identität als Übernahme von Rollen und Identifikationen, die in früheren kritischen Entwicklungsstadien als höchst unerwünscht und gefährlich, aber dennoch als bedrohlich naheliegend kennengelernt worden sind. Schon früher hatte das Mädchen mit Erfolg gelernt, Krisen durch aggressives Handeln zu überwinden. So fühlte sie sich mit dem geliebten Vater immer dann besonders eng verbunden, wenn sie, diesen in Schutz nehmend, mit körperlicher Gewalt gegen die Mutter vorgegangen war. Gleichzeitig war sie dann aber besonders weit von den als erstrebenswert angesehenen Identitätsbereichen entfernt. Durch ein und dieselbe Handlung, nämlich, die Großmutter zu töten, wird der als negativ erlebte Identitätsbereich sowohl im Äußeren zerstört als auch gleichzeitig im Inneren etabliert. Die Tötungshandlung erhält somit auch die Qualität einer mißlungenen suizidalen Geste. Nach ERIKSON manifestiert sich eine Identitätsdiffusion besonders auch durch den Verlust eines bedeutsamen Anderen. LOCH (1988) schreibt: "... daß es signifikante Andere gibt, die dem Kind fernerstehen und solche, die ihm näherstehen, solche, die ihm angenehm sind, weshalb es ihre Nähe sucht, und solche, die es fürchtet oder verabscheut, weshalb es sie auf Distanz zu halten trachtet." (S. 38). Auch in dem sozialen Netzwerk des jungen Mädchens hatte es sowohl angenehme als auch gefürchtete bedeutsame Andere gegeben. Neben dem geliebten Vater waren es die beiden älteren Schwestern wie auch das Lehrerehepaar, denen eine positive Bedeutung zukam. So war es wohl auch kein Zufall, daß in der sich aufbauenden Krise sowohl zur Schwester als auch zu dem Lehrerehepaar eine Nähe erstrebt wurde. Wie bereits dargestellt, wurde aber eine unterstützende Haltefunktion nicht gefunden. Ja, die Abgabe des Schlüssels zu dem Mansardenzimmer imponiert, im nachhinein betrachtet, als eine Art Schlußstrich unter die gescheiterten Bemühungen, sich selbst in diese als positiv angesehene Seinsform einzugliedern. Zuspruch und Unterstützung erfährt sie demgegenüber in dem anderen Bereich von seiten der Freundin.

Zwischen dem nächtlichen Beschluß, die Großmutter zu töten, und der Absichtsrealisierung liegen zwanzig Stunden. Der kathartische Effekt war bereits in der Nacht durch den gefaßten Beschluß eingetreten. Warum, so läßt sich fragen, kam es dann noch zu der späten Realisierung, bzw. warum wurde der Plan nicht am folgenden Tag verworfen, wie es ja oft mit derartigen Beschlüssen zu geschehen pflegt? In diesem Fall war die zu kompensierende Diffusion sicherlich stark ausgeprägt; wichtiger aber: Es gab erprobte Vorerfahrungen, sich durch aggressives Handeln gegen die Mutter durchzusetzen. Eine besondere Wertigkeit muß schließlich aber den wirksam werdenden begünstigenden bzw. den fehlenden hemmenden Einflüssen von seiten bedeutsamer Anderer beigemessen werden. Das Opfer selbst hätte wohl durch eine Änderung seiner eigenen negativen Wertigkeit noch in letzter Minute möglicherweise einen Stop der Handlungsausführung herbeiführen können. Tatsächlich wurde aber durch die Äußerungen der Großmutter, ohne daß diese um die besondere Brisanz der Situation hätte wissen können, die Ausführung der nächtlichen Absicht noch weiter begünstigt. Es fehlt auch jeder Hinweis auf einen inneren Dialog, in welchem die Absicht zu töten mit einem nicht mehr verfügbaren bedeutsamen Anderen beispielsweise, dem Vater, im Sinne einer moralischen Bewertung des Vorhabens überarbeitet worden wäre. Dieses Phänomen mag auch damit in Verbindung gesehen werden, daß der Vater früher, und zwar wiederholt, das ihn schützende aggressive Handeln der Tochter geduldet hatte. Während hemmende Einflüsse somit in der aktuellen Situation nicht oder kaum an Bedeutung gewinnen, kommen die Tatausführung begünstigende Einflüsse von seiten bedeutsamer Anderer in der Person der Freundin voll zur Geltung. Nach der Tatausführung ist die negative Identität irreversibel etabliert. Eine Rückorientierung auf positiv eingestufte Identifikationen dürfte nun im spontanen Weiterentwicklungsprozeß kaum noch denkbar sein, so daß wir es hier mit einem Endpunkt der Entwicklung, mit einer "Sackgasse" der Identitätsfindung zu tun haben.

Die Auseinandersetzung mit negativen Identitäten ist im Rahmen der adoleszenten Entwicklung notwendig, um durch eine selbstgewählte und -verantwortete Rückorientierung zu positiven Identitäten aus Imitationen tatsächliche Identitäten werden zu lassen. Solche Orientierungsreaktionen können allerdings auch, wie dargestellt, zu Sackgassen der Persönlichkeitsentwicklung werden. Aus der normativen wird dann eine pathologische Krise, wenn es Fixierungen an die negativen Identitäten gibt, die u. a. auch auf behindernde Einflüsse von seiten bedeutsamer Anderer zurückzuführen sind. So kennt beispielsweise jeder die Sogwirkung negativer Identitäten auf adoptierte Kinder, wenn von diesen in gewissen Erlebnisbereichen vermeintlich oder aber auch tatsächlich ein Zugang zu den biologischen Eltern hergestellt werden kann. In anderen Fällen etabliert sich u. U. in dem negativen Bereich ein bedeutsamer Anderer und/oder kann aufgrund mangelhafter Eigenständigkeiten nur kontrapunktisch das getan werden, was beispielsweise durch die Eltern zutiefst abgelehnt wird. Die Wertigkeit solcher negativer Identitäten, d.h. die Frage, wodurch es zu einer Verlagerung von einer normativen zur pathologischen Krise kommt bzw. durch welche Kräfte das Spektrum der zukünftigen Weiterentwicklung bestimmt wird, ist eng mit Bedeutung und Funktion des oder der bedeutsamen Anderen verflochten. Auch im therapeutischen Umgang mit diesen Jugendlichen sind die Positionen der bedeutsamen Anderen mit Sorgfalt zu berücksichtigen.

In dem hier diskutierten Fall der Tötung eines bedeutsamen Anderen in der Person der eigenen Großmutter im Rahmen einer adoleszenten Identitätskrise, die über die Ausbildung einer negativen Identität unter Kontrolle gebracht wurde, konnte nach Abschluß des strafrechtlichen Verfahrens eine therapeutische Betreuung über einen längeren Zeitraum im Rahmen einer geschlossenen Heimunterbringung durchgeführt werden, da von der Verbüßung der Strafe in einer Strafvollzugsanstalt abgesehen wurde. Die weitere Entwicklung des jungen Mädchens gestaltete sich insgesamt zufriedenstellend, nachdem es ihr gelungen war, eine eigene Identität, d. h. gleichsam eine Synthese der zuvor polarisierten Positionen zu entwickeln. Eine große Hilfe waren hierbei die das Mädchen betreuenden Erzieherinnen und Erzieher in der Rolle von bedeutsamen Anderen.

Abschließend sei noch auf die forensische Würdigung des Tötungsdeliktes im Hinblick auf die strafrechtliche Schuldfähigkeit gemäß §§ 20 und 21 StGB eingegangen. Im Kontrast zu der Auffassung von GROSBÜSCH (1981) vertreten wir die Auffassung, daß ein Gewaltdelikt im Rahmen der Ausbildung einer negativen Identität nicht zwangsläufig als Eingangskriterium für die Diskussion der Minderung der Einsichts- bzw. Steuerungsfähigkeit angesehen werden kann. Subsummiert unter das Kriterium einer "anderen schweren seelischen Abartigkeit", muß zunächst, jedenfalls im Rahmen der Adoleszentenentwicklung, das Ausmaß der Pathogenität der Entwicklung eingeschätzt werden. Nur wenn es sich um die Wertigkeit im Sinne einer Persönlichkeitsstörung handelt, darf von dem Vorliegen einer schweren seelischen Abartigkeit ausgegangen werden. Erst dann kann auch der Grad der Minderung an Einsichts- bzw. Steuerungsfähigkeit diskutiert werden. Nicht auszuschliessen ist, daß es im Rahmen solcher Entgleisungen auch zur Ausbildung einer tiefgreifenden Bewußtseinsstörung kommen könnte, die dann jedoch aufgrund der hierfür notwendigen Störungsphänomene zum Tatzeitpunkt nachgewiesen werden müßte.

In dem hier diskutierten Fall fand sich für das Vorliegen einer tiefgreifenden Bewußtseinsstörung kein Anhalt. Auch wurde der Ausprägungsgrad der Identitätskrise nicht der Wertigkeit einer andereren schweren seelischen Abartigkeit gleichgestellt. Schließlich fand sich auch kein Hinweis für eine krankhafte seelische Störung. In der juristischen Aufarbeitung wurde dann auch nicht von dem Vorliegen einer geminderten Schuldfähigkeit zum Tatzeitpunkt gemäß §§ 20 oder 21 StGB bei der Urteilsfindung ausgegangen.

Literatur

Battegay, R.: Totale Fusion mit einem Objekt und deren Zerstörung. Schweiz. Arch. Neurol. und Psychiat. 129, 1981, 283-296.

Erikson, E.H.: Identität und Lebenszyklus. Frankfurt a.M. (Suhrkamp) 1973.

Grosbüsch, G.: Die Affekttat. Sozialpsychologische Aspekte der Schuldfähigkeit. Stuttgart (Enke) 1981.

Häfner, H., Helmchen, H.: Psychiatrischer Notfall und psychiatrische Krise - Konzeptuelle Fragen. Nervenarzt 49, 1978, 82-87.

Kernberg, O.F.: Borderlinestörungen und pathologischer Narzißmus. Frankfurt a.M. (Suhrkamp) 1983.

Klosinski, G.: Zur Diagnose einer sogenannten Borderline-Persönlichkeitsstruktur in der Adoleszenz. Z. Kinder-Jugendpsychiat. 8, 1980, 18-40.

Kretschmer, E.: Psychotherapeutische Studien. Stuttgart (Thieme) 1949.

Lempp, R.: Die Pubertätskrise und ihre psychiatrische Bedeutung. Fundament. Psychiat. 3, 1989, 77-80.

Lempp, R.: Zur Diagnostik "unverständlicher" Delikte bei Jugendlichen und Heranwachsenden. Acta Paedopsychiat. 53, 1990, 173-175.

Loch, W.: Das Vaterbild im Lebenslauf. In: Dikow, J.(Hrsg.): Die Bedeutung biographischer Forschung für den Erzieher. Münster (Aschendorffsche Verlagsbuchhandlung) 1988.

Remschmidt, H.: Adoleszenz. Entwicklung und Entwicklungskrisen im Jugendalter. Stuttgart (Thieme) 1992.

Schütze, G.: Diagnostische und therapeutische Möglichkeiten der stationären Betreuung einer Borderline-Erkrankung in der Adoleszenz - Eine kasuistische Darstellung. In: Klosinski, G. (Hrsg.): Psychotherapeutische Zugänge zum Kind und zum Jugendlichen. Bern Stuttgart Toronto (Huber) 1988.

Bedeutung und nosologische Einordnung der "abnormen Reaktionsbereitschaft" von Jugendlichen beim Münchhausen-by-proxy-Syndrom[1]

Michael Günter und Renate Boos

Einleitung

Das Münchhausen-by-proxy-Syndrom wurde 1977 erstmals von MEADOW in Anlehnung an das Münchhausen-Syndrom beschrieben und von ihm als "hinterland of child abuse" bezeichnet. Seither wurden mehrere hundert Fälle publiziert. PALMER und YOSHIMURA (1984) definieren Münchhausen-by-proxy als "a parent feigning or creating illness in his or her treatment". Meist sind es die Mütter, die körperliche Symptome ihrer Kinder vorspiegeln, oder durch Manipulationen zum Teil schwere Erkrankungen bei den Kindern wie epileptische Anfälle (MEADOW 1977), Durchfall und Erbrechen, Dehydratation und Elektrolytverschiebungen, Blutungen, Sepsis, heimliche Vergiftungen, Hautartefakte (vergl. PLASSMANN 1989, KRAVITZ und WILMOTT 1990), Hämaturie (BHATIA 1990), Apnoe (KRAVITZ und WILMOTT 1990), Hypoglykämien (MEHL et al. 1990) und viele andere mehr (vgl. auch ECKHARDT 1989, 1992) induzieren. LIBOW und SCHREIER (1986) versuchten eine Einteilung in zwei Kerngruppen der "active inducers" mit zum Teil dramatischen Verläufen und der häufigeren "doctor addicts" und grenzen davon die sogenannten "help seekers" ab.

Die Literatur sieht die betroffenen Kinder ausschließlich als Opfer einer in der Regel mütterlichen Pathologie. So schreibt beispielsweise PLASSMANN: "die eigentlichen Patienten beim Münchhausen-by-proxy-Syndrom sind die Mütter, die eine Krankheit nicht am eigenen Körper, sondern am Körper des Kindes heimlich erzeugen oder erfinden". (PLASSMANN 1989, S. 126). Eingehende Überlegungen zur mütterlichen Pathologie liegen vor. Die Wahrnehmung der Mutter bezüglich der kindlichen Gesundheit wurde als quasi wahnhaft (WALLER 1983, MEADOW 1989) apostrophiert. WARNER und HATHAWAY (1984) beschrieben eine größere Zahl von Fällen einer "allergischen Form" von Münchhausen-by-proxy, bei denen die Mütter fast wahnhaft von Nahrungsmittel-Allergien ihrer Kinder überzeugt gewesen seien und die Kinder daher extrem kontrolliert hätten. Paranoide Haltungen dem Behandlungsteam gegenüber, ängstliche und depressive Störungen (ROTH

1 Der Aufsatz ist die leicht überarbeitete Fassung einer Publikation im Nervenarzt 65, 1994, 307-312.

1990) werden als Ausdruck einer schweren Persönlichkeitsstörung mit primitiven Abwehrmechnismen wie Spaltung, Verleugnung, projektiver Identifikation und anderen angesehen. PLASSMANN (1989) geht davon aus, daß die Mütter selbst häufig Münchhausen-Patientinnen seien (vergl. auch MEADOW 1985) und psychotische und suizidale Krisen durch das Münchhausen-by-proxy-Agieren abwehren, was eine Konfrontation mit der wahren Genese der Erkrankungen nicht ungefährlich mache. Es bestehe eine enge symbiotische Beziehung zum Kind. Das Kind sei nicht in der Lage, sich aus der symbiotisch-destruktiven Beziehung zur Mutter zu lösen, werde daher die Mutter auch auf keinen Fall verraten, sondern kooperiere mit ihr (PLASSMANN 1989). Schließlich begännen manche der Kinder, sofern sie überlebten, selbst die früher von der Mutter induzierten Krankheiten hervorzurufen (MEADOW 1984). Die Kinder seien völlig abhängig von der Mutter, entsprächen deren Erwartungen vollständig und fingen vor allem die massiven Objektverlust- und Trennungsängste der Mutter auf (PLASSMANN 1989, ROTH 1990). Einige Autoren sehen die Gefahr, daß die Kinder im weiteren selbst ein Münchhausen-Syndrom entwickeln (MCGUIRE und FELDMAN 1989, PLASSMANN 1989).

Während also die Pathologie der Mütter recht umfassend beschrieben ist, wird die Kooperation und enge Beziehung der Kinder fraglos akzeptiert und als völlige Abhängigkeit von der Mutter, allenfalls als pathologische Identifikation mit der Mutter (ECKHARDT 1989) konzeptualisiert. Daß offensichtlich zumindest bei älteren Kindern und Jugendlichen auch von seiten des Kindes eine "abnorme Reaktionsbereitschaft" besteht, wird in der bisherigen Diskussion überhaupt nicht zur Kenntnis genommen. Daher gibt es bisher auch keine grundsätzlichen Überlegungen zu Pathogenese, Psychodynamik und nosologischer Einordnung des Phänomens bei den betroffenen Kindern. Allenfalls wird mit Bezug auf die massive und anhaltende Störung der Mutter-Kind-Beziehung eine psychische Schädigung des Kindes und, wie erwähnt, die Entwicklung eines eigenen Münchhausen-Syndroms diskutiert. Bei älteren Kindern wird auch die Entwicklung einer Konversionssymptomatik beobachtet (MCGUIRE und FELDMAN 1989).

Auch in dem von ROTH (1990) beschriebenen Fall einer hysterischen Beinlähmung bei einem 15-jährigen Jungen, die er als Münchhausen-by-proxy klassifizierte, wird über die psychische Situation des Jungen nicht sehr viel berichtet: er sei während des längeren stationären Aufenthaltes zurückgezogen, depressiv und sozial isoliert gewesen. Die Beziehung zur ängstlichen Mutter mit stark paranoiden Zügen sei von gegenseitiger Abhängigkeit und Trennungsängsten gekennzeichnet gewesen.

Der Parallelfall eines 14-jährigen Mädchens mit wechselnden schweren konversionsneurotischen Symptomen, insbesondere einer persistierenden hysterischen Beinlähmung und psychogenem Erbrechen, die in unserer Klinik behandelt wurde, zeigte ähnliche Züge: die deutlich paranoiden Eltern hatten erreicht, daß das Mädchen bereits ca. 15mal stationär in eine Klinik aufgenommen wurde und die Behandlung jeweils nach kurzer Zeit wieder abgebrochen. Erst nach einem durch einen der behandelnden Ärzte veranlaßten Sorgerechtsentzug kam in unserer Klinik eine längere Behandlung des Mädchens zustande, die allerdings trotz der begleitenden Elterngespräche immer wieder heftigst attackiert wurde. Schließlich erfolgte nach Aufhebung des Sorgerechtsentzugs nach einem dreiviertel Jahr ein Behandlungsabbruch. Seitens des Mädchens stand eine konfusionelle Beziehung zu den Eltern mit massiven Trennungsängsten und stark kontrollierendem Verhalten im Vordergrund. Die Eltern hatten die Symptomatik über lange Zeit hinweg stark induziert bis hin zu einer ausschließlichen Ernährung des Kindes mit Ziegenmilch. Aus psychodynamischer Perspektive diente dies der Abwehr eigener depressiver Ängste der Eltern. Die Mutter hatte 10 Jahre zuvor das Haus nicht mehr verlassen können, hypochondrische Ängste entwickelt und diese auf die Tochter projiziert: diese durfte schließlich das Haus nicht mehr verlassen. Andererseits spielten auch aktive Identifikationsprozesse seitens des Mädchens eine Rolle. So konnte die Beinlähmung als Identifikation mit dem Vater verstanden werden, der sich kurz vor der Geburt des Mädchens bei einem Autounfall ungeklärter Ursache eine schwere und über viele Jahre hin anhaltende Hüftverletzung zugezogen hatte. Letztlich war das Mädchen emotional völlig in das paranoid nach außen hin abgeschottete familiäre System eingebunden.

Es fällt außerdem auf, daß bisher in der Literatur außer dem erwähnten Fall von ROTH und einem von MCGUIRE und FELDMAN (1989) publizierten Fall mit hysterischer Blindheit bei einem 13- jährigen Jungen keine Berichte über Münchhausen-by-proxy mit einer Induktion psychischer Erkrankungen vorliegen, obgleich beispielsweise in der ICD-10 das Münchhausen-Syndrom (unter F 68.1) als "absichtliches Erzeugen oder Vortäuschen von körperlichen oder psychischen Symptomen oder Behinderungen" definiert wird. Die von vielen Autoren implizit vorgenommene Einschränkung auf die Induktion einer körperlichen Symptomatik beim Kind ist unseres Erachtens nicht gerechtfertigt. Wir sind der Auffassung, daß gerade an solchen Fällen mit psychischer Symptomatik am ehesten die aufgeworfene Frage der Reaktionsbereitschaft des Kindes und des psychodynamischen Verständnisses seiner "Kooperation" diskutiert werden kann. Hierbei wird nämlich in der Regel auch eine eingehende psychiatrische Untersuchung des Kindes vorgenommen.

Kasuistik[2]

Die zum Zeitpunkt der Untersuchung 20-jährige Frau B. wurde uns im Rahmen eines Gerichtsverfahrens gegen ihre Mutter zur Glaubwürdigkeitsbegutachtung vorgestellt. Frau B. war auf Veranlassung der Mutter im Alter von 15 Jahren zur stationären Behandlung in eine kinder- und jugendpsychiatrische Klinik aufgenommen worden. Beklagt wurden ausgedehnte aggressive Verhaltensauffälligkeiten: die Patientin zerstöre zu Hause mutwillig Kleidung und Wohnungseinrichtung, kote und uriniere in die Wohnung, bedrohe und mißhandle den 8 Jahre jüngeren

2 Wir danken Dr. Jockusch (PLK Weissenau) für die Überlassung seiner Befunde aus der Begutachtung der Mutter unserer Patientin. Die Namen der Patienten wurden geändert.

Bruder und schlage die Mutter. Neuerdings habe sie auch sexuelle Beziehungen zu einem Mann aufgenommen. Man befürchte, daß sie sich prostituiere. Das Mädchen war zuvor mehrfach in verschiedenen Heimen gewesen und hatte vor allem aufgrund von Umzügen der Familie insgesamt 13 verschiedene Schulen besucht. Der einweisende Psychiater ging bei der trotzig renitenten und unangepaßten Symptomatik von einer beginnenden Schizophrenie aus. Die aufnehmende Klinik nahm zunächst zurückhaltend eine familiäre Beziehungsstörung an, um dann aufgrund der in der Klinik gezeigten Symptomatik eine Borderline-Persönlichkeitsorganisation mit paranoid gefärbten Ängsten zu diagnostizieren. Die Patientin verweigerte sich fast durchweg der Behandlung, episodisch kam es zu Zerstörungen und tätlichen Angriffen auf Mitpatienten und Personal. Festzustellen waren ausgeprägte paranoide Ängste, vor allem vor Mördern, sowie damit zusammenhängende Kontrollzwänge. Die Patientin hatte mehrfach "impulshaft" Feuer gelegt, bis sie schließlich nach einem halben Jahr aufgrund eines von ihr verursachten Brandes mit sehr hohem Sachschaden, bei dem die ganze Station ausbrannte, in eine forensische erwachsenenpsychiatrische Abteilung einer anderen Klinik verlegt wurde.

Die insgesamt 3 Jahre, die die Patientin dort gerichtlich untergebracht war, waren in ganz ähnlicher Weise durch mangelnde Kooperation, provokantes, zum Teil zerstörerisches Verhalten, ausgeprägte paranoide Ängste und massive Zwänge charakterisiert. Mehrfach legte die Patientin Feuer, einmal stach sie in gefährlicher Weise auf einen Mitpatienten mit einer Schere ein. Während der bereits bei Aufnahme in die Klinik bestehenden Schwangerschaft und der Geburt des Kindes drohte die Patientin massiv, das Kind umzubringen. Sie drohte andererseits auch an, in Zukunft mit jedem Mann ins Bett zu gehen. Auf Veranlassung der Mutter und auf eigenen Wunsch hin wurde sie deswegen nach der Geburt per Sectio sterilisiert. Das Kind der Patientin wurde von der Mutter der Patientin aufgenommen. Diese verzog bald darauf ins Ausland. Die behandelnden Psychiater der forensischen Psychiatrie diagnostizierten eine Borderline-Psychose.

Als die Patientin über ein Jahr lang nichts mehr von ihrer Mutter und ihrem Kind gehört hatte, vertraute sie sich dem behandelnden Psychiater an: Sie sei von klein auf vor allem von der Mutter, in deren Vertretung auch vom Stiefvater, massiv mißhandelt worden, zum Teil mit Gürteln und mit der Peitsche geschlagen worden. Sie sei an einen Stuhl gefesselt stundenlangen Verhören unterzogen worden, bis sie schließlich alles zugegeben habe, was die Mutter verlangte. Die Mutter habe sie gezwungen, mit dem Mann, von dem das Kind war, zu schlafen. Im weiteren habe die Mutter sie dazu veranlaßt, die gesamte psychotische Symptomatik vorzuspielen. Sie habe ihr in schrecklichsten Farben ausgemalt, daß sie, wenn sie sich der Mutter widersetze, von den Behörden in ein Erziehungsheim gebracht werde. Von dort könne die Mutter sie nicht herausholen und die Patientin sehe ihr Kind dann nie wieder. Insbesondere habe die Mutter von ihr verlangt, die Brände zu legen und Mitpatienten zu erstechen. Sie habe ihr auch gesagt, wie sie Wahnvorstellungen vorzuspielen habe und ihr genaue Verhaltensanweisungen gegeben. Der Sterilisation habe die Patientin schließlich nur zugestimmt, da die Mutter sie überzeugt habe, daß sie den behandelnden Ärzten ihre Entschlossenheit und Verrücktheit beweisen müsse; in Wahrheit werde aber die Sterilisation gar nicht durchgeführt, da das bei Minderjährigen nicht erlaubt sei.

Bereits vor diesem "Geständnis" hatte nach und nach ein Prozeß der inneren Distanzierung von der Mutter eingesetzt. Die Patientin selbst sah dies in engem Zusammenhang damit, daß sie realisierte, daß die Mutter entgegen deren Beteuerungen ihr das Kind vorenthielt und für sich behalten wollte. Bereits im Zuge dieser Distanzierung hatte sich die Symptomatik durchgreifend und anhaltend gebessert, noch bevor die Patientin den Hintergrund dieser Veränderungen mitgeteilt hatte. Das Kind wurde schließlich gegen den Widerstand der Mutter der Patientin aus dem Ausland mit tatkräftiger Unterstützung der Klinik zurückgeholt. Seither lebte die Patientin die ersten Monate noch auf einer offenen Station, bis sie eine kleine Wohnung für sich und ihr Kind gefunden hatte. Sie holte darüber hinaus den Hauptschulabschluß nach und absolvierte zum Zeitpunkt der Begutachtung eine Ausbildung in einem Sozialberuf mit gutem Erfolg. Die Versorgung des Kindes funktionierte nach anfänglichen Eingewöhnungsschwierigkeiten sehr gut. Zunächst hatte die Patientin vor allem damit zu kämpfen, daß sie, ganz ähnlich wie seinerzeit ihre eigene Mutter, immer wieder annahm, das Kind mache dies oder jenes nur, um sie zu ärgern. Das zum Zeitpunkt der Untersuchung 4-jährige Kind hatte für Frau B. sehr große Bedeutung. Es konnte eine beiderseits herzliche, vertrauensvolle emotionale Bindung beobachtet werden, ohne daß Hinweise auf eine zu enge und ausschließende Beziehungskonstellation festzustellen gewesen wären. Das Kind war altersgerecht entwickelt und zeigte keine psychischen Auffälligkeiten. Die Sozialintegration der Patientin darf mittlerweile als geglückt angesehen werden, auch sind im Verlauf der mehrjährigen Katamnese keine weiteren psychischen Erkrankungen aufgetreten.

Wir untersuchten Frau B. eingehend psychiatrisch-psychologisch eineinhalb Jahre nach der Entlassung aus der forensischen Psychiatrie. Neben der ausführlichen Exploration kamen der Hamburg-Wechsler-Intelligenztest für Erwachsene (HAWIE), der Gießen-Test (GT), das Freiburger Persönlichkeitsinventar (FPI), der Thematische Apperzeptionstest (TAT), sowie der Rorschachtest zur Anwendung. Zum Zeitpunkt der Untersuchung fanden wir keinerlei Hinweise mehr auf eine psychotische Erkrankung oder auf einer Borderline-Persönlichkeitsstörung. Insgesamt waren die noch festzustellenden Auffälligkeiten als zwar charakteristische, aber eher leichte neurotische Problematik mit offensichtlicher Tendenz zur weiteren Stabilisierung einzuschätzen. Im Zentrum stand eine deutliche affektive Irritierbarkeit und leichte Verunsicherbarkeit der Patientin. Festzustellen war eine Neigung, aufkommende Affekte, vor allem wenn sie zwischenmenschliche Beziehungen und hier insbesondere die mütterliche Seite betrafen, schnell zu neutralisieren. Auf Konfrontation mit komplexen sozialen Situationen hin reagierte Frau B. relativ schnell mit Verwirrung. Ausgeprägt war die Selbstunsicherheit der Patientin mit starken selbstkritischen Tendenzen. Deutlich war auch ein Oszillieren zwischen einer hohen Bereitschaft, sich in manchmal nicht mehr ganz adäquat erscheinender Weise in das Gegenüber einzufühlen, sich mit dessen Situation zu identifizieren und einem Pochen auf Selbständigkeit, die bis zu einem emotionalen Auflaufenlassen des Gegenübers reichte. Die Vorwürfe der Patientin an die Mutter erwiesen sich im Kern als richtig, wobei für die Zeit des stationären Aufenthaltes im Detail ungeklärt bleiben mußte, wie stark die Induktion durch die Mutter und wie stark die abnorme Reaktionsbereitschaft der Tochter zum Auftreten der schweren und über lange Zeit anhaltenden Pathologie beigetragen hatte. Letztlich werteten wir retrospektiv die Pathologie als schwere juvenile Identitätsdiffusion (ERIKSON 1956) auf dem Boden eines Münchhausen-by-proxy-Syndroms mit induzierter psychischer Erkrankung.

Diskussion der Beziehungsdynamik

Zur weiteren Diskussion der für unsere Fragestellung relevanten Psychodynamik seien Aspekte der Beziehung zu den drei für die Patientin wichtigsten Personen noch etwas weiter ausgeführt: zur Mutter, zur Großmutter mütterlicherseits und zum Kind.

Die Mutter hatte die Patientin seit dem Alter von 4 Jahren, nachdem sie sich vom Vater der Patientin getrennt hatte, sehr eng an sich gebunden. Der Vater wurde - so die Erinnerung der Patientin - immer als böse und schlecht dargestellt, und der Kontakt zu ihm wurde unterbunden. Immer wieder habe die Mutter sie beschimpft und ihr vorgehalten, sie sei wie der Vater: "ein Nichtsnutz, potthäßlich" und gehöre in ein Erziehungsheim. Ebenso habe die Mutter, als sie wahrnahm, daß die Patientin eine enge Beziehung zur Großmutter mütterlicherseits entwickelte, diesen Kontakt, als die Patientin 5 Jahre alt war, abgebrochen. Auch sonst wurden der Patientin Beziehungen nach außen untersagt. Verschärft wurde diese Isolation durch die von der Mutter zum Teil aus nichtigen Gründen veranlaßten ständigen Schulwechsel. Das Verhalten der Mutter wechselte über Jahre hinweg zwischen schweren Mißhandlungen und stundenlangen Verhören bis zum erzwungenen Geständnis der Tochter einerseits und ganz intensiven freundschaftlichen Gesprächen bei Kerzenlicht andererseits. Die Patientin selbst schilderte, daß sie von Kind an gezwungen gewesen sei, sich in die Mutter einzufühlen, um deren Stimmungsumschwünge frühzeitig zu erahnen. Sie habe der Mutter alles geglaubt, sei noch als Jugendliche unglaublich naiv gewesen und habe schließlich immer wieder gezweifelt, ob sie die Dinge, deren sie von der Mutter beschuldigt wurde, nicht doch unbewußt begangen habe. Immer wieder habe sie darüber nachgedacht, wie sie die Liebe der Mutter wieder gewinnen könne und habe gleichzeitig Angst vor der Mutter gehabt. Verschiedene Heimaufenthalte hätten ihr nur kurzfristig Erleichterung verschafft, zumal sie immer wieder überraschend von der Mutter aus den Heimen herausgenommen wurde. Die Beziehung zu dem Mann, zum Vater des Kindes, sei sie seinerzeit zunächst auf massives Drängen der Mutter hin, dann auch in der Hoffnung eingegangen, sich so von der Mutter trennen zu können.

Bei der Mutter selbst wurde von dem begutachtenden Kollegen eine hysterisch-neurotische Persönlichkeitsstruktur mit Neigung zu affektbetonten Impulshandlungen, psychischer Dekompensation und depressiven Reaktionen diagnostiziert. Sie sei in einer zerrütteten Familie aufgewachsen, früh von der eigenen Mutter in eine Pflegefamilie abgegeben worden und habe immer unter dem Erleben gelitten, von der eigenen Mutter abgelehnt zu werden. Ihre im Alter von 17 Jahren geschlossene Ehe sei einige Zeit nach der Geburt der Tochter wegen des Alkoholismus des Mannes gescheitert. Ihre Mutter habe die erwartete Hilfe verweigert: "Du hast Dir die Suppe eingebrockt, jetzt mußt Du sie auslöffeln". Danach habe sie begonnen, "Haßbriefe" an ihre Mutter zu schreiben, schließlich den Kontakt abgebrochen.

Zur Großmutter mütterlicherseits nahm unsere Patientin im Zuge der Distanzierung von ihrer eigenen Mutter erstmals wieder Kontakt auf. In der Folge entwickelte sich eine enge Allianz zwischen der Großmutter und Frau B. Beide verbündeten sich gegen die Mutter der Patientin. Frau B. erzählte ihre Geschichte als erstes der Großmutter, die ihr dann auch riet, sich der Klinik zu eröffnen und selbst begann, belastendes Material gegen ihre Tochter zu sammeln. Die Großmutter hatte in dieser Zeit für die Patientin die Funktion einer "guten Mutter", während ihr eigenes Engagement für die Enkeltochter auch als verschobener Wiedergutmachungsversuch auf dem Hintergrund einer von früh auf gestörten Beziehung zur eigenen Tochter verstanden werden konnte. Bei allen drei Frauen imponierten in diesem Zusammenhang deutliche Tendenzen, gute und böse Objektanteile zu spalten.

Das eigene Kind war von Frau B. schon in der Schwangerschaft trotz ihrer gegenteiligen, von der Mutter induzierten Äußerungen, hoch besetzt. Hinweise auf eine starke Identifikation mit dem Kind fanden sich bereits während der Schwangerschaft und fanden nach der Geburt Ausdruck in der Namensgebung: die Tochter erhielt als Zweitnamen den Zweitnamen von Frau B. selbst; sie verbinde mit dem Namen - der allerdings für sie, wie für ihre Tochter, eine Spur zu anmutig sei - Schönheit und Romantik. Sie wolle an dem Kind gutmachen, was ihre Mutter bei ihr schlecht gemacht habe, wenngleich sie wisse, daß das nicht wirklich möglich sei. So schilderte Frau B., daß sie der Mutter sicher nicht so lange blindlings gefolgt hätte, wenn nicht die Mutter damit hätte Druck ausüben können, daß sie ihr Kind nie mehr wiedersehen werde, wenn sie nicht die Anweisungen der Mutter befolge. Andererseits wurde die Identifikation mit dem Kind und der Wunsch, ihr Kind wiederhaben zu wollen, für Frau B. zum Kristallisationspunkt einer Selbstfindung. Zunächst entsprach diese phantasierte Beziehung zum Kind wohl der von ERIKSON (1956, S. 150) beschriebenen Anklammerung und "völligen Identifikation" mit einem Geschwister im Rahmen einer Identitätsdiffusion, um dann der Patientin aber, nachdem sie ihr Kind mit Hilfe der Klinik, ihrer damaligen sozialen Umwelt, zurückgeholt hatte, den Weg in eine sozial affirmierte eigene Identität zu ermöglichen.

Diskussion

Schien die Einordnung der Pathologie unserer Patientin als Borderline-Psychose nach anfänglichen Problemen schließlich doch unzweifelhaft, so kann sie nach Kenntnis der Pathogenese und des Verlaufs in dieser Form nicht mehr aufrecht erhalten werden, auch wenn mit Sicherheit für die Zeit der stationären Behandlung

Symptome wie frei flottierende Angst, Abwehrmechanismen wie Spaltung und eine präpsychotische Charakterstörung nachgewiesen werden konnten. Eine nosologische Einordnung bei solchen extrem verschränkten Beziehungsdynamiken, wie sie hier beispielhaft dargestellt wurde, gelingt grundsätzlich nur sehr schwer. LEMPP (1988, 1990) hat dieses Problem im Rahmen der Diagnostik "unverständlicher" Tötungsdelikte bei ansonsten unauffälligen Jugendlichen verschiedentlich erörtert und dabei die klassische psychiatrische Nosologie mit ihrer Dichotomie von Neurose und Psychose in Frage gestellt. Er geht davon aus, daß es im Zuge triebhaft aufgeladener Reifungsschritte bei Adoleszenten zu einem partiellen Verlust des Realitätsbezugs, zu einem meist kurzfristigen Durchbruch von Nebenrealitäten auch ohne Induktion kommen kann. Die nosologische Stellung entsprechender Phänomene bei der Folie à deux mit ihrer engen Verknüpfung von Induktion und pathologischer Reaktionsbereitschaft wurde im psychiatrischen Schrifttum immer wieder kontrovers diskutiert.

Auch JANOFSKY (1986) weist in einem Fall von Münchhausen-Syndrom mit identischer Symptomatik bei Mutter und 25-jähriger Tochter mit Induktion der Symptomatik bei der Tochter auf die Parallele zur Folie à deux hin, ja er apostrophiert - trotz fehlender Wahnsymptomatik im engeren Sinne - die Störung als Folie à deux. Aufgrund dessen nimmt der Autor ganz im Sinne der psychodynamischen Vorstellungen zur Folie à deux eine unseres Erachtens tatsächlich notwendige Akzentverschiebung von der Frage der Induktion zur Betonung der Identifikation der Tochter mit der Mutter auf der Grundlage einer abhängigen und ambivalenten Haß-Liebe-Beziehung vor. Während eine solche Identifikation der Tochter mit der Mutter unter zeitweisem Verlust der Realitätskontrolle, wie sie unseren Fall charakterisiert, im Jugendalter eindeutig pathologisch ist, wäre sie im Kleinkindalter noch als entwicklungsentsprechend normal anzusehen. Wir sind daher aufgrund der entwicklungspsychologisch völlig anders zu beurteilenden Situation des Jugendlichen der Meinung, daß beim Münchhausen-by-proxy-Syndrom die Psychodynamik eines involvierten Jugendlichen völlig anders ist, als die eines betroffenen Kindes. Erstere läßt sich nur unzureichend durch gängige Begriffe wie psychische Schädigung oder Entwicklung eines eigenen Münchhausen-Syndroms beschreiben.

Selbstverständlich kennen wir auch im Kleinkindesalter pathologische Extremformen der Identifikation im Sinne einer Folie à deux, wie sie u.a. von ANTHONY (1971) mit MAHLERschen Konzepten beschrieben wurden. ANTHONY stellt bei der kleinkindlichen Folie à deux eine ungelöste symbiotische Beziehung und einen Mangel an Individuation in den Vordergrund seiner Überlegungen. Er verweist mit FERENCZI (1930) auf die entscheidende Bedeutung der wichtigen Bezugspersonen für die Entwicklung des Realitätssinnes beim Kind. Letztlich charakterisiert er die Folie à deux des Kleinkindes als Aufgeben der Realität zugunsten der Objektbeziehung zur Mutter. An die Stelle einer Stärkung des Realitätssinnes durch das konflikthafte Wechselspiel von Identifikation mit der Mutter und Separation von ihr in der normalen Entwicklung tritt das Vermeiden des Konflikts zwischen beiden Möglichkeiten. Dieser Gedanke scheint uns gut übertragbar auf die Beschreibung pathologischer Beziehungen in der Adoleszenz: unsere Patientin *verzichtete unbewußt auf die Fähigkeit zur Prüfung der Realität aus Angst, die Objektbeziehung zu verlieren.*

Dieser Verzicht aber schwächte die Ich-Funktionen, wodurch die innere Abhängigkeit von der Mutter nur umso größer wurde und die Wahrnehmung der Konflikthaftigkeit der Situation noch stärker unterdrückt werden mußte. Es entsteht also ein Circulus vitiosus mit einer Regression auf ein präödipales Funktionsniveau. Ein anderer, ebenfalls von unserer Patientin gewählter Weg der Vermeidung dieses inneren Konfliktes war die von ihr selbst so beschriebene *vorübergehende Aufspaltung in verschiedene Persönlichkeiten*: eine "normale", realitätsprüfende, kritisch distanzierte und eine "verrückte", die Anweisungen der Mutter ohne Überlegung befolgende.

Dieser Mechanismus wurde erstmals 1930 von FERENCZI beschrieben. Er sprach dabei von der Zersplitterung als dem " in der gegebenen Situation einzig praktischen und richtigen psychologischen und physikalischen Verhalten" (S. 233) und sieht sie als "unmittelbaren Effekt eines nicht sofort zu bewältigenden Traumas" (S. 232) an. FERENCZIS Überlegungen zur Zersplitterung haben in der neueren Forschung über Multiple Personality Disorder und über dissoziative Störungen eine Bestätigung erfahren, wobei schwere Kindheitstraumata, insbesondere sexueller Mißbrauch und Mißhandlung mit deutlich sadistischer Komponente als wesentliche ätiologische Faktoren angesehen werden (PUTNAM 1985, 1989, SANDERS und GIOLAS 1991, kritisch dazu ERKWOH und SASS 1993). Die Mißhandlungs- und Mißbrauchsgeschichte unserer Patientin, die hier im Detail nicht dargestellt werden konnte, weist im übrigen eine Reihe von Merkmalen auf, die PUTNAM (1989) als typisch für Patienten mit Multiple Personality Disorder schildert. (Zum Problem des Zusammenhangs von Münchhausen-Syndrom und Multiple Personality Disorder vergleiche TOTH und BAGGALEY 1991).

In Fällen, wie in den von uns dargestellten, kommt es über die Einschränkung umschriebener Ich-Funktionen hinaus zu einer akuten Identitätsdiffusion, wie sie von ERIKSON (1956) eingehend beschrieben und in engen phasenspezifischen Zusammenhang zur Adoleszenz gestellt wurde. Dieses Konzept der Identitätsdiffusion, das hier im einzelnen nicht näher dargestellt werden kann, erlaubt durch die Verschränkung von psychopathologischer und entwicklungspsychologischer Perspektive eine Antwort auf die Frage, weswegen vor allem Adoleszente eine solche "abnorme Reaktionsbereitschaft" zeigen: sie stehen phasenspezifisch vor der alle Bereiche des Erlebens tangierenden Aufgabe einer "psychosozialen Selbstdefinition" als Erwachsener. Eine der klinisch wichtigsten Form der akuten Identitätsdiffusion ist bei ERIKSON die Flucht in eine "negative Identität", "d.h. eine Identität, die pervers nach denjenigen Rollen und Identifikationen greift, die ihnen (den Patienten) in kritischen Entwicklungsstadien als höchst unerwünscht und gefährlich und doch bedrohlich naheliegend gezeigt worden waren" (ERIKSON 1956, S. 144).

Solche Entscheidungen stellen den verzweifelten Versuch dar, mit einer Situation fertig zu werden, in der positive Identitätselemente von der Umwelt nicht zur Verfügung gestellt bzw. nicht anerkannt werden. Demgegenüber stehen die Anerkennung der sozialen Position durch die emotional bedeutsame Umwelt, das Realitätsgefühl und die Entwicklung einer eigenen Identität in der normalen Entwicklung in engem, wenn auch konfliktträchtigem Zusammenhang.

Bei unserer Patientin war als Gegenstück zu der Identifikation mit der Mutter und dem strikten Befolgen von deren Anweisungen, parallel also zu einem partiellen Aufgeben der Realitätskontrolle und der eigenen Identität zugunsten der Objektbeziehungen auch die Identifikation mit einer negativen Identität festzustellen, etwa, wenn sie sich selbst als "schlechter Nichtsnutz" verhielt oder als Kinderhasserin darstellte. Diese Seite eines verzweifelten Versuchs der Rettung einer eigenen Identität war der Patientin retrospektiv kaum mehr zugänglich. Sie markiert aber auch den für unsere Fragestellung so wichtigen aktiven Anteil der Patientin an den begangenen Taten jenseits einer unmittelbaren Induktion durch die Mutter. Wahrscheinlich bot für diese Patientin die Identifikation mit ihrem Kind, die psychisch den Erhalt eines "guten inneren Objektes" sicherte, neben der Beziehung zur Großmutter, die in ähnlicher Weise fungierte und die daran anschließende Bildung einer positiven, sozial anerkannten Identität als Mutter ihres Kindes die Möglichkeit eines Auswegs aus dem Konflikt und die Möglichkeit der vollen Anerkennung der Realität. Dies allerdings erst, nachdem eine innere Distanzierung von der Mutter erfolgt war.

Schlußfolgerung

Die psychodynamische und psychopathologische Situation eines von einem Münchhausen-by-proxy-Syndrom betroffenen Adoleszenten unterscheidet sich grundlegend von der betroffener Kleinkinder. Die bisherige Konzeptualisierung einer blossen Induktion der Symptomatik ist bei Jugendlichen unzureichend; auch die Feststellung der Entwicklung eines eigenen Münchhausen-Syndroms bei einem Teil der Betroffenen erhellt die psychische Situation des Adoleszenten in der akuten Situation wenig. Hierbei spielen, wie wir anhand unserer Kasuistik aufzuzeigen versuchten, komplexe Prozesse der Identifikation, des Konfliktes zwischen Anerkennung der Realität und Aufrechterhaltung einer Objektbeziehung und der Bildung einer negativen Identität auf dem Boden einer Identitätsdiffusion eine entscheidende Rolle. Die Bedeutung dieser Reaktionsweisen reicht weit über das Münchhausen-by-proxy-Syndrom hinaus. Sie spielen beispielsweise auch bei Fällen von schwerem sexuellen Mißbrauch eine Rolle und ließen sich voraussichtlich auch bei einer Reihe von pseudosymbiotischen Beziehungsstörungen im Jugendalter nachweisen. Zur Bestätigung der vorgeschlagenen Überlegungen bedarf es allerdings weiterer Untersuchungen an einer größeren Gruppe von Patienten.

Literatur

Anthony, E.J.: Folie à Deux. A developmental failure in the process of separation-individuation. In: McDevitt, J.B., Settlage, C.F. (eds.): Separation - individuation. Essays in honor of M.S. Mahler, New York (Int. Univ. Press) 1971, 253-273.

Bhatia, R.S.: Pseudo sickness. J. of the Association of Physicians of India 38, 1990, 514.

Eckhardt, A.: Das Münchhausen-Syndrom. Formen der selbstmanipulierten Krankheit. München Wien Baltimore (Urban und Schwarzenberg) 1989.

Eckhardt, A.: Artifizielle Krankheiten (Selbstmanipulierte Krankheiten) - Eine Übersicht. Nervenarzt 63, 1992, 409-415.

Erikson, E.H.: Das Problem der Identität. Psyche 10, 1956, 114-176.

Erkwoh, R., Saß, H.: Störung mit multipler Persönlichkeit: alte Konzeptionen in neuem Gewande. Nervenarzt 64, 1993, 169-174.

Ferenczi, S.: Entwicklungsstufen des Wirklichkeitssinnes. In: ders. ([3]1984), Bausteine zur Psychoanalyse, Bern Stuttgart Wien (Huber), Bd. 3, 1913, 62-83.

Ferenczi, S.: Trauma und Heilbestreben. In: ders. ([3]1984), Bausteine zur Psychoanalyse, Bern Stuttgart Wien (Huber), Bd. 4, 1930, 232-233.

Janofsky, J.S.: Munchausen syndrome in a mother and daughter: An unusual presentation of Folie à Deux. J. Nerv. Ment. Dis. 174, 1986, 368-370.

Kravitz, R.M., Wilmott, R.W.: Munchausen syndrome by proxy. Presenting as factitious apnea. Clin. Pediatr. 29. 1990, 587-592.

Lempp, R.: Die Borderline-Persönlichkeitsstruktur in ihrer Bedeutung für vom Täter selbst nicht erklärbare kriminelle Handlung. In: Bürgin, D. (Hrsg.): Beziehungskrisen in der Adoleszenz, Bern Stuttgart Toronto (Huber), 1988, 43-51.

Lempp, R.: Zur Diagnostik "unverständlicher" Delikte bei Jugendlichen und Heranwachsenden. Acta Paedopsychiatrica 53, 1990, 173-175.

Libow, J.A., Schreier, H.A.: Three forms of factitious illness in children: When is it Munchausen by proxy? Am. J. Orthopsychiat. 56, 1986, 602-611.

McGuire, T.L., Feldman, K.W.: Psychologic morbidity of children subjected to Munchausen syndrome by proxy. Pediatr. 83, 1989, 289-292.

Mehl, A.L. et al.: Munchausen syndrome by proxy. A family affair. Child Abuse Negl. 14, 1990, 577-585.

Meadow, R.: Munchausen syndrome by proxy: The hinterland of child abuse. Lancet 2, 1977, 343-345.

Meadow, R.: Factitious epilepsy. Lancet 9, 1984, 15-28.

Meadow, R.: Management of Munchausen syndrome by proxy. Arch. Dis. Child. 60, 1985, 385-393.

Meadow, R.: Munchausen syndrome by proxy. Br. Med. J. 299, 1989, 248-250.

Palmer, A.J., Yoshimura, G.J.: Munchausen syndrome by proxy. J. Am. Acad. Child Psychiatry 23, 1984, 503-508.

Plaßmann, R.: Artifizielle Krankheiten und Münchhausen-Syndrome. In: Hirsch, M. (Hrsg.): Der eigene Körper als Objekt. Zur Psychodynamik selbstdestruktiven Körperagierens, Berlin Heidelberg New York (Springer) 1989, 118-154.

Putnam, F.W.: Dissociation as a Response to Extreme Trauma. In: Kluft, R.P. (Hrsg.): Childhood Antecedents of Multiple Personality. Washington D.C. (American Psychiatric Press) 1985, 66-97.

Putnam, F.W.: Diagnosis and Treatment of Multiple Personality Disorder. New York London (Guilford) 1989.

Roth, D.: How "mild" is mild Munchausen syndrome by proxy? Isr. J. Psychiatry Relat. Sci. 27, 1990, 160-167.

Sanders, B., Giolas, M.H.: Dissociation and Childhood Trauma in Psychologically Disturbed Adolescents. Am. J. Psychiatry 148, 1991, 50-54.

Toth, E.L., Baggaley, A.: Coexistence of Munchausen's syndrome and multiple personality disorder: Detailed report of a case and theoretical discussion. Psychiatry 54, 1991, 176-183.

Waller, D.A.: Obstacles to the treatment of Munchausen by proxy syndrome. J. Am. Acad. Child Psychiatry 22, 1983, 80-85.

Warner, J., Hathaway, M.J.: Allergic form of Meadow's syndrome (Munchausen by proxy). Arch. Dis. Child. 59, 1984, 151-156.

Zur Genese von gemeinsamen "Nebenrealitäten" beim Vorwurf des sexuellen Mißbrauchs

Doris Röcker

Problemlage

Im letzten Jahrzehnt haben die Anschuldigungen des sexuellen Mißbrauchs in der Beratungspraxis und in Familienrechtsgutachten erheblich zugenommen. Die in der Kinder- und Jugendpsychiatrie Tübingen erstatteten Gutachten weisen einen Anstieg der Problematik von 2,5 % im Jahr 1981 auf 25 % im Jahr 1992 auf (GÜNTER et al. 1993). Dies entspricht einer Entwicklung, die im angelsächsischen Raum schon früher eingesetzt hat. So wurde in den USA in einem sample von 400 Familienrechtsfällen im Jahre 1986 in 33 % der Fälle dieser Vorwurf erhoben (GEYER/ASH zitiert nach YATES 1988).

Im gleichen Zeitraum ist die Thematik des sexuellen Mißbrauchs verstärkt ins Blickfeld der Öffentlichkeit gerückt. Speziell für Scheidungsfamilien bieten sich zwei Denkansätze an:

1. Die neue Sensibilität für inzestuöse und gewaltsame sexuelle Übergriffe erlaubt eine frühere Wahrnehmung dieser Vorgänge in der Familie. Bei zerrütteten Partnerbeziehungen wird eher in Kauf genommen, daß die Familie zerbricht bzw. der Beschuldigte die Konsequenzen tragen muß, wenn der Mißbrauch publik gemacht wird.

2. Der andere Denkansatz geht von der Beobachtung aus, daß sich Partner im Trennungsprozeß fast regelmäßig verzerrt wahrnehmen und im Kampf ums Kind zu disqualifizieren versuchen. Wenn der Partner dann auch noch des sexuellen Mißbrauchs am Kind verdächtigt wird, so richtet sich der Argwohn nicht nur gegen den Beschuldigten, sondern auch gegen diejenigen, die beschuldigen. Meist sind dies die Mütter, in deren Befürchtungen eben auch die Angst vor dem Verlust des Kindes mitschwingt.

Insbesonders in der frühen, frauenpolitisch motivierten Aufklärungskampagne über diese Thematik wurde die Meinung verbreitet, jede diesbezügliche Äußerung des Kindes sei grundsätzlich als wahr anzunehmen. Hier wurde die therapeutische Haltung, mit dem subjektiven Erleben des Kindes zu arbeiten und dessen Vertrauen in der Beziehung wachsen zu lassen, auf den diagnostischen Prozeß der Wahrheitsfindung übertragen. WEGENER (1992) warnt ausdrücklich vor dem Übergreifen des gegenwärtig in den USA erschreckend häufig berichteten "Overreporting" (unberechtigte Anschuldigungen und Anzeigen) auf die Bundesrepublik. Diese Tendenzen schaden der Sache des Kinderschutzes und tragen neue Konflikte in die Familie hinein. WEGENER fordert deshalb die Rolle einer diagnostischen Klärung des Sachverhaltes strikt von der therapeutischen Rolle zu trennen. SALZGEBER (1992) empfiehlt innerhalb der Familienrechtsbegutachtung die Aufgaben der Glaubwürdigkeitsuntersuchung und Familiendiagnose personell getrennt zu bearbeiten.

Die Behauptung, ein Kind lüge im Falle einer Anschuldigung sexueller Übergriffe nicht, kann einer wissenschaftlichen Prüfung, wie den Erfahrungen in der Glaubwürdigkeitsbegutachtung nicht standhalten. Neuere englischsprachige Studien ergeben eine Schätzrate von Falschaussagen zwischen 2 und 10 % (vgl. FALLER 1991). In Sorge- und Umgangsrechtsverfahren wird die Anzahl zu unrecht erhobener Beschuldigungen allgemein höher eingeschätzt; die Streubreite reicht von 15 - 25 % (FALLER 1991) bis 35 - 55 % (ZEITLIN 1988). Vielfach werden die Eltern als Initiatoren der falschen Beschuldigung angesehen. Eine gewisse Skepsis, ob der Vorwurf zutrifft, ist also gerade bei Scheidungsauseinandersetzungen geboten.

Andererseits muß aber auch eine höhere Gefährdung von Kindern in der Situation der Familientrennung berücksichtigt werden. Faller verweist auf dieses Risiko aufgrund der Auswertung einer Studie an 136 Fällen, in denen die Kinder sexuelle Anschuldigungen im Rahmen von Ehescheidungen erhoben hatten. Ein großer Anteil der Kinder war erst nach der Trennung Opfer eines Elternteils geworden, der sich nach dem Verlust der Familie verlassen und haltlos fühlte und in dieser Situation die Beziehung zum Kind sexualisierte. Ein Anteil von 8 % (FALLER) bis 20 % (JONES und MCGRAW 1987) der Beschuldigungen blieben in Forschungspopulationen ungeklärt. In unserer Praxis, so scheint es, liegt der Prozentsatz höher. Dies mag an einer unklaren Definition der Formen des Mißbrauchs oder aber an den Methoden der Aufklärung liegen.

Vielleicht aber trifft die Alternative "entweder richtig oder falsch" auf den Sachverhalt gar nicht zu. Die in der Praxis vorgefundenen Varianten von Anschuldigungen sind bunter, vielfältiger, im Ausmaß fluktuierend. Die Aussagen eines Kindes scheinen zuweilen in Anteilen in der Realität zuzutreffen, in anderen Anteilen aber auch einem Phantasieraum zuzugehören, der vom Kind und Erwachsenen gemeinsam gestaltet worden ist. Diese Gestaltung bezieht ihre Dynamik aus den gestörten Familienbeziehungen sowie aus häufiger unbewußten als bewußten intrapsychischen Prozessen von Kind und Eltern. Er entsteht in einer sehr intimen Gemeinschaft von Kind und einem Elternteil.

Vorrangige Methoden in Familienrechtsgutachten

In der Methodik der Glaubwürdigkeitsuntersuchung wird der aussagepsychologischen Beurteilung besondere Aufmerksamkeit geschenkt. Die Aussage wird analysiert, in der Sequenz des Auftretens verglichen, und es werden Realitätskriterien herausgearbeitet, welche die Wahrscheinlichkeit begründen, daß die Aussagen erlebnisbezogen sind.

Beim Vorwurf inzestuöser Übergriffe in Familienrechtsverfahren sind einer solchen aussagepsychologischen Analyse meist dadurch Grenzen gesetzt, daß die Aussagen des Kindes nicht sorgfältig genug protokolliert wurden. Die Protokolle der Mütter über die Kinderaussagen sind offensichtlich mit eigener innerer Betroffenheit geschrieben. Diese Aussagen können detailreich die kindliche Perspektive darstellen, sie können aber auch abstruse, irreale Inhalte wiedergeben, die im Laufe der Zeit meist ausgedehnt werden. Solche Details entbehren u. U. dann der "Konstanz der Wiedergabe" bei anderen befragenden Erwachsenen.

Neben der Aussage-Analyse wird in der Methodik der Glaubwürdigkeitsbegutachtung die "Geschichte der Aussage" verfolgt. VILLINGER (1962) bezeichnete "diese Rekonstruktion der Entstehung der Aussage, die nicht sorgfältig genug sein kann, in sehr vielen Fällen als die via regia der Glaubwürdigkeitsuntersuchung". Taucht der Vorwurf in Sorgerechts- und Umgangsrechtsauseinandersetzungen auf, so sind in der Tat die Rekonstruktion der Erstaussage-Situation und die Beachtung der weiteren Geschichte der Aussage die wesentliche Informationsquelle. In vielen Fällen geht der "Erstaussage" eines Kindes eine längere Vorgeschichte voraus, die gleichfalls beachtet werden muß. Die Mutter beobachtet z. B. ihr Kind, das in den elterlichen Auseinandersetzungen, insbesondere nach den Besuchen beim Vater, emotional verwirrt und in der Beziehung zur Mutter vorübergehend distanziert wirkt. Dieses Verhalten weckt bei ihr unter Umständen einen solchen Verdacht.

Durch die Medien und die Flut von neuen Büchern über den sexuellen Mißbrauch ist hinreichend bekannt geworden, wie schwer es den betroffenen Kindern fällt, über solche Erfahrungen zu sprechen. Heftige Gefühle der Scham und Schuld, Angst und Wut, oder aber eine Gewöhnung an das Geschehen (LEMPP 1968, SUMMIT 1983) zögern das Geständnis oft lange Zeit hinaus. In den letzten Jahren lassen sich auch gelegentlich die negativen Folgen der Bemühungen um einen Schutz der Kinder vor Mißbrauch beobachten, nämlich die forcierten Versuche, eine möglichst rasche Aufklärung von vermuteten sexuellen Übergriffen zu erreichen. Die Mütter, unterstützt von professionellen Helfern, forcieren insbesondere in der Trennungssituation, in der das Sorge- und Umgangsrecht des Vaters geklärt werden muß, ihre Bemühungen. In der Art des Fragens aber kann ein Kind in seinen sexuellen Phantasien stimuliert und damit auch seelisch verletzt werden. Betroffene Kinder werden dann unter Umständen sequentiell traumatisiert: der sexuellen und emotionalen Mißhandlung durch den Vater folgt eine subtilere Traumatisierung durch die unsachgemäßen Aufklärungsbemühungen.

Über traumatische Erfahrungen zu sprechen, ist nicht nur für das Kind belastend. Auch die "Empfänger" der Aussage reagieren meist mit großer emotionaler Resonanz. Diese Resonanz aber wird das Verhalten des Kindes beeinflussen. Es ist bekannt, daß viele tatsächlich mißbrauchte Kinder und Jugendliche ihre Aussagen widerrufen, wenn ihnen die negativen Auswirkungen zu belastend erscheinen. Gerade in der Zeit der Beziehungsänderungen nach der Familientrennung haben die Aussagen nachhaltige Auswirkungen auf die Beziehungen.

BERGER (1979) empfiehlt, bei jeder Glaubwürdigkeitsuntersuchung die Täter-Opfer Beziehung ins Blickfeld zu rücken. VON KLITZING (1990) ergänzt diesen

Beziehungsaspekt, indem er korrespondierend hierzu die Klärung der Beziehungen zu allen Personen, die Empfänger der Aussage werden, für erforderlich hält. In der Beziehung insbesondere naher Angehöriger könnten Übertragungsanteile und projektive Identifizierungen vorliegen. BERGER verweist außerdem auf bedürfnisbefriedigende Aspekte in den belastenden Aussagen.

Die Beschäftigung mit der Beziehungsdynamik zum Zeitpunkt des ersten Verdachtes eines sexuellen Mißbrauchs und im weiteren Verlauf der Geschichte des Verdachts ist vor allem in Familienrechtsverfahren wichtig. Geht es unter Umständen doch dort nicht in erster Linie darum, sofort die Glaubhaftigkeit der Aussagen zu beurteilen wie im Strafverfahren. Die Geschichte der Aussage kann noch eine Zeit verfolgt werden.

Im Familienrechtsverfahren geht es dagegen vorrangig um die künftige Gestaltung der Familienbeziehungen. Der Verdacht allein schon hat erhebliche Auswirkungen auf diese Beziehungen. Er kann dazu führen, daß das Kind vorübergehend vom Beschuldigten ganz getrennt wird, er kann aber auch die Beziehung zwischen Kind und Bezugsperson, die in das Geheimnis einbezogen wird, intensiver gestalten. Die Beschäftigung mit der Thematik der Anschuldigungen kann nämlich beide, Kind und Elternteil, zu einem Austausch der Gefühle, der Phantasien und Bedürfnisse führen und neue belebende Impulse in die Beziehung hineintragen. Dieser gemeinsame Austausch wird sich aber auch in den Aussagen des Kindes niederschlagen. Neben erlebnisbezogenen Anteilen lassen sich unter Umständen sehr detailreiche Schilderungen über außergewöhnliche, unwahrscheinliche Begebenheiten beobachten.

Kasuistiken

Fall 1: Die folgende Kasuistik stellt den Aspekt der Genese einer Aussage in der Mutter-Kind-Interaktion in den Mittelpunkt.

Die 7-jährige Tochter wird nach "Doktorles-Spielen" mit einem 14-Jährigen von der Mutter über Wochen hinweg befragt, ob diesem Ereignis andere Erlebnisse mit Männern, vor allem dem geschiedenen Vater, vorangegangen sind. Im frühen Stadium der Befragung weicht die Tochter, so die Tagebuchaufzeichnungen der Mutter, der Frage der Mutter nach sexuellen Übergriffen des Vaters aus mit der Bemerkung, "ich denke, daß Du den Peter lieber magst als mich". Dies traf wohl tatsächlich zu, denn der kleine Bruder war "Mutters Kind", sie eher "Vaters Kind" gewesen. Schließlich, an einem späten Abend, räumt das Kind ein, daß der Vater es am GT gestreichelt und das selbe von ihm verlangt habe. Die Mutter notiert ihre Resonanz auf dieses Erstgeständnis: "Sollte so ein Mißbrauch in der Nacht vor der Urlaubsfahrt stattgefunden haben, würde dies auch die Schreie der Kinder, die in dieser Nacht von verschiedenen Nachbarn gehört wurden, erklären."

In der Folgezeit bringt die 7-jährige weitere Details, weitet die Anschuldigungen auf die Freundin des Vaters, deren Mutter und Großmutter aus. Die Mutter notiert, ihre Beziehung zum Kind sei seit der Preisgabe des Geheimnisses intensiver und harmonischer geworden. Der Umgang mit dem Vater wird abgebrochen, das Kind hält seine Beschuldigungen gegenüber der Mutter aufrecht, anderen Personen gegenüber jedoch nur teilweise. Wo die Grenze zwischen erlebnisbezogenen und induzierten Schilderungen lag, konnten weder die Aussageanalyse, noch weitere Beobachtungen der Familiendynamik und Explorationen klären.

Die Erstaussage des Kindes erfolgte nach langem Werben der Mutter und der Therapeutin um die Preisgabe des "Geheimnisses". In dieser Zeit spricht das Kind die Mutter auf ihre Beziehung an. Die Beziehung zwischen Mutter und Tochter wurde tatsächlich vertrauensvoller, während sie sich über diese Thematik austauschten. Als das Kind auf ihre Fragen schließlich geantwortet hatte, reagierte die Mutter mit überschießenden Phantasien. Dem Vater wurde der Kontakt verwehrt, das Kind reagierte auch nach seinem "Geständnis" höchst erfreut, als es Post von ihm erhielt.

Der 5-jährige Bruder war seiner Verhaltensauffälligkeiten wegen ebenfalls den intrusiven Fragen seiner Mutter ausgesetzt. Die Beziehung zwischen Mutter und Kind war deutlich zärtlich-erotisch gefärbt. Die Mutter notiert sich: "Als ich ihn das gefragt habe, sitzt Peter mit großen Augen da und ich meine, er hat ja gesagt. Er hat auch gesagt, er wolle jetzt zum Papa." Peter sprach bei der Kriminalpolizei von einer "Lügung", wollte aber gerne den Vater "ins Gefängnis bringen". Peter weicht also in die Beziehung zum Vater aus, als ihn die Mutter zu sehr bedrängt hatte. Die Motivationen der Mutter hat er aber dann doch übernommen, wenn auch nicht die Überzeugung der Mutter, er sei ebenfalls sexuell mißbraucht worden.

Diskussion

YATES und MUSTY (1988) führen die Falschaussage eines Kleinkindes u.a. auf ein sekundäres Involviertsein des Kindes in die projektive Identifizierung eines Elternteils innerhalb von Ehekrisen und Scheidungen zurück. Derjenige, der beschuldigt, projiziert sexuelle und aggressive Impulse auf den Partner in der Absicht, zu dominieren, zu entwerten oder zu kontrollieren. Dabei könne der Wunsch eingehen, mit dem anderen wieder vereint zu sein.

Auch die Mutter der beiden Kinder schwankte zwischen der Zu- und Abneigung zum früheren Partner, insbesondere in der Zeit vor einer neuen Eheschließung. Das Kind führt aber nicht nur passiv die Dynamik der Mutter aus, sondern befriedigt auch die eigenen Bedürfnisse, es gewinnt eine nie gekannte gute Beziehung zur Mutter. Mit seiner Aussage kann es Einfluß auf die Familienbeziehungen nehmen.

Fall 2: Die abstrusen Inhalte in der Aussage eines 4-jährigen Kindes geschiedener Eltern weckten von vornherein den Zweifel, ob dem 60-jährigen Vater solche gravierenden Handlungen unterstellt werden könnten. Die Eltern bezichtigten sich gegenseitig der sadomasochistischen Bedürfnisse, der Vater verwahrte sich mit Vehemenz gegen die Unterstellungen. Er verwies auf die reiche Phantasie der Ehefrau. Diese führte über die sich ständig ausdehnenden Äußerungen des Kindes Protokoll, in der Absicht, darüber ein Buch zu schreiben.

Anna aber schildert in projektiven Tests phantasiereich ihre eigene Beziehungssituation: die Verwirrung der Gefühle und die Einsamkeit eines Kindes, das sich im Streit der Eltern alleingelassen fühlt. Auf gewisse Zweifel gegenüber der Behauptung, der Vater habe ihr mit dem heißen Bügeleisen das Gesicht gebügelt und sie damit verletzt, nimmt Anna lachend Abstand und meint, sie habe manchmal auch ein Märchen hinzugefügt. Kurz darauf erfindet sie im Beisein der Mutter aus Details, die diese genannt hat, eine neue Version der angeblichen Verletzungen. Die Mutter aber, zunächst verunsichert, läßt sich Tage danach von anderen bestätigen, ein Kind lüge darin nicht. Sie wird deshalb auch diese Version in das geplante Buch grausamer Taten des Vaters übernehmen.

So produziert das Kind Geschichten über den Vater, die das Interesse der Mutter finden und diese zur Kommunikation zwingen. Das Kind kann damit die Mutter an sich binden, Mutter und Kind bringen ihre Erfahrung einer Opferposition ein und teilen damit innere affektive Zustände.

Diskussion

Eigene reale Detailerfahrungen subtiler Art begünstigen Phantasien solcher Art und das Vermögen des Kindes, diese affektive Situation in Bilder umzusetzen. Denkbar wäre auch eine Übernahme elterlicher Phantasien schon vom frühesten Kindesalter an. Zur Übernahme dieser Phantasien hat die Interaktionsforschung folgende Vorstellungen entwickelt: Das Kind entdeckt in der zweiten Hälfte der Säuglingszeit, daß es innere Erfahrungen mit einem anderen teilen und kommunizieren kann (STERN 1985, zitiert nach DORNES 1993). Im Laufe der Frühkindheit entwickelt sich die Fähigkeit, im anderen eine Bestätigung oder eine Ablehnung zu lesen und auf die eigene Situation zu beziehen.

Aber auch die Eltern können über die Affektabstimmung (attunement) das Gefühlsleben ihres Kindes modifizieren. Sie tauschen Gefühle mit ihnen aus, die z.T. auch von Phantasien begleitet sind. Die Kommunikation bewußter, vorbewußter und unbewußter Phantasien erfolgt nun im Medium averbaler Affektsignale (DORNES 1993). Diese werden nicht etwa magisch übermittelt, vielmehr über Handlungen, Mimik, Intonation der Stimme u. a. So können einem Kind, das im gestörten Beziehungsfeld der Eltern aufwächst, eben auch pathologische Phantasien über die averbale Kommunikation vermittelt werden. Die mimisch subtil ausgedrückte Ambivalenz einer Mutter über erste sexuelle Manipulationen des Kindes können dessen Verhalten formen. Oder kann ein zu harter Griff eines Vaters dem Kind die aggressiven Tendenzen übermitteln, die er ansonsten nur in seiner Phantasie auslebt. Anna hatte sich beklagt, der Vater habe ihr wehgetan. Ihre Sceno-Gestaltung brachte zum Ausdruck, daß sie mit der Mutter vermutlich anale Phantasien teilt. Die Phantasien des Kindes können also durch reale traumatische Erfahrungen stimuliert worden sein, oder aber im Laufe einer Kindheit in einem sexualisierten Milieu entstanden sein.

Die elterlichen Phantasien wirken sich aber vor allem in der aktuellen Situation eines Mißbrauchsverdachts aus. Bei Anna löste eine Rötung des Kindes den Verdacht aus. Im Anschluß daran wurde dem Verhalten des Kindes Bedeutungen zugeschrieben, die dort nicht unmittelbar abzulesen waren. DORNES (1993, S. 204): "Bedeutungszuschreibungen sind kein Privileg neurotischer Eltern, sondern ein universaler Prozeß. Nur ihre Hypertrophie und der Inhalt solcher Zuschreibungen können zu pathogenen Resultaten führen."

Diese Bedeutungszuschreibungen, von spezialisierten Helfern unterstützt, regen die argwöhnische Beobachtung, aber auch die Phantasien der Mütter an. Annas Mutter befürchtete, wie andere Mütter in dieser Situation, der Vater könne das Kind entführen, in das organisierte Kinderpornogeschäft vermitteln und anderes mehr. Solche Befürchtungen werden vom Kind übernommen, von Anna allerdings nur in unmittelbarer Anwesenheit der Mutter. Nur das Kind kann Auskunft darüber geben, wovor sich die Mutter fürchtet, es wird damit zur interessanten Quelle weiterer Informationen über den Vater.

Fall 3: YATES und MUSTY (1988) beschreiben die Genese von Falschaussagen nur bei Vorschulkindern. Diese Vorgänge sind jedoch nicht auf das Kleinkindalter beschränkt.

Zwei Geschwister aus einer Scheidungsfamilie im Alter von 11 und 14 Jahren entwickelten in Gemeinschaft mit der Mutter eine Serie sadomasochistischer Anschuldigungen gegen den Vater, seine Lebensgefährtin, später auch gegen die Großmutter und den Onkel. Der Vater wurde vorübergehend in Untersuchungshaft genommen. Realer Kern der Aussagen waren sexuelle Erfahrungen zwischen den Geschwistern und dem Sohn der Lebensgefährtin des Vaters, möglicherweise auch subtile Übergriffe der Eltern an den Kindern in früher Kindheit. Die pathologisch anmutenden Phantasien der Kinder waren z. T. aus der intrapsychischen und Beziehungsproblematik der Mutter abzuleiten. Die Psychodynamik der Kinder schien weniger ins Gewicht zu fallen. Im Laufe der Begutachtung distanzierte sich - übrigens mit großer Erleichterung - zunächst der Sohn von den Aussagen. Er hatte sich zuvor - getrennt von der Mutter - im Schullandheim aufgehalten. Die Tochter schwankte noch eine Zeit lang zwischen Widerruf und traumatisierenden Beschuldigungen. Beide Kinder baten dringend darum, von der Mutter getrennt zu werden. Die Mutter aber entzog sich einer Klärung des Sachverhaltes dadurch, daß sie krank wurde, alle bisherigen Kontakte aufgab und den Wohnort wechselte.

Die Aktualgenese der gemeinsamen sadomasochistischen Überzeugungen schilderten die Beteiligten übereinstimmend: die Mutter spürte einen Druck auf der Brust in der Erwartung einer neuen Enthüllung der Kinder. Die Kinder erlebten diesen Leidensdruck der Mutter als einen Zwang, über das Erleiden sexueller und sadistischer Handlungen des Vaters zu reden. Mutter und Kinder wurden hoch erregt bei der Produktion der Schilderungen, der Junge geriet in ein Stottern, saß meist auf dem Schoß der Mutter und erlebte die Geschichten als eine Befriedigung eigener und mütterlicher Bedürfnisse. Nur gelegentlich schlichen sich bei ihm Skrupel ein mit dem Wunsch, dem Einfluß der Mutter entfliehen zu können.

Diskussion

In einem früheren Beitrag zu diesem Fall (DU BOIS und RÖCKER 1990) wurde die Einbeziehung der Kinder in die projektive Identifizierung der Mutter erörtert sowie die Einordnung des Zustandsbildes als eine "folie à trois" erwogen. Induzierte Wahnbildungen, in der Literatur in der Form der "folie à deux" beschrieben, finden sich bei abhängigen, suggestiblen Beteiligten, die in symbiotischer Beziehung zum Wahnkranken leben. Der Wahn ist für die beiden das Medium, in dem sie kommunizieren und sich gegen die Außenwelt abgrenzen. Er wird zum gemeinsamen Anliegen beider (SCHULTE-TÖLLE 1979).

Innerhalb der Kinder- und Jugendpsychiatrie ist, worauf LEMPP (1973) hinwies, die "Abgrenzung des krankhaften Wahns von der noch normalpsychologischen Phantasie mit Beziehungsinhalten" oft schwierig. LEMPP prägte in diesem Zusammenhang den Begriff der "Nebenrealität". Eine Nebenrealität baut sich das Kind unter Umständen über die ganze Kindheitszeit hinweg auf. Es lebt etwa mit einem Phantasiegefährten, an den es sich affektiv bindet. "Kinder leben einerseits in einer gemeinsamen Welt der Eltern ... und der uns real erscheinenden Umwelt und können widerspruchslos von einem Augenblick in den andern in eine Phantasiewelt umwechseln, in der sie in der Regel eine zentrale aktive oder passive Rolle spielen. Dem Kind gelingt in der Regel der Überstieg in die reale Welt seiner Umgebung". (LEMPP 1973, S. 214).

Die gemeinsam mit den Müttern konstruierten Nebenrealitäten der dargestellten Kinder und Jugendlichen enthielten Inhalte und Bilder, die mehr aus den Phantasien von Kindern resultierten. Die Beziehungsdynamik dagegen schien vorwiegend der Psychodynamik der Mutter anzugehören. Die Kinder beschuldigten den Vater in einem Ausmaß, das in keiner Weise ihrer eigenen Beziehung zum Vater entsprach. Gemeinsam war allen Kindern ein Loyalitätskonflikt, den sie aufgrund der erheblichen Spannungen zwischen den Eltern entwickelt hatten. Die Kinder konnten mit dem Aufbau einer gemeinsamen Nebenrealität eine Nähe zur Mutter herstellen, welche für die jungen Kinder beglückend, für die pubertierenden Jugendlichen letztlich unerträglich wurde. Den Kleinkindern bot die Nebenrealität die Gelegenheit zum Rückzug aus einer unerträglichen Beziehungssituation.

Schlußfolgerungen

Die Thematik des sexuellen Mißbrauchs, kaum aus der Verleugnung in der Gesellschaft befreit, ist nicht nur ins Blickfeld der Öffentlichkeit gerückt, sondern sie scheint auch gegenwärtig vermehrt zum Inhalt der Befürchtungen und Projektionen von Konfliktpartnern zu werden. Möglicherweise trägt ihre Eigenart des Unfaßbaren und Geheimmnisvollen dazu bei. Vor allem dort, wo das Kind von subtilen Übergriffen berichtet, werden bereitliegende Phantasien aktiviert.

Die Frage, ob Aussagen über einen sexuellen Mißbrauch ein reales Trauma oder Phantasien betreffen, begleitet diese Thematik, seitdem sich FREUD damit beschäftigte. HIRSCH (1987, S. 45) äußert über diese bis heute fortdauernde Debatte in der Psychoanalyse, er stimme "denjenigen Entwicklungen der Psychoanalyse am meisten zu, die sich um die Integration von triebbedingter Phantasietätigkeit, realer äußerer traumatischer Erfahrung sowie der entsprechenden Abwehrerscheinungen bemühen". In der Praxis wird diese Einstellung, so scheint es, dort ausgeblendet, wo im Einzelfall nur zur Debatte steht, ob das Kind eine wahre oder falsche Aussage gemacht hat. Die Aussagen enthalten eben häufig sowohl Realität als auch Nebenrealitäten. Die Grenze dazwischen ist schwer aufzufinden, zumal wenn induzierende Einflüsse offensichtlich sind.

Nach unseren Erfahrungen können sich Kinder in Bezug zu neutralen Erwachsenen oft früher als die induzierende Bezugsperson von der "Nebenrealität" distanzieren, d. h. sie können mit Unterstützung des normalen Realitätsbezugs die Beschuldigungen reduzieren oder ganz widerrufen.

Realität und Nebenrealitäten voneinander zu scheiden ist insofern wichtig, als in Familienrechtsverfahren in der Regel gefordert wird, den Umgang des Beschuldigten mit dem Kind ganz zu unterbinden, weil der Schutz vor weiteren Übergriffen nicht gewährleistet sei. Die irrealen Anteile einer im Kern zutreffenden Anschuldigung bewirken nun beim Beschuldigten, daß er seine Verleugnung verstärkt. Kann er doch auf offensichtliche Widersprüche in den Aussagen oder auf den Einfluß der nahen Bezugsperson verweisen.

Diese aber, in der Regel die Mutter, wird durch die Dramatisierung des Geschehens ihren bewußten oder unbewußten Wunsch bestätigt sehen, das Kind dem Vater fernhalten zu müssen. Der Machtkampf wird so auf einer anderen Ebene in Gang gehalten. LEMPP (1990, S. 245) warnt im Hinblick darauf, "man sehe sich vor, daß ein sehr berechtigter und notwendiger Kampf gegen den sexuellen Mißbrauch der Kinder nicht zum falschen Zweck mißbraucht wird."

Subtile sexuelle Übergriffe als Folge einer Entgleisung in der außergewöhnlichen Scheidungssituation müssen zwar beachtet und vermieden werden. So sollten hier die Besuche beim Beschuldigten nur in Anwesenheit Dritter erfolgen. Nicht jede Form des Mißbrauches muß jedoch unweigerlich dazu führen, das Kind ganz vom Beschuldigten zu trennen. Diese Trennung kann vorübergehend zum Wohl des Kindes erforderlich sein, wenn der Vorwurf die Beziehungen der Konfliktpartner massiv verschlechtert hat.

Literatur

Berger, M.: Zur Glaubwürdigkeitsuntersuchung von Kindern und Jugendlichen in Sittlichkeitsprozessen. Monatsschrift Kriminologie 62, 1979, 149–156.

Bois, R. du, Röcker, D.: Real sexual trauma and confabulation – The problem of credibility within incestuous family structures. Vortrag auf dem Internationalen Kongreß Child Abuse and Neglect, Hamburg 1990.

Dornes, M.: Der kompetente Säugling. Die präverbale Entwicklung des Menschen. Frankfurt 1993.

Faller, K.C.: Possible explanations for child sexual abuse allegations in divorce. Am. J. Orthopsychiat. 61 (1), 1991, 86–91.

Günter, M. et al.: Der Vorwurf des sexuellen Mißbrauchs im Sorgerechtsstreit. Vortrag auf dem Wissenschaftl. Kongreß der Deutschen Gesellschaft für Kinder- und Jugendpsychiatrie in Köln 1993.

Hirsch, M. (1987): Realer Inzest. Psychodynamik des sexuellen Mißbrauchs in der Familie. Berlin Heidelberg New York (Springer) 1987.

Jones, D.P.H., McGraw, J.N. (1987): Reliable and fictious accounts of sexually abused children. Issue 1. Interpersonal Violence 2, 1987.

Klitzing, K. von: Glaubwürdigkeitsbegutachtung bei sexuellem Mißbrauch. Acta Paedopsychiatrica 53, 1990, 183-191.

Lempp, R.: Seelische Schäden von Kindern als Opfer von gewaltlosen Sittlichkeitsdelikten. Neue Juristische Wochenschrift 21, 49, 1968, 2265-2269.

Lempp, R.: Psychosen im Kindes- und Jugendalter - eine Realitätsbezugsstörung. Bern Stuttgart Toronto (Huber) 1973.

Lempp, R.: Bemerkungen zu Aggressivität und Sexualität am Beispiel des sexuellen Mißbrauchs von Kindern. Z. Sexualforschung 3, 1990, 242-245.

Salzgeber, J., Scholz, S. et al.: Die psychologische Begutachtung sexuellen Mißbrauchs in Familienrechtsverfahren. Fam.RZ, 11, 1992, 1249-1256.

Schulte, W., Tölle, R.: Psychiatrie, Berlin Heidelberg New York (Springer) 1979.

Summit, R.: The Child sexual abuse accomodation syndrome. Child Abuse and Neglect 7, 1983, 177-193.

Villinger, W.: Begutachtung der Glaubwürdigkeit kindlicher und jugendlicher Zeugen. In: Jahrbuch für Jugendpsychiatrie und ihre Grenzgebiete 3, 1962, 55 - 61.

Wegener, H.: Sexueller Mißbrauch: Zwischen Therapie und Strafverfolgung. Psychomed 4, 1992, 32-35.

Yates, A., Musty, T.: Preschool Children's erroneous allegations of sexual molestation. Am J Psychiatry 145, 1988, 989-992.

Zeitlin, H.: Die Untersuchung des sexuell mißbrauchten Kindes. Lancet 2, Deutsche Ausgabe, 1988, 57-62.

Über das Zursprachebringen - Gedanken zur Kommunikation im Untersuchungsablauf bei Glaubwürdigkeitsgutachten

Renate Boos

Einleitung

In einer Gerichtsverhandlung, bei der ich kürzlich als Sachverständige war, mußte für den Angeklagten die ganze Zeit über eine Dolmetscherin für die serbokroatische Sprache und für die Geschädigte ein Dolmetscher für die polnische Sprache anwesend sein. Jede Frage und jede Antwort mußte also den Betreffenden übersetzt werden. Hier wurde der Prozeß, wie etwas zur Sprache gebracht werden muß, in potenzierter Form vorgeführt und wurde für alle Beteiligten spürbar in der Anstrengung des Zuhörens, Reagierens und Bewertens. Nicht umsonst wird immer wieder das Wort "Geburt" gebraucht, wenn es darum geht, einen schwierigen Sachverhalt in Worte zu fassen. Wieviel mehr "Wehen" also dann im Zusammenhang mit Vorgängen, die aus ihrer zunächst äußerst persönlichen Intimität heraus in eine vergleichsweise Öffentlichkeit - wie sie ein Gerichtssaal darstellt - gebracht werden. Auch gehen in der oben beschriebenen Situation in die Kommunikation sehr viele Möglichkeiten des Mißverständnisses, des schlichtweg nicht Verstehens und auch des Unübersetzbaren mit ein, so daß jede Unmittelbarkeit verlorenginge, wäre da nicht noch die Gebärdensprache.

Dieser Gerichtserfahrung geradezu entgegengesetzt kommt mir die oft erlebte Unmittelbarkeit des Verstehens und des Zugangs zur Erlebensweise von Kindern in Untersuchungssituationen in Erinnerung, über die ich mit Prof. LEMPP oft im Anschluß an die psychologische Untersuchung eines Kindes gesprochen habe. Und wir waren gleichermaßen fasziniert von der sprachlichen Formulierung eines Kindes, mit dem eigentlich *alles* ausgedrückt war und eben *unmittelbar* verstanden wurde. In diesem Zusammenhang geschah es nicht selten, daß Herr LEMPP ein Phänomen ansprach, dem er in seiner eigenen großen Familie immer wieder begegnete: daß nämlich eine vertraute Gruppe, wie es beispielsweise eine Familie ist, ihre eigenen "codes" hat, die - oft nur mit einem Wort angedeutet - sofort von allen Beteiligten verstanden werden. Und ein Fremder oder Neuankömmling steht angesichts des "stillen Einverständnisses", das in dieser Gruppe herrscht, ziemlich hilflos da, kann nicht verstehen, fühlt sich als Eindringling.

Beide Phänomene lassen sich - meiner Erfahrung nach - in der Kommunikationsstruktur, die einer Glaubwürdigkeitsbeurteilung vorangeht, finden: Einmal die verblüffende kindliche Mitteilung, mit der ein Kind das wesentliche auf den Punkt bringt und dem Zuhörer, dem Empfänger zu einem "Aha"- Erlebnis besonderer Art verhilft, nämlich, das kindliche Erleben in der je einmaligen Situation mit ihm zu teilen. Und zum anderen als Teilnehmer im Gespräch die Schwelle des Privaten, Intimen wahrzunehmen, die man nur mit Unbehagen betritt und die man doch überschreiten muß.

Diese Thematik soll im folgenden eingehender behandelt werden, wobei ich mich auf den Aspekt der Sprache konzentriere, ohne die Frage der Glaubwürdigkeit einer Aussage damit zu verbinden. (Wiewohl der essentielle Gehalt einer solchen kindlichen Aussage ein besonderes Glaubwürdigkeitskriterium darstellt und sich sehr gut abhebt von den stereotypen, aus der Erwachsenensprache übernommenen Redewendungen, mit denen gerade in jenen Fällen der Nachweis erbracht werden kann, wo die Aussagen nicht auf eigenem Erlebnishintergrund beruhen).

Dem - oben beschriebenen - Phänomen, die Äußerung eines Kindes ganz "unmittelbar zu verstehen", begegnen wir auch in der Kinderzeichnung, wenngleich gerade sie der Erläuterung durch das Gespräch bedarf. Sie ist ein wichtiges Hilfsmittel bei unserer Untersuchung. Natürlich ist sie auch eine Form der Sprache, eine Kommunikation ganz eigener Art, von der wir als Untersucher angemutet werden. Sie ist, um mit Paul KLEE zu sprechen:

> "eine biologische Notwendigkeit. Das Kind zeichnet, wie es läuft, wie es spricht. Es muß das Gesehene, das Erlebte, das Gewünschte, das Geträumte, das Feindliche und das Freundliche aussprechen, umsetzen, bannen, festhalten. Seine Zeichen sind unvollkommen, erst auf dem Weg, einfach wie sein Geist. Das Kind deformiert nicht ... Natürlich strömt anderes hinzu, aus Urtiefen ... Das Kind erzählt; es schreibt seine Erzählung nieder."

Diese Äußerungsform ist episch, das Gespräch hingegen ist dramatisch, zwei Leute sind in Rede und Gegenrede beteiligt. Deshalb also will ich im Folgenden mein Augenmerk auf die verbale Kommunikation legen:

1. Kurzer Exkurs in die Kommunikationstheorie 2. Entwicklungspsychologische Aspekte der Sprache 3. Die Begutachtungssituation - ein interaktioneller Prozeß, in dem folgende wichtige Dimensionen, jeweils für beide - Untersucher und Kind - eine Rolle spielen: a) Scham und Zweifel b) Sprache und Affekt c) Schweigen versus Reden 4. Schlußbemerkung

1. Kurzer Exkurs in die Kommunikationstheorie

Die Sprachwissenschaft und Sprachphilosophie beschäftigt sich mit der Semiotik (Zeichenlehre) seit ARISTOTELES und PLATON bis in die Gegenwart. So besteht schon bei PLATON die Vorstellung einer "dreistelligen" Beziehung hinsichtlich des Sprachzeichens, was in der modernen Linguistik (BENSE) als "triadische Beziehung" beibehalten wird in dem Sinne, daß "jedes beliebige Zeichen irgendein Etwas sein muß, es muß sich auf ein Objekt, das es bezeichnet, beziehen und diese Bezeichnung muß von einem Interpreten oder einem interpretierenden Bewußtsein verstanden werden." Entsprechend ist das Kommunikationsschema selbst ein triadisches Schema. Das heißt, die Mitteilungskomponente des Zeichens hängt in erster Linie davon ab, daß eine Beziehung zwischen einem Sender (Sprecher) und einem Empfänger (Hörer) mittels Zeichen hergestellt wird. Zweitens hängt die Kommunikation vom Kommunikationskanal ab, der einseitig (beispielsweise Vortrag) oder zweiseitig (Gespräch) sein kann. Es kommt also bei der Kommunikation darauf an, welche Mittel man hinsichtlich welcher Inhalte wählt, um die Kommunikation mit einem bestimmten Adressaten herzustellen. Der Adressat bestimmt daher sowohl die Wahl der Mittel als auch das darzustellende Objekt; denn er ist sozusagen das Ziel, das erreicht werden soll. Der Sender oder Sprecher muß sich auf den Empfänger oder Hörer einstellen, um eine Kommunikation herstellen zu können. Die Verständigung kann nur erreicht werden, wenn wenigstens ein Teil der verwendeten Zeichen sowohl im Repertoire des Senders als auch in dem des Empfängers vorhanden sind, d.h. wenn die Repertoires von Sender und Empfänger eine Vereinigung oder aber einen Durchschnitt bilden.

Kommunikation bzw. Verständigung umgreift aber schließlich auch alles, was den Interpretantenbezug des Zeichens ausmacht. Denn Verstehen heißt, die Bedeutung von Zeichen erfassen. Wenn Sender und Empfänger als Interpreten von Zeichen aufzufassen sind, so muß die Verständigung auch davon abhängen, daß der Sender die Zeichen, die er gibt, ebenso versteht wie der Empfänger, der die Zeichen erhält. Mit anderen Worten: Verstehen ist nicht nur an die Aktivität des Empfängers, sondern bereits an die Aktivität des Senders gebunden. Erst in der Mitteilungskomponente des Zeichens wird das Zeichen - wie Umberto Eco bemerkte - zu einer "kulturellen Einheit".

Bezüglich des hier - sehr vereinfacht - dargestellten Kommunikationsschemas soll nur angemerkt werden, daß die Sprachwissenschaftler dazu hoch differenzierte Modelle, Erklärungsformen usw. bereithalten. Auch auf die kybernetischen Modelle, die neurolinguistische Forschung, die Diskussion der Geschlechtsgebundenheit sprachlicher Äußerungen, die in jüngster Zeit bis in populärwissenschaftliches Schrifttum Eingang gefunden hat, soll nur hingewiesen werden.

Für unsere Thematik kann jedenfalls festgehalten werden: Mitteilungen, welche im Zusammenhang mit Mißbrauch bzw. sexuellem Mißbrauch gemacht werden, sind von vornherein doppel- und vieldeutig, was die oben erwähnte Bildung eines "Durchschnitts" im Repertoire von Sender und Empfänger erschwert.

2. Entwicklungspsychologische Aspekte der Kommunikation

Ich beziehe mich im folgenden insbesondere auf Kinder des Vorschulalters bis in die Latenzzeit. Jugendliche in der Vorpubertät und Pubertät sind nicht deshalb ausgeklammert, weil sie etwa keine eindrucksvollen Sprachäußerungen böten, sondern vielmehr deshalb, weil sie - um beim Terminus technicus zu bleiben - als "Sender" *vom Alter her* näher beim "Empfänger" sind und auch, entwicklungspsychologisch gesehen, Jugendliche eine andere Sprach- und Reflexionsfähigkeit haben. Darüberhinaus diskutiere ich die entwicklungspsychologischen Aspekte ausschließlich im Zusammenhang mit der Kommunikation in der Situation der Begutachtung.

Da wir davon ausgehen wollen, daß der/die Sachverständige über profunde entwicklungspsychologische Kenntnisse verfügt, fällt ihm/ihr der einfachere Part im Kommunikationsgeschehen zu. Denn es versteht sich von selbst, daß man auf das Kind seinem Alter entsprechend zugeht, sprachliche Formulierungen findet und ein angemessenes emotionales Klima schafft. Weil es in der Glaubwürdigkeitsbegutachtung um Prozesse geht, die mit der Fähigkeit zu tun haben, Tatsachen zuverlässig wahrzunehmen, sie zu erinnern und sie korrekt wiederzugeben, müssen wir uns bewußt sein, daß diese Fähigkeiten Entwicklungsprozessen unterliegen, die mit entsprechenden Untersuchungen orientierend recht gut erfaßt werden können.

FEGERT weist darauf hin, daß Studien, die sich vorwiegend am "output", also der kindlichen Aussage, orientieren, ausführlich auf die Sprachentwicklung, die hierfür essentiell notwendig ist, eingehen, nicht aber auf andere Entwicklungsbereiche, wie z.B. das Rezeptivsprachverständnis der untersuchten Kinder. Deshalb ist es wichtig, die intellektuelle und Wahrnehmungsausstattung des Kindes zu erfassen. Auf vorsprachliche Mittel (Zeichnen, Spiel, Puppen) kann ohnehin zur Ergänzung der sprachlichen Äußerungen nicht verzichtet werden. Im Falle von nicht altersgemäß entwickelter Wahrnehmungsfunktionen sind sie dann vollends sehr hilfreich.

So bin ich z.B. im Falle der 7-jährigen Tina zum gemeinsamen Malen übergegangen, nachdem ihr Verhalten zunächst mutistisch anmutete, ihre altersentsprechende intellektuelle Leistungsfähigkeit aber mittels des Kramer-Intelligenz-Entwicklungstests (im Flüsterton und ohne Blickkontakt) abgeklärt werden konnte. Es war eine "Badezimmer-Situation" abzufragen, und es sollten Aussagen über detaillierte Vorgänge gewonnen werden. Nachdem ich Badewanne, Personen usw. gemalt hatte, kam Tina mehr und mehr dazu, mittels Buntstiften, zunächst stummen Hinweisen und später auch im Flüsterton vorgetragenen Worten die Situation genauestens darzustellen, mich zu korrigieren usw. Auch Handlungsabfolgen und welche Personen beteiligt waren wurden von Tina so kommentiert. Entwicklungspsychologisch gesehen kam hier deutlich die mit dem Schulalter beginnende Phase des "naiven Realismus", der Betonung von Regeln usw. zum Tragen.

3. Die Begutachtungssituation - ein interaktioneller Prozeß

Wenn bisher von *Kommunikation* gesprochen wurde, und nun der Begriff *Interaktion* eingeführt wird, so deshalb, weil durch die Einstellung und durch die individuelle Vorgeschichte der Beteiligten über die Kommunikation hinaus Aktion und Reaktion entstehen und entsprechend Wirkungen zeitigen.

a) Scham und Zweifel

Die Dimension von Scham und Zweifel als Erlebniskategorie kennen beide Gesprächspartner, Erwachsener wie Kind. Was nun das Thema der Sexualität anbelangt, so war diese - wenn ich von meiner Generation ausgehe - sicherlich noch wesentlich tabuisierter. Heutige Kinder sind aufgeklärter, reden viel selbstverständlicher über Sexualfunktionen, benennen die Geschlechtsteile usw. Dennoch, so ist meine persönliche Erfahrung auch mit eigenen Kindern, besteht ein Nebeneinander von sachlicher Aufgeklärtheit und gleichzeitig bestehenden Gefühlen von Scham und Zweifel, wenn die persönliche und eigene Erfahrungswelt angesprochen wird. So ist das Reden über sexuelle Themen - noch jenseits aller Gutachtenfragestellung - zwischen zwei zunächst fremden Personen, wie sie Sachverständige und Kind darstellen, in jedem Falle ungewöhnlich. Häufig erfolgt beispielsweise die Benennung von Geschlechtsteilen in einer familiär gebundenen Sprache, oft im Dialekt. Den Dialekt zu kennen, ist sicher von Vorteil und erleichtert den Zugang zu bestimmten Fragen. Erfahrungsgemäß fällt es Kindern leichter, über diese Dinge zu sprechen, wenn sie sich mit der ihnen vertrauten Benennung äußern können.

Eigene Wortschöpfungen oder Bezeichnungen sind dabei äußerst wichtig. So nannte z.B. die 8-jährige Manuela den Penis des Stiefvaters in einer bestimmten Situation "viereckig", konnte auf Nachfrage auch keine Bezeichnung dafür finden, wenn er anders war. "Na eben nicht viereckig", war dann die Antwort. Auch hier wurde das Kind gebeten, zur Verdeutlichung die verschiedenen Zustände zu zeichnen, und es ging dann klar daraus hervor, daß es mit "viereckig" eine Erektion meinte.

Der Begriff "Scham und Zweifel" wird von ERIKSON in Zusammenhang mit den Ausscheidungsfunktionen des Menschen gestellt. Seine zweite Phase bezeichnet er "Autonomie gegen Scham und Zweifel":

"Zweifel ist der Bruder der Scham. Während die Scham mit dem Bewußtsein der aufrechten und daher exponierten Haltung entsteht, hat der Zweifel mit der Erkenntnis zu tun, daß man eine Vorder- und eine Rückseite hat - und einen "Hintern"... Der "Hintern" ist der dunkle Kontinent des Individuums, eine Körperzone, die von anderen magisch beherrscht und erfolgreich zum Gehorsam gezwungen werden kann, von diesen anderen, die die Autonomie des Kindes angreifen und die Eingeweideprodukte, die doch während des Akts der Verdauung gut und in Ordnung waren, plötzlich als etwas Schlechtes bezeichnen.

Dieses Urgefühl des Zweifels an dem, was man hinter sich gelassen hat, bildet eine Unterströmung für spätere verbal ausdrückbare Formen zwanghaften Zweifelns ... Diese Phase wird daher entscheiden über das Verhältnis von Liebe und Haß, Zusammenarbeit und Eigensinn, Freiheit der Selbstentfaltung und ihrer Unterdrückung. Aus dem Gefühl der Herrschaft über sich selbst ohne Verlust der Selbstachtung stammt ein dauerhaftes Gefühl guten Willens und des Stolzes; aus dem Gefühl verlorener Selbstkontrolle und fremder Oberherrschaft erwächst ein dauernder Hang zu Zweifel und Scham."

ERIKSON verweist in seinem Buch "Kindheit und Gesellschaft" auf mögliche Fixierungen und pathologische Persönlichkeitsentwicklungen im Erwachsenenalter. Für unsere Thematik gilt festzuhalten, daß es eben jene Autonomie ist, die im Falle von

Mißbrauchsgeschehen nicht zur Entfaltung gelangt bzw. in extremem Maße verletzt wird. Und Sprache, Sich-Äußern, Sich-Mitteilen als eine wichtige Ich-Funktion legt - in ihrer Eigenart und auch in ihrem Fehlen - ein beredtes Zeugnis ab. Die Nähe zur Ausscheidungsfunktion scheint mir gerade auch in den Altersstufen, über die wir sprechen, sehr häufig in der Wahrnehmung der Kinder vorhanden zu sein. Bemerkenswerterweise kommt von den Kindern immer wieder die Äußerung, daß sie sich weggedreht haben, nicht hingeschaut haben. Auch die Unterscheidung zwischen Anus und Vagina vermögen die Kinder oft nicht zu treffen. Die Vorstellung vom "Hintern", der Kehrseite, die vom Kinde nicht gesehen werden kann und doch dem Willen anderer unterliegt, trifft hier zu.

b) Sprache und Affekt

Bei *beiden* Gesprächspartnern ist das Thema affektiv hoch besetzt. Diese Affekte schlagen sich in der Kommunikation nieder. In der anglo-amerikanischen Literatur zum Thema sexueller Mißbrauch werden die Extreme in der Haltung und Einstellung von Gutachtern, Therapeuten usw. besonders deutlich: Sie reichen von absolutem "Glauben an die Unschuld des Kindes" bis zur minutiösen Aufschlüsselung und Entdeckung von "Lügen". (Siehe hierzu auch FEGERT, der sich über die Fähigkeit zu lügen und ihre entwicklungspsychologischen Bezüge geäußert hat). Beide Extreme in der Haltung des Gutachters gegenüber dem Kind - sowohl Eifer und Eindringlichkeit wie auch umgekehrt Übervorsicht - sind unbedingt zu vermeiden. Ich führe das an, um meine Überzeugung zu unterstreichen, daß Lebenserfahrung und auch längere Erfahrung im Umgang mit Glaubwürdigkeitsfällen Voraussetzung dafür ist, daß man in der Kommunikation mit dem Kind zu einer sachlichen und sachgerechten Sprache kommt. Glücklicherweise findet sich im übrigen zunehmend gut geschultes und ausgebildetes Personal auch bei der Kriminalpolizei, deren Befragungs-Protokolle uns häufig zu Beginn einer Untersuchung zur Verfügung stehen.

Ich sehe im Umgang mit den Kindern immer wieder die Schwierigkeit, den Konflikt ansprechen zu müssen und ihn damit wieder zu beleben. In einer gründlichen, sachlichen Vorbereitung, insbesondere dem genauen Studium der Akten und darauf folgend auch die Offenlegung der Tatsache, daß man als Sachverständiger von Sachverhalten weiß, kann eine relative Balance zwischen Distanziertheit und emotionaler Nähe in der Kommunikation mit dem Kind geschaffen werden. Wichtig ist es dabei, die begleitenden Affekte des Kindes wahrzunehmen bzw. die Abwehrmechanismen zu erkennen. Letztere zeigen sich gerade auch im sprachlichen Ausdruck. Bemerkenswert dazu die "Robotersprache", die mir schon mehrfach in der Begutachtungssituation begegnet ist. Besonders eindrücklich das Beispiel eines Jungen, bei dem das Gutachten zum Umgangsrecht mit dem Vater und zum fraglichen Mißbrauch Stellung nehmen sollte: In dem Moment, in dem der Konflikt angesprochen war, nämlich daß der Junge durchaus positive Gefühle für den Vater hegte, auch Kontakt mit ihm suchte und gleichzeitig negative Erfahrungen mit ihm gemacht hatte, schaltete der Junge (6 Jahre) schlagartig um in eine Robotersprache. Er sprach von da an in abgehackten, einzelne Silben monoton aneinanderreihenden Sätzen, sagte beispielsweise: "Mei-ne Ma-schi-ne kann nicht zu ihm ge-hen, kei-ne Zeit, kei-ne Zeit ...". Die Robotersprache hatte in dem Moment offensichtlich eine Entlastungsfunktion für den Jungen, eine "Maschine" sprach für ihn, er konnte Emotionen auf dieses objekthafte Terrain verschieben und schützte sich selbst vor zu heftigen Affekten. Ich ging gesprächsweise auf die Maschinenwelt ein und formulierte Fragen entsprechend: welche "Eingaben" man dem Roboter machen müsse etc. Daraufhin brachte der Junge noch wesentliche Details, welche die Beziehung zum Vater charakterisierten und Situationen in der mütterlichen Familie sichtbar machten, die ihn blockierten.

Kommunikationstheoretisch gesprochen konnten wir so aus einem gemeinsamen Repertoire schöpfen oder anders gesagt: eine gemeinsame Realität herstellen. Denn diese "Robotersprache" erinnert auch an die "Privatsprache", welche psychotische Kinder und Jugendliche bieten. Damit weist sie Charakteristika des "fluktuierenden Zustandsbildes des Wechsels zwischen der gemeinsamen Realität und der Nebenrealität" (nach LEMPP) auf.

c) Schweigen versus Reden

In nahezu allen Fällen, die mir in der Glaubwürdigkeitsbegutachtung bisher begegnet sind, beherrschte das Verbot, darüber zu reden, die "Szenerie". In den Berichten der Kinder wird immer wieder erschreckend deutlich, wie lange sie schweigen, wie sie den Müttern gegenüber schweigen, wie sie Angst vor dem Reden haben, Angst vor dem Verrat, den sie an der mißbrauchenden Person verüben würden. Ebenso häufig ist bemerkenswerterweise in der Geschichte der Aussage der Fall, daß die Erstaussage des Kindes gegenüber Dritten sich in einer Situation ereignet, in der das Kind sich seiner eigentlichen Lebensphase, seiner "Autonomie" bewußt wird. So beispielsweise, wenn das Kind weg ist von zu Hause, im Kreis von Gleichaltrigen, sich mit einer Freundin unterhält, oder sich einer Erzieherperson (Kindergärtnerin, Lehrerin) eröffnet. Das - unter Umständen kurzfristige - "Heraustreten" aus der ständigen Abhängigkeit motiviert offensichtlich das Kind zum Reden. Wenn die kommunikative Situation in der Begutachtungssituation dann diese Motivation weiter fördern kann, dann würde das *Zursprachebringen* vielleicht noch nicht einen therapeutischen, aber immerhin einen kathartischen Prozeß in Gang bringen.

Beispielhaft dafür noch einmal das Mädchen Tina, das *vor* der Exploration zum Thema in einer längeren "Aufwärm"- Phase Spiel- und Gesprächsangebote bekam, jedoch überhaupt nicht sprach. Dann aber, *nach* dem erwähnten gemeinsamen Malen zum Sachverhalt, spielte sie auf eindrucksvolle Weise mit Kasperlepuppen, ersann Rollen, hüpfte hin und her. Dies erfolgte mit einer völlig geordneten, phantasiereichen, laut und artikuliert vorgetragenen Sprache. Dabei war das Kind sehr fröhlich und - wie ich meine - "erleichtert".

In einer Buchempfehlung der Stuttgarter Zeitung habe ich von einem Buch gelesen, in dem eine Lehrerin ihren Grundschulkindern verschiedenste Begriffe vorgab, zu denen sie eine Äußerung, eine Definition finden sollten. So hat z.B. ein Kind zu dem Begriff *Liebe* gesagt: "Sich lieben ist, wenn man nicht mehr sprechen braucht." - Ich nehme diese überzeugende sprachliche Metapher zum willkommenen Anlaß, bezüglich unserer Thematik zu formulieren: "Mißbraucht werden ist, wenn man nicht mehr sprechen *darf*". Die Passiv-Form des "mißbraucht werden" und das Verb mit dem Reflexivpronomen "sich lieben", sind sich entgegengesetzt. Da in den Mißbrauchsfällen das Schweigen - wie wir wissen, oft bis ins Erwachsenenalter - die Regel ist, befinden wir uns als Untersucher in Glaubwürdigkeitsgutachten genau an dem Drehpunkt, an dem etwas Intimes nach und nach veröffentlicht wird, kurz: zur Sprache kommt.

4. Schlußbemerkung

Während der gedanklichen Auseinandersetzung mit diesem Beitrag war für mich immer die Nähe zum Thema "Macht und Machtmißbrauch" des Geburtstagssymposions für Prof. LEMPP und die Nähe zu seiner Beschäftigung mit den Spätfolgen Verfolgter aus der Nazizeit präsent. Ich meine, es ist berechtigt, den Bogen zu schlagen von den Kindern, denen Schweigen als erstes Gebot - meist von einem nahestehenden Menschen - auferlegt ist und deren Scham- und Schuldgefühle ihnen im weiteren Verlauf ihrer Geschichte das Sprechen so schwer machen, zu den Aussagen von Überlebenden des Holocaust.

Immer wieder wird genau dieses Problem der Scham geschildert. Primo LEVI erinnerte sich beispielsweise, daß er angesichts der Mißhandlungen an Lagergefährten durch SS-Folterer Scham empfunden habe und "genau das ist es, was die Nazi-Schergen nicht empfunden hatten: Scham! - und so ertrugen wir schweigend oder standen schweigend daneben." Primo LEVI gelang es, als Schriftsteller immer wieder auf eindrücklichste Weise eine Sprache zu finden, wobei er selbst einmal sagte: "wenn ich von Auschwitz berichte, wähle ich die nüchterne Sprache des Zeugen." Er betont die Notwendigkeit, sich zu erinnern, um - wie er sagt - "eine Zukunft zu haben", und sein Vehikel für die Erinnerung war die Sprache.

Literatur

Erikson, E.H.: Kindheit und Gesellschaft. Stuttgart (Klett), 4. Aufl. 1971 .

Fegert, J.M.: Sexuell mißbrauchte Kinder und das Recht. Band 2, Köln (Volksblatt Verlag) 1993.

Klee, P.: Ein Kind träumt sich. Tilman Osterwold. Württembergischer Kunstverein Stuttgart. Stuttgart (Verlag Gerd Hatje) 1979/80.

Lempp, R.: Die Therapie der Psychosen im Kindes- und Jugendalter Bern Stuttgart Toronto (Verlag Hans Huber) 1990 .

Lempp, R.: Seelische Verfolgungsschäden bei Kindern in der Ersten und Zweiten Generation, in: Spuren der Verfolgung. Stuttgart-Gerlingen (Bleicher Verlag) 1992.

Levi, P.: Das periodische System. München (dtv) 1991.

Levi,P.: Schreiben gegen das Vergessen. Interviews der RAI 1974 und 1983. Sendung des TV "ARTE" am 16.07.1993.

Ross, E.D.: Nonverbal Aspects of Language, in: Neurologic Clinics, Vol. 11, No. 1, Philadelphia Toronto Montreal (W.B. Saunders) 1993.

Walter, E.: Einführung in die Semiotik. Stuttgart (Universitätsverlag) 1968.

Psychopathologische Belastungsreaktionen nach nationalsozialistischer Verfolgung in der Kindheit

C. Eggers und D. Bunk

Einleitung

Es ist ein Verdienst des Jubilars, sich praktisch-klinisch und wissenschaftlich als Erster in Deutschland mit den Auswirkungen von im Kindesalter erlittenen Verfolgungstraumen auseinandergesetzt zu haben (LEMPP 1979). Zur gleichen Zeit hatte KEILSON die Ergebnisse seiner Untersuchungen an "Untertauchkindern" publiziert, die während der deutschen Besetzung in Holland versteckt leben mußten und die nach dem Krieg infolge kriegsbedingter Trennung von den Eltern fremdplaziert worden waren (KEILSON 1979). Es ist erstaunlich und bedenkenswert, daß diese Thematik erst mehr als 30 Jahre nach Ende des II. Weltkriegs eingehender bearbeitet worden ist. Otto PANKOK, dessen 100. Geburtstag soeben gefeiert wurde, war es, der sich - für uns Ärzte beschämend - bereits unmittelbar nach dem Krieg für die Wiedergutmachung der Leiden eingesetzt hat, die den im Dritten Reich verfolgten Sinti zugefügt worden waren. PANKOK wandte sich an die, "die verbannt und erniedrigt wurden und nun heimkehren, an die, die gefangen wurden und nun aus dunklem Kerker zurückkommen und wieder die Mittagssonne fühlen auf ihrer Haut und den Regen schmecken, die nun wieder den Wind um ihren Leib wehen fühlen, an sie, die aus den Trümmern und von den Leichenfeldern Europas sich erheben und wieder aufblicken in den sternbesäten Himmel. Ich wende mich an die wenigen, die noch leben und nie vergaßen, was Freiheit ist, denen kein Knebel im Munde steckt und die dem Leben ins Gesicht sehen und alles wegwerfen für die Stunde der Freiheit" (PANKOK 1958).

Heute, aus der sicheren Distanz, ist es relativ leicht, sich mit dem Verfolgungsschicksal von Juden und Zigeunern zu befassen. Wieviel Mut, Gewissens- und Charakterstärke es aber erfordert hat, in der Zeit höchster Bedrohung Anwalt der Verfolgten und Verfemten zu sein, kann heute kaum noch ermessen werden. Trotz der Sicherheit und der langen zeitlichen Distanz von mehr als einem halben Jahrhundert scheuen auch heute noch viele das Thema der Verfolgung. Man möchte nicht mehr damit konfrontiert werden, man möchte seine Ruhe haben, es soll doch endlich Schluß sein.

Scheu, Schweigen und Beschämung spiegeln eine *dialektische Not* wider: Angesicht der Unermeßlichkeit und Unbeschreiblichkeit des zugefügten Grauens wären eigentlich aus dem Gemüt kommendes Schweigen und Stille angebracht und angemessen. Trotzdem aber sind Ver-Gegenwärtigung, Er-Innerung und Ver-Arbeitung notwendig, zum einen, weil nur wirklich eine ek-sistenzielle, also sich-aussetzende Auseinandersetzung, ein Sich-Stellen in der ganzen Totalität der menschlichen Person eine Hoffnung darauf bieten kann, daß Ähnliches oder gar Gleiches in Zukunft nicht wieder geschehen wird.

Verfolgungsbedingte psychopathologische Symptome

Sowohl Erwachsene als auch Kinder, die ein Verfolgungstrauma erlitten haben, zeigen in der Regel mehr oder minder schwere psychosomatische und neurotische Beschwerdebilder, die heute unter dem Begriff der Posttraumatic Stress Disorder (PTSD) entsprechend dem DSM-III-R, 309.89, rubriziert werden können. Untersuchungen über Langzeitwirkungen sind relativ selten; soweit solche publiziert worden sind, herrschen Schlafstörungen, mit Alpträumen, Neigung zu ängstlich-depressiven Versagenszuständen und akute Streß- und Belastungsreaktionen mit erheblichen vegetativen Begleiterscheinungen bei Erinnerung und Vergegenwärtigung des Erlebten vor (KUCH u. COX 1992, ROSEN et al. 1991). Diese Symptome bestehen auch mehr als 45 Jahre nach der Befreiung fort. Bei den von uns untersuchten 22 Probanden im Alter zwischen 46 und 62 Jahren, die in ihrer Kindheit einem Verfolgungstrauma ausgesetzt waren, standen depressive Syndrome mit Unsicherheit, Angst, affektiver Labilität, Nervosität, Kontakt- und Beziehungsstörungen, Schlafstörungen mit Alpträumen, vegetative Störungen mit Schwitzen, Temperaturempfindlichkeit und Atembeschwerden sowie Verdauungsstörungen im Vordergrund (BUNK u. EGGERS 1993).

Bei Kindern, die mit oder getrennt von ihren Eltern verfolgt worden waren, ist der *Zeitpunkt* wichtig, in dem das Verfolgungstrauma stattfand: Je jünger die Kinder waren, desto schlechter ist ihre spätere soziale Eingliederung (BUNK u. EGGERS 1993, KEILSON 1979, LEMPP 1979). Bei früher Exposition ist das Risiko für spätere Sozialisationsstörungen sehr hoch. Wenn Eltern und Kind nicht getrennt werden, sondern die Verfolgung zusammen überstehen, ist die Prognose günstiger als bei zusätzlichem Trennungstrauma.

Es ist aber zu berücksichtigen, daß Eltern, die unter extremen Haftbedingungen leben mußten und die einer extremen Existenzangst, erniedrigenden Demütigungen und quälenden körperlichen Leiden ausgesetzt waren, im allgemeinen nicht in der Lage sind, ihren Kindern gegenüber die halt- und sicherheitgebende Funktion auszuüben, die für deren gesunde psychophysische Entwicklung notwendig ist.

Ein Kind, das unter solchen Bedingungen aufwachsen muß, wird geneigt sein, die unzureichende emotionale Verfügbarkeit seiner traumatisierten Eltern sich selbst zuzuschreiben und in einen Zusammenhang mit eigenem Versagen zu bringen. Das heißt, es besteht die Gefahr, daß das Kind Sorgen, Ängste, Verzweiflung und dadurch hervorgerufene mangelnde Wärme und Zuwendung der Eltern als Folge eigenen Ungenügens, eigener Unzulänglichkeit und Schlechtigkeit erlebt, wodurch eine

Prädestination für spätere *depressive Erkrankungen* entsteht. *Trennungs- und Verlustängste* werden sein späteres Leben, insbesondere aber die Beziehungen prägen, die später eingegangen werden. Beides sind häufige Folgezustände kindlicher Verfolgungstraumata (EGGERS 1990, 1993, BUNK u. EGGERS 1993).

In der Haft wird die Haltefunktion der Mutter, das caretaking, unterbrochen. Dies führt zu einer Störung der Entwicklung des Selbstgefühls und des Selbstwerterlebens beim Kind. Das Kind erlebt sich als schlecht und unwürdig, es kann sich selbst nicht akzeptieren und fühlt sich einer bösen Welt ausgeliefert. Werden die Gefühle des Ausgeliefertseins überstark, so wird die Welt als böse und verfolgend erlebt, es können psychoseähnliche Störungen entstehen, Borderline-Störungen oder sogar schizophrene Psychosen. Wir haben eine solche Psychose bei einem von 22 der von uns begutachteten Probanden mit einem Verfolgungsschicksal beobachtet (BUNK u. EGGERS 1993).

Anmerkungen zu zukünftigen Forschungsansätzen

Es ist wünschenswert, daß die psychischen Auswirkungen von Verfolgungstraumen im Kindesalter weiter und differenzierter erforscht werden, als dies bisher geschehen ist. Sowohl unsere als auch andere Ergebnisse zu dieser Thematik sind nur eingeschränkt aussagefähig, da die empirische Basis doch relativ klein ist (geringe Probandenzahlen), die untersuchte Population ausgelesen ist und Kontrollgruppen fehlen. Verlaufsuntersuchungen, die die erhobenen Befunde und Hypothesen abstützen könnten, sind sehr spärlich und beziehen sich bislang nur auf Erwachsene. Die Beziehungen zwischen Alter zum Zeitpunkt der Verfolgung, Länge und Dauer des Verfolgungstraumas, Art der Verfolgung (Verstecken in Bürgerhäusern, KZ-Aufenthalte) müßten sorgfältig in solchen Langzeituntersuchungen evaluiert werden.

Von großer Bedeutung sind kontrollierte Untersuchungen, die die intrafamiliären Interaktionen und die extrafamiliären Beziehungsmuster zum Gegenstand haben. Insbesondere die transgenerationalen Folgen von Verfolgungsschicksalen wären zu untersuchen, z.B. unter der Hypothese, daß von Tod und endgültiger Trennung bedrohte Eltern ihre Kinder eng an sich binden und Ablöse- und Trennungsprozesse bei ihren Kindern blockieren (EGGERS 1990, 1993). Die Langzeiteffekte von Verfolgungserlebnissen auf die Betroffenen, aber auch auf die zweite und dritte Generation sollten experimentell unter Benutzung entsprechender Meßinstumente objektiviert werden. Geeignet und in der Literatur auch vereinzelt angewandt sind neben den im DSM-III-R aufgeführten PTSD-Kriterien das Children's Posttraumatic Stress Disorder Inventory (CPSDI) - (SAIGH 1991), Bewertungsskalen für Angst- und Depressionszustände, z.B. das Children's Depression Inventory (CDO) - (KOVACS 1981), das Beck Depression Inventory (BDI) - (BECK et al. 1961), das Revised Children's Manifest Anxiety Scale (RCMAS) - (REYNOLDS u. RICHMOND 1978), das State-Trait Anxiety Inventory (SPIELBERGER et al. 1970) oder die von ZERSSEN'sche-Befindlichkeitsskala. Einige wenige Studien, die mit den genannten Instrumenten durchgeführt worden sind, ergeben Hinweise darauf, daß Kinder von Holocaust-Überlebenden sich nicht wesentlich von anderen Kindern unterscheiden, deren Eltern belastenden Streß-Situationen ausgesetzt waren (z.B. Immigration) - (FELSEN u. EHRLICH 1990, HALIK et al. 1990, SOLKOFF 1992, ZLOTOGORSKI 1983).

Zu wenig erforscht sind *protektive* Faktoren im Zusammenhang mit erlittenen Verfolgungstraumen. Es müßten solche Überlebende untersucht werden, die gut zurechtkommen und keine psychischen Störungen entwickelt haben im Vergleich mit in ihrem Lebensgefühl beeinträchtigten Individuen, die das Verfolgungstrauma offensichtlich weniger gut bewältigt haben. Zu vermuten ist, daß gute emotionale Beziehungen der Eltern untereinander und/oder mit anderen Angehörigen und Bezugspersonen das Risiko psychopathologischer Auffälligkeiten bei den traumatisierten Kindern reduzieren, wie dies für andere Katastrophen nachgewiesen werden konnte (SOLOMON et al. 1993).

Anmerkungen zu gutachterlichen Problemen

Bei der klinischen Begutachtung von Naziverfolgten sollte eine gründliche und biographische, insbesondere psychodynamische Anamnese erhoben werden, die den gesamten Entwicklungsprozeß der Betroffenen, ihrer Herkunftsfamilien und ihrer gegenwärtigen psychosozialen Situation berücksichtigt. Die Befragung des jeweiligen Ehepartners und weiterer Bezugspersonen ist äußerst aufschlußreich und stellt eine in der bestehenden Gutachtenpraxis bisher viel zu gering geschätzte Informationsquelle dar. Dies erleichtert nicht nur die Beurteilung der Psychopathogenese, sondern auch der den untersuchten Probanden zur Verfügung stehenden Bewältigungsstrategien.

Sinnvoll und erfolgversprechend dürfte das von TURNER u. GORST-UNSWORTH (1990, GORST-UNSWORTH et al. 1993) entwickelte vierdimensionale Modell der psychologischen Folgen von Mißhandlungen sein. Durch das von den Autoren entwickelte semistrukturierte Interview (Survivor of Torture Assessment Record, STAR) ist eine Beurteilung des "existentiellen Dilemmas" möglich, in dem sich die Betroffenen befinden. Dies ist gekennzeichnet durch folgende drei Merkmale:

1. Nachhaltige Erschütterung bisheriger Vorstellungen, Haltungen und Glaubenseinstellungen; 2. Das Gefühl anders zu sein und abgelehnt zu werden von denen, die nicht verfolgt worden sind und 3. Gefühle von Ärger, Feindseligkeit, Mißtrauen, aber auch Schuld gegenüber solchen, die nicht verfolgt worden sind.

Es gibt nach unserer Meinung gewichtige Argumente, in Zukunft Begutachtungen von ehemals Naziverfolgten zu unterlassen.

1. Weshalb soll jemand, der eine so schreckliche Belastungssituation nach außen hin augenscheinlich erfolgreich bewältigt hat, bestraft werden und keine Entschä-

digung erhalten, zumal über die Spezifität der psychopathologischen Auswirkungen von solchen Verfolgungsschicksalen bis heute mangels valider Erkenntnisse keine gesicherten Aussagen gemacht werden können.

2. Unsere Beobachtungen haben gezeigt, in welch' hohem Maße die erneute und unter Umständen zum wiederholten Male erfolgte Exploration des schrecklichen Geschehens eine Belastung für die Betroffenen darstellt. Es ist wie eine *Wiederholung* des Verfolgungserlebnisses. Eine belgische Jüdin aus Antwerpen schrieb mir nach der Begutachtung einen bewegenden Brief, aus dem ich zitiere: "Au fond, le fait d' être venue vous voire, était pour le 'Wiedergutmachung' ... Jamais je ne recommencerai une telle expérience ... C'est trop éprouvant et tout à fait inutile".

Literatur

Beck, A.T., Ward, C.H., Mendelson, M., Mock, J.E., Erbaugh, J.K.: An inventory for measuring depression. Arch.Gen.Psychiatry 4, 1961, 561-571.

Bunk, D., Eggers, C.: Die Bedeutung beziehungsdynamischer Faktoren für die Psychopathogenese von im Kindesalter Naziverfolgten. Fortschr.Neurol.Psychiat. 61, 1993, 38-45.

Eggers, C.: Psychische Folgeschäden nach Lagerhaft bis in die dritte Generation. Deutsches Ärzteblatt 87, 1990, 680-683.

Eggers, C.: Kind und Verfolgung. Kinderarzt 24, 1993, 430-435.

Felsen, I., Ehrlich, S.: Identification patterns of offspring of holocaust survivors with their parents. Am.J.Orthopsychiatry 60, 1990, 506-520.

Gorst-Unsworth, C., van Velsen, C., Turner, St.: Prospective pilot study of survivors of torture and organized violence: Examining the existential dilemma. J.Nerv.Ment.Dis. 18, 1993, 263-264.

Halik, V., Rosenthal, D.A., Pattison, P.E.: Intergenerational effects of the holocaust: Patterns of engagement in the mother-daughter realtionship. Family Process 29, 1990, 325-339.

Keilson, H.: Sequentielle Traumatisierung bei Kindern. Stuttgart (Enke) 1979.

Kovacs, M.: The Children's Depression Inventory. University of Pittsburgh Press 1981.

Kuch, K., Cox, B.J.: Symptoms of PTSD in 124 survivors of the holocaust. Am.J.Psychiatry 149, 1992, 337-340.

Lempp, R.: Extrembelastung im Kindes- und Jugendalter. Bern (Huber) 1979.

Pankok. O.: Zigeuner. Düsseldorf (Progress), 2.Aufl. 1958.

Reynolds, C., Richmond, B.: What I think and feel: A revised measure of children's manifest anxiety. J.Abn.Child.Psychol. 6, 1978, 271-280.

Rosen, J., Reynolds, C.F., Yeager, A.L., Houck, P.R., Hurwitz, L.F.: Sleep disturbance in survivors of the Nazi holocaust. Am.J.Psychiatry 148, 1991, 62-66.

Saigh, Ph.A.: The development of posttraumatic stress disorder following four different types of traumatization. Behav.Res.Ther. 29, 1991, 213-216.

Solkoff, Ph.D.: Children of survivors of the Nazi holocaust: A critical review of the literature. Am.J. Orthopsychiat. 62, 1992, 342-358.

Solomon, S.D., Bravo, M., Rubio-Stiper, M., Canino, G.: Effect of family role on response to disaster. J. Traumatic Stress 6, 1993, 255-269.

Spielberger, C., Gorsuch, R., Lushene, R.: State-Trait Anxiety Inventory, Palo Alto (Consulting Psychologists Press) 1970.

Turner, S.W., Gorst-Unsworth, C.: Psychological sequelae of torture. A descriptive model. Brit.J.Psychiatry 157, 1990, 475-480.

Zlotogorski, Z.: Offspring of concentration camp survivors: The relationship of perception of family cohesion and adaptability of levels of ego functioning. Comprehensive Psychiatry 24, 1983, 345-354.

Sexualdelinquenz im Jugendalter

Peter Strunk

Einleitung

Ein Überblick über den Forschungsstand zur Sexualdelinquenz im Jugendalter wurde von HUMMEL (1988) vorgelegt. Er zeigte auf, daß Längsschnittuntersuchungen sowohl im deutschen als auch im englischen Schrifttum weitgehend fehlen. Die relativ geringe Anzahl von Arbeiten war Anlaß dazu, 64 jugendforensische Gutachten über Sexualdelikte auszuwerten (A. CHRIST 1988), einen Vergleich mit 64 begutachteten Eigentumsdelinquenten (DIETERLE 1988) durchzuführen, sowie die legale Katamnese aller 128 Probanden zu untersuchen (FEDORCAK 1989).

Die Bedenken gegenüber einer solchen "klinischen" retrospektiven Untersuchung wurden in der Hoffnung zurückgestellt, einige tentative Erkenntnisse über diese Gruppe von Jugendlichen und Heranwachsenden zu gewinnen. Zum Vergleich wurden Eigentumsdelinquenten - ohne Beschaffungskriminalität, ohne Diebstahl von Fetischen - herangezogen, weil diesen Gutachten praktisch die gleiche Diagnostik zugrundelag. Sie umfaßte biographische Anamnese, insbesondere familiäre Beziehungsgeschichte, psychopathologisches Querschnittsbild, körperliche Befunde und testpsychologische Untersuchungsergebnisse. Die statistischen Vergleiche erfolgten mit dem Chi-Quadrat-Test mit der YATE-Kontinuitätskorrektion für N » 40. Für Gruppengrößen zwischen 20 und 40 wurde der Test nur dann angewendet, wenn alle Felder mindestens die Anzahl von 5 enthielten. Sonst wurde der FISCHER-Test angewendet. Herr Priv.Doz. Dr. SCHULTE-MÖNTING vom Institut für Biologisch-Medizinische Statistik der Universität Freiburg hat alle Arbeiten in dieser Hinsicht betreut. Eine Alpha-Adjustierung erfolgte nicht. Unterschiede zwischen den Gruppen werden nur dann als signifikant bezeichnet, wenn sie auf dem 0,1 %-Niveau lagen, als statistisch faßbare Unterschiede überhaupt, wenn diese auf dem 1 %-Niveau lagen.

Merkmale der Gruppen

Es handelt sich um ausschließlich männliche Täter, deren Alter bei der ersten zur Begutachtung anstehenden sexuellen Straftat zwischen 13;3 Jahren und 20;9 Jahren lag und die im Durchschnitt 17;0 Jahre alt waren. Die Altersverteilung bei den Eigentumsdelinquenten wurde zur besseren Vergleichbarkeit daran angepaßt. Die Art der Delikte sind aus Tabelle 1 zu ersehen.

Tab. 1: Sexual- und Eigentumsdelikte (N = 64)

Sexualdelikte	N	%
Exhibitionismus	9	14,4
Unzucht mit Kindern	14	21,9
Sexuelle Nötigung	12	18,8
(Versuchte) Vergewaltigung	29	45,2

Eigentumsdelikte	N	%
Unbefugter Gebrauch eines Kfz bzw. Kfz-Diebstahl	12	18,7
Automaten-, Ladendiebstahl	11	17,2
Einsteigediebstahl, Einbruch	27	42,2
Räuberischer Diebstahl, Raub	6	9,4
Schwerer Raub	8	12,5

In dieser Einteilung wird nicht erkennbar, daß man hinsichtlich des Ausmaßes der *Annäherung*, mit der das Opfer konfrontiert wird, eine ziemlich breite Skala der Abstufung vornehmen kann, die vom Telefonexhibitionismus über Exhibieren, Küssen und Streicheln von unbekleideten Unterarmen, Inspektion und Berühung kindlicher Genitalien bis zum Schenkelverkehr und zum Geschlechtsverkehr reicht (hands on - hands off). Zur Charakterisierung des Deliktes und des Ausmaßes der Beeinträchtigung des Opfers ist das *Ausmaß der Aggression* in der Annäherung ebenso bedeutsam. Sie reicht von behutsam ausgeführter genitaler Annäherung bei pädophilen Akten, über Schläge auf den Rücken oder Ziehen an den Haaren oder dem sog. Busengrapschen bei Radfahrern über massive Bedrohung des kindlichen Opfers bis schließlich zu Tätlichkeiten in Form von Nadelstichen bei Frauen und Kindern oder auch in Form von Brennesselverbrennungen auf dem Bauch von Kindern. Im Extrem kommt es zu schwerwiegenden Körperverletzungen, ja Tötungen, wobei die sexuelle Intention erst mittelbar deutlich wird.

Zur Charakterisierung der Delikte ist wichtig, daß es sich bei einem Drittel um eine einmalige Tat handelt, bei einem Drittel um mehrfache, aber monosymptomatische Delikte, daß es aber 16mal zu einer deutlichen Eskalation im Ausmaß sowohl der sexuellen als auch der aggressiven Annäherung an das Opfer kommt, etwa vom Exhibitionieren über das sog. Busengrapschen bis zur Vergewaltigung.

Begünstigende Faktoren für das Zustandekommen des Deliktes sind Bedingungen, die die Einbindung des Jugendlichen in den Alltag lockern: Eine Krankschreibung, ein Weg zum Arzt, Schulferien oder die Tatsache, von einer Freundin verlassen worden zu sein, oder von einer Gruppe Gleichaltriger bei der Verabredung versetzt worden zu sein, oder die heimliche nächtliche Autofahrt ohne Führerschein mit dem PKW des Vaters. Es handelt sich offenbar um Momente, die eine Konfrontation mit der eigenen Außenseiterrolle begünstigen.

Zur Charakterisierung der Straftaten ist weiter anzuführen, daß überwiegend Frauen und nur fünf mal Jungen das *Opfer* sind. Unter den 69 Nennungen des Alters der Opfer befinden sich 29 Kinder, die bevorzugt von den 14 und 15jährigen attakkiert werden, und 33mal Frauen, bevorzugt von den 16-20jährigen Delinquenten. Dagegen sind nur sieben mal gleichaltrige weibliche Jugendliche Tatopfer. Zu den wenigsten Opfern besteht ein Bekanntschafts- oder Verwandschaftsverhältnis, noch am ehesten zu den Kindern. Nur zweimal sind je zwei Jugendliche an Gemeinschaftstaten beteiligt, ein regelrechtes Gruppendelikt findet sich nicht. Alkohol spielt 12mal eine Rolle, jedoch nur vier mal fand sich ein Promillewert von über 1,5. Eine Alkoholisierung ist vorwiegend bei versuchten und vollendeten Vergewaltigungen bedeutsam.

Beim *Vergleich mit den Eigentumsdelinquenten* finden sich etwas häufiger vollständige Familien bei den Sexualdelinquenten. Hinsichtlich Fremdplazierungen, Heimaufenthalten sowie Stellung in der Geschwisterreihe und Anzahl der Kinder in den Herkunftsfamilien unterscheiden sich die beiden Gruppen nicht voneinander. Lediglich bei den Exhibitionisten findet sich eine leichte Knabenwendigkeit unter den Geschwistern. Eindrucksvoll ist überhaupt die Zahl der Halb- und Stiefgeschwister, die 28 % beträgt und einen wichtigen Hinweis auf das Partnerverhalten der Elterngeneration darstellt.

Frühsymptome in Form von verlängertem Bettnässen, Kontaktstörungen, vermehrter Ängstlichkeit, Aggressivität, Stehlen, Einkoten, Jaktationen, Tics, Adipositas fanden sich bei 85 % der Sexualdelinquenten, mit unterschiedlicher Häufigkeit auch bei den Eigentumsdelinquenten, wobei wir statistisch Unterschiede hinsichtlich der signifikanten Kontaktstörungen (0,1 %-Niveau) fanden. Bei den Sexualdelinquenten werden in den Gutachten relativ häufig das Selbstwertgefühl beeinträchtigende Auffälligkeiten des körperlichen Erscheinungsbildes wie Adipositas, Kleinwuchs, Großwüchsigkeit, entstellte Physiognomie und andere Dysplasien erwähnt. Die Bedeutung dieser Befunde für die Entwicklung einer Akzeptations- und Selbstwertproblematik werden in der Literatur noch nicht genügend berücksichtigt.

Bei den *psychiatrischen Diagnosen* der Sexualdelinquenten fanden sich zweimal postpsychotische Zustandsbilder; bei allen anderen Patienten lagen seelische Fehlentwicklungen im Sinne von emotionalen bzw. gemischt-emotionalen und sozialen Störungen vor, wobei das Ausmaß der Störung der Persönlichkeitsentwicklung bei 44 % als schwerwiegend bezeichnet wurde, 15mal mit eindeutiger Verwahrlosungssymptomatik im Sinne generalisierender und persistierender Dissozialität. Unter den weiteren Symptomen stehen die Eigentumsdelikte bei der Hälfte der Sexualdelinquenten im Vordergrund.

Die Intelligenz der Sexualdelinquenten entspricht der Durchschnittsverteilung in der Bevölkerung - im Gegensatz zu den erwachsenen Straftätern. Dennoch besuchen 30 % eine Sonderschule. Nur acht der Täter sind Realschüler oder Gymnasiasten. Mit der *unglücklichen Schulkarriere* der Patienten korrespondiert, daß im HAWIE bei 37 der Patienten eine Differenz von mehr als 10 Punkten zwischen Verbal- und Handlungsteil festzustellen war. Dabei betrug die durchschnittliche Differenz bei diesen Patienten fast 20 Punkte zugunsten des Handlungsteils. Dies spricht m. E. für das Ausmaß der schulischen Vernachlässigung der Kinder, die - wenn auch nicht deutlich - vorzugsweise aus der Unterschicht stammen. Sie sagt etwas über die Unfähigkeit eines beachtlichen Teils der Patienten aus, sich durch aktive eigene Leistung Befriedigung im weitesten Sinne zu verschaffen. Allerdings ist die Diskrepanz bei den Patienten mit Eigentumsdelikten nur geringfügig kleiner.

Unter den *psychopathologischen Befunden* tauchten die Begriffe "Kontakthemmung, Mißtrauen" deutlich häufiger bei den Sexualdelinquenten als bei den Eigentumsdelinquenten auf. Signifikant häufiger sind Ängstlichkeit, angepaßtes Verhalten, Aggressionsgehemmtheit, Aspontaneität und Verlangsamung bei den Sexualdelinquenten, während bei anderen psychopathologischen Befunden keine signifikanten Abweichungen auftreten.

Die *Beziehung zu den Eltern* scheint deutlich zwischen beiden Gruppen von Delinquenten zu differieren. Bei den Sexualdelinquenten wird bei 17,5 % das Problem eines "schwachen Vaters", der nicht als männliches Vorbild dienen kann, genannt. Bei den Eigentumsdelinquenten kommt dieser Begriff nicht vor. Dagegen ist die Zahl der offen aggressiven oder sich sehr autoritär gebärdenden Väter bei den Sexualdelinquenten nicht signifikant höher, während Eigentumsdelinquenten sich häufiger von ihren Vätern abgelehnt fühlen als die Sexualdelinquenten.

Bedeutsam scheinen auch die Unterschiede in der Mutterbeziehung zwischen den beiden Gruppen zu sein. Symbiotische Tendenzen finden sich signifikant häufiger bei den Sexualdelinquenten, dies gilt auch für eine parentifizierende Haltung dem Sohn gegenüber. Dagegen werden signifikant häufiger Mütter von Eigentumsdelinquenten als nicht durchsetzungsfähig bezeichnet, während 25 % der Mütter der Sexualdelinquenten als stark dominierend bezeichnet werden.

Wenn man die Sexualdelinquenten, die *keine* Eigentumsdelikte als Nebensymptome aufwiesen, mit den rückfälligen Eigentumsdelinquenten der "Kontroll"-Gruppe vergleicht, so werden die Unterschiede noch akzentuiert. Bei diesen eher jüngeren Jugendlichen finden sich häufiger vollständige Familien, seltener ein Milieuwechsel, häufiger Kontaktstörungen gegenüber Gleichaltrigen, eine Mutter-Kind-Symbiose, parentifizierende Haltungen der Mütter, Ängstlichkeit und Mißtrauen als bei den Eigentumsdelinquenten. Letztere sind häufig weniger beruflich integriert.

Die Sexualdelinquenz mit Anwendung von Gewalt, also insbesondere der Tatbestand der Vergewaltigung, ist häufig mit einer allgemeinen Dissozialität verbunden, wie dies auch schon bei Untersuchungen an Erwachsenen festgestellt wurde. Zusammenfassend findet sich bei der gesamten Gruppe der Sexualdelinquenten eine Kontaktproblematik mit einer eher engen Mutterbeziehung, die Belastung mit einer körperlichen Mißgestalt, ein eher ängstliches zurückgezogenes, antriebsschwaches und angepaßtes Verhalten mit einer Milieu- und Persönlichkeitsproblematik, wie sie auch bei verwahrlosten Jugendlichen beobachtet wird.

Für die Prävention scheint es wichtig, daß der kontaktgestörte und in sich zurückgezogene Schulversager mehr Aufmerksamkeit des schulpsychologischen Dienstes findet. Die stillen Kinder sind ja häufig die unauffälligen, werden mitgezogen, und die Notwendigkeit kompensatorischer Erziehung bei dieser Gruppe wird eher vernachlässigt oder gar nicht erkannt. Wichtig erscheint auch, wie häufig Erwachsene gegenüber Beeinträchtigungen des äußeren Erscheinungsbildes bei Kindern eine resignative Haltung einnehmen und eher mit Achselzucken darüber hinweggehen. Die aktive Bearbeitung der damit verbundenen Selbstwertproblematik muß m. E. viel stärker angegangen werden.

Jugendforensische Empfehlungen

Bei Sexualstraftätern wurde sechsmal empfohlen, die Strafreife gemäß § 3 JGG zu verneinen. Die betreffenden Jugendlichem im Alter von 14 - 16 Jahren waren in ihrer Persönlichkeitsentwicklung schwer retardiert. Zweimal handelte es sich um eine Debilität, ein Junge war stark retardiert und wurde stationär behandelt. Ein Junge hatte eine Fettsucht mit Hormonstörung, die noch einen kindlichen Entwicklungsstand auch in körperlicher Hinsicht bewirkte, und ein 16-jähriger war zwar sozial gut integriert, aber sehr gehemmt, Bettnässer aus der Unterschicht, der eine Lehrstelle hatte und ambulant psychotherapeutisch behandelt wurde.

Eine Verneinung der strafrechtlichen Verantwortlichkeit im Sinne des § 20 StGB erfolgte viermal, und zwar wegen Geistesschwäche, Psychose, schwerer Alkoholisierung (Alkoholspiegel über 2,5 ‰) und bei einer abnormen Persönlichkeit mit Tötung des Opfers durch Pfählen.

16mal wurde eine erhebliche Verminderung der strafrechtlichen Verantwortlichkeit angenommen, und zwar siebenmal aufgrund einer Hirnschädigung mit massivem hirnorganischem Psychosyndrom, sowie Kombination von Lernbehinderung und Alkoholintoxikation, viermal aufgrund von Alkoholeinwirkung mit Debilität oder Alkohol mit abnormer Persönlichkeit und fünfmal aufgrund einer abnormen Persönlichkeitsentwicklung im Sinne einer Perversion.

Die therapeutischen Empfehlungen umfassen sozialpädagogische Betreuung und ambulante Psychotherapie in über 40 % der Fälle, in weiteren fast 45 % der Fälle Heimunterbringung, in 9 % der Fälle stationäre psychiatrische Behandlung und nur bei zwei Probanden Jugendstrafe. Lediglich einmal wurde eine Androcur-Behandlung als indiziert angesehen.

Über die tatsächliche Durchführung der Psychotherapie konnte mit Hilfe der katamnestischen Untersuchungen nichts ausgesagt werden, weil wir die Täter nicht anschreiben wollten.

Legale Katamnesen

Vom Generalbundesanwalt erhielten wir jedoch die Strafregisterauszüge der Probanden. Die Rückfallquote bei beiden Gruppen - also den Sexual- und Eigentumsdelikten - liegt bei 50 %, je nach Deliktart zwischen 45 und 57 %. Tabelle 2 zeigt, welche Straftaten von den erneut straffällig gewordenen Sexualdelinquenten begangen wurden. Die Tabelle verdeutlicht die Zahl der Täter pro Kategorie von Straftat, nicht die der begangenen Taten, so daß wiederholte Rückfälle des Täters nur einmal gezählt wurden. Damit wird das Spektrum der Nachfolgedelikte deutlich gemacht.

Tab. 2: Verteilung der Delinquenten und deren Folgedelikte

	Begutachtete Deliktart: Anzahl der Rückfälligen			
Folgedelikte: (mit Anzahl der Rückfälligen pro Folgedelikt)	Exhibitionismus N = 4	Unzucht mit Kindern N = 8	Sexuelle Nötigung N = 5	Vergewaltigung N = 15
Exhibitionismus	1		1	1
Unzucht mit Kindern	2	3	1	1
Nötigung		3	1	3
Vergewaltigung		1		4
Unterschlagung	1	1		3
Einfacher Diebstahl	1	1		3
Banden-Diebstahl				1
Räuberischer Diebstahl			2	1
Schwerer Raub		1		1
Schwere Körperverletzung	1	2	3	6
Mord				1
Verkehrsdelikte	2	5	1	7
Sonstiges	4	2	2	5

Alle rückfälligen Sexualdelinquenten begingen auch Eigentumsdelikte. Die Exhibitionisten unterscheiden sich von den anderen lediglich dadurch, daß bei den Rückfälligen auch später weniger Gewalttaten vorkommen.

Statistische Korrelationen finden sich zwischen der ungünstigen legalen Katamnese und frühen Auffälligkeiten wie Bettnässen. Auch Diebstähle in der Kindheit und Vorverurteilungen vor der Begutachtung korrelieren mit Rückfälligkeit. Wenn nahe Familienangehörige auch Straftaten begangen hatten, besteht eine Rückfallquote von 80 % sowohl bei den Sexual- als auch bei den Eigentumsdelinquenten. Bei beiden Gruppen ist das Risiko, weiter kriminell zu werden, höher, wenn im psychopathologischen Befund die Stichworte "Ich-Schwäche", "reduziertes Selbsterleben", "emotionale Einengung", "Dysphorie und Depressivität" auftreten. Alle anderen Merkmale, die in den Untersuchungen verwendet wurden, zeigen keine statistisch zu sichernde Beziehung zum legalen Ausgang an.

Die prognostische Einschätzung der Rückfallsgefährdung in den Gutachten war sowohl bei Eintreten als auch bei Ausbleiben der Rückfälligkeit bei 75 % zutreffend.

Skizzen zur seelischen Problematik

Bei der Durchsicht der Gutachten entwickelt der Leser zwangsläufig ein Bild von der seelischen Problematik, die zu der Straftat geführt hat. Hierzu sollen vier Themen als prototypisch skizziert werden:

1. Die innere Thematik der Beeinträchtigung des Selbstwertgefühls zeigt sich beim jugendlichen Sexualdelinquenten, der sich jüngeren Kindern zuwendet, etwa unter dem Aspekt: Ich bin Gleichaltrigen nicht gewachsen, bin selbst noch klein. Ich bin minderwertig gegenüber den Gleichaltrigen. Alle anderen haben schon mehr sexuelle Erfahrungen als ich. Oder: Ich bin häßlich, ich bin wohl impotent. - Es kommt zu körperlichen Annäherungsversuchen an Kinder mit mehr oder weniger zärtlicher oder sadistischer Prägung. Wir fanden gar im Rahmen einer ausgeprägteren Realitätsbezugsstörung Größenphantasien, einen regelrechten Harem von präpubertierenden Mädchen zu haben, und von diesen bewundert zu werden. Bei einem Jugendlichen geschieht zunächst nichts, außer gelegentlichen freundlichen Begrüssungen auf der Straße, bis eine Zurückweisung erfolgt. Der Jugendliche erlebt dies als eine vernichtende narzißtische Kränkung und ermordet ein ihm völlig unbekanntes sechsjähriges Mädchen und coitiert es post mortem.

2. Das überwältigende Gefühl des Ausgestoßenseins, mit mangelnder Anbindung an die Herkunftsfamilie und erheblichen Kontaktproblemen unter Gleichaltrigen führt unter aktueller Belastung oder unter Alkohol verstärkt zu blindwütigen und durchaus als Suicidäquivalent zu wertenden punktuellen Aggressionen. Das Motto könnte lauten: Der Nächste, es muß gar nicht unbedingt eine Frau sein, "muß daran glauben und wird mein Opfer sein". Auch hier die Mobilisierung schwerster aggressiver Durchbrüche im Rahmen einer narzißtischen Krise.

3. Das innere Thema der Angst vor den eigenen Zuwendungs- und Zärtlichkeitsbedürfnissen, empfunden als Schwäche, als Angst, weibisch oder homosexuell sein zu können, resultierend häufig aus einer eher dominierenden Haltung der Mutter oder der angstmachenden Nähe der Mutter, führt zu aggressiven Annäherungen an Kinder und Frauen in Form von Exhibitionismus, Reißen am Haarschopf, sog. Busengrapschen, bis zum brutalen Vergewaltigungsversuch. Diese Delikte könnten somit als Entwertungshandlungen an Frauen bezeichnet werden.

4. Die permanente Erfahrung schwerster Aggressionen des Vaters gegen die Mutter und gegen den Probanden selbst bewirkt extreme Angst vor der aggressiven Komponente männlicher Sexualität. Dies hat eine Aufspaltung zur Folge: Eine völlig aggressionsfreie, süßliche Idealisierung der Beziehung zwischen Mann und Frau sowohl in der Pantasie als auch im realen Bezug zur Freundin, die nicht coitiert werden will und auch nicht coitiert werden kann, steht auf der einen Seite. Andererseits entwickelt sich eine ausgesprochene Jägermentalität mit wahllosen Beziehungen zu als minderwertig empfundenen Frauen, die ekelbesetzt sind. Sie mündet unter Umständen schließlich in eine Vielzahl von Vergewaltigungen.

Literatur

Christ, A.: Sexualdelinquenz im Jugendalter. Diss. Freiburg 1988.

Dieterle, H.-G.: Sexual- und Eigentumsdelikte in der Adoleszenz. Diss. Freiburg 1989.

Fedorzak, H.: Katamnesen über das Legalverhalten männlicher Sexual- und Eigentumsdelinquenten im Jugendalter. Diss. Freiburg 1989.

Hummel, P.: Der gegenwärtige Forschungsstand zur Sexualdelinquenz im Jugendalter. Prax. Kinderpsychol. Kinderpsychiat. 37, 1988, 198-204.

Jugendpsychiatrisch-forensische Aspekte im Gerichtsverfahren

Anmerkungen zur psychiatrischen Begutachtung von Angeklagten aus richterlicher Sicht

Hans-Alfred Blumenstein

Die Anforderungen der Gerichte an die forensische Psychiatrie haben sich in den vergangenen 30 Jahren erheblich gewandelt. Während damals noch ausschließlich die Frage der strafrechtlichen Verantwortlichkeit eines Angeklagten Gegenstand der Begutachtung war, seine Motivation und Rehabilitation indessen nicht wesentlich interessierten, haben heute letztere zunehmend an Bedeutung gewonnen. Gleichwohl haben sie in der gerichtlichen und gutachterlichen Praxis noch nicht den ihnen zukommenden Stellenwert gefunden. Ihre konsequente Berücksichtigung hätte nicht nur Auswirkungen auf den Inhalt psychiatrischer Gutachten und deren Folgen, sondern auch auf das Verhältnis von Richter und Gutachter zueinander. Dazu einige Anmerkungen aus der Sicht des Praktikers.

I. Die früher überwiegend retrospektive Betrachtungsweise der Gerichte hat durch das erste und zweite Gesetz zur Reform des Strafrechts vom 25.06. und 04.07.1969 eine entscheidende Veränderung erfahren. Während bislang die Tat im Mittelpunkt des Verfahrens stand, rückten nun der Täter, seine Motive, Prognose und Rehabilitation immer mehr ins Blickfeld. Diese Entwicklung hatte zwar das Jugendstrafrecht schon vorgezeichnet, ohne daß jedoch letztlich die Konsequenzen für die gutachterliche Praxis daraus gezogen worden wären. Auch heute noch bilden Ausführungen zu Prognose und Rehabilitation mehr Anhängsel zu den Gutachten, als daß sie einen eigenen Stellenwert hätten; eingehende Motivforschung wird nur von wenigen Gutachtern betrieben. Dabei hätten Gutachter und Gerichte allen Anlaß, sich verstärkt diesen Bereichen zuzuwenden, nicht nur aus Gründen der Fairneß gegenüber dem Angeklagten, sondern weil § 46 Absatz 2 Satz 2 StGB ausdrücklich die Berücksichtigung der Beweggründe des Täters, also der seelischen Wurzeln der Tat, verlangt und § 46 Absatz 1 Satz 2 StGB gebietet, "die Wirkungen, die von der Strafe für das künftige Leben des Täters in der Gesellschaft zu erwarten sind", in die Überlegungen zur Strafzumessung mit einzubeziehen. Natürlich können keine noch so gute Motivforschung und keine noch so eingehenden Ausführungen zur Rehabilitation den Strafrichter aus dem Dilemma befreien, das darin besteht, daß er einerseits zurückblickend - und zwar vorrangig - die Schuld des Täters zur Grundlage der Strafzumessung zu machen hat (§ 46 Absatz 1 Satz 1 StPO), andererseits vorausblikkend - aber nachrangig - Prognose- und Rehabilitationserwägungen berücksichtigen muß, also gewissermaßen Vergangenheit und Zukunft in der Strafzumessung nahtlos verbinden soll. Das führt dann auch dazu, daß wegen der Schwere der Schuld längere Freiheitsstrafen zu verhängen sind als von der Prognose her an sich wünschenswert wäre. Ich rede nicht denen das Wort, die die Freiheitsstrafe abschaffen wollen. Sie wird uns auf noch unabsehbare Zeit erhalten bleiben, bis die Gesellschaft ein besseres Mittel gefunden hat, die mit den anerkannten Strafzwecken verfolgten Ziele zu erreichen. Wer aber solange im Beruf steht wie ich, für den wird es immer schwerer, menschliche Schuld in Tage, Monate und Jahre des Freiheitsentzuges umzusetzen. Um so wichtiger erscheint es, das Augenmerk sowohl auf die genannten prospektiven Elemente der Strafzumessung als auch - rückblickend - auf die Motivforschung zu lenken. Will man beides, wie der Gesetzgeber es erwartet, ernst nehmen, so erwachsen dem psychiatrischen Gutachter neue Aufgaben, die unabhängig von der Beurteilung der Schuldfähigkeit sind.

1. Es ist eine genauso oft gestellte wie unbeantwortet gebliebene Frage des Richters an den Angeklagten, warum er denn diese Tat begangen habe. Im Grunde ist es eine sehr törichte Frage, weil sie der Angeklagte eigentlich nicht zu beantworten weiß. Mag man sich im Bereich der Alltagskriminalität mit einer vordergründigen Antwort begnügen, die deshalb nicht falsch zu sein braucht, nur meist unvollständig ist, so stößt man in Fällen schwerer Kriminalität, insbesondere solcher gegen Leib oder Leben, rasch an die Grenzen. Man fragt den Angeklagten gleichwohl und spürt: so war es nicht. Hinzu kommt die Diskrepanz zwischen dem Erscheinungsbild des Angeklagten in der Hauptverhandlung - "gewaschen und gebügelt" und vom Verteidiger entsprechend eingestellt - und dem offensichtlich ganz anderen Auftreten bei der Tat. Dieser höfliche, angepaßte junge Mann, so fragt man sich unwillkürlich, soll bei der Tat so gewütet haben? Die Ausnahmesituation der Hauptverhandlung tut ein übriges, um zu verhindern, daß ein Angeklagter sich öffnet, ganz abgesehen davon, daß auch einem Strafrichter mit langer Berufserfahrung das dem psychologischen oder psychiatrischen Sachverständigen eigene Instrumentarium fehlt. Die Augenblicke sind selten und vor allem nicht vorhersehbar, in denen sich trotz öffentlicher Hauptverhandlung zwischen dem Angeklagten und dem Richter eine Art "Korridor" bildet, in dem gewissermaßen unter "Ausschluß" der anderen Verfahrensbeteiligten Kommunikation stattfindet. Demgegenüber ist der psychologische oder psychiatrische Sachverständige nicht nur allein aufgrund seines Fachwissens von Grund auf in einer sehr viel besseren Ausgangsposition. Schon die sehr viel entspanntere Atmosphäre des gutachterlichen Gesprächs schafft Möglichkeiten, von denen der Strafrichter nur träumen kann.

Unsere Versuche, psychiatrische Sachverständige zur Motivforschung einzuschalten, sind bisher stets erfolgreich verlaufen. Sie brachten in der Regel eine Fülle von Material, das sich letztlich meist günstig auf die Strafzumessung und die Prognoseentscheidung auswirkte. Es ist eine Binsenweisheit, daß ein Gericht nur dann in der Lage ist, richtig und angemessen zu reagieren, wenn die Beweggründe des Täters bekannt sind. Das ist in der Jugendgerichtsbarkeit mit ihrer Palette abgestufter Reaktionsformen sicher leichter als in der allgemeinen Strafgerichtsbarkeit. Aber auch dort bieten sich - und sei es über die Einweisungskommission[1] - erstaunlich vielfältige Möglichkeiten für gezieltere Reaktionen und Einwirkungen auf den Täter an, mehr als man glauben möchte; man muß sie nur ergreifen.

Gleichwohl ist in der Praxis die psychiatrische Begutachtung zum Zwecke der Motivforschung heute noch eher die Ausnahme. Auch wir verstecken unser eigentliches Anliegen unter der Formulierung, daß die Begutachtung zur Frage der strafrechtlichen Verantwortlichkeit angeordnet werde, obwohl diese an sich so zweifelhaft gar nicht war. Fachmännische Motivforschung hat in der Justiz derzeit noch keinen Markt, ganz abgesehen davon, daß sich eine Kammer in diesem Falle - unverständlicherweise - bösen Verdächtigungen der Verteidigung ausgesetzt sähe. Gleichwohl sind die Bedürfnisse dafür vorhanden. Eigentlich sollte kein Gutachten den Schreibtisch eines psychiatrischen Sachverständigen verlassen, das sich nicht damit eingehend auseinandersetzt. Die Zeit arbeitet jedenfalls für die isolierte Begutachtung zur Erforschung der Beweggründe des Täters.

Der Richter begibt sich dadurch keineswegs der ihm obliegenden Aufgabe der Tatsachenfeststellung. Im Gegenteil erwachsen ihm daraus weitere Beurteilungsspielräume, die er entsprechend nutzen kann. Das Verhältnis von Richter und psychiatrischem Sachverständigen wird sich allerdings dadurch auf lange Sicht verändern.

In diesem Zusammenhang ist es mir wichtig, einen Nebeneffekt solcher am Motiv orientierter verstehenspsychologischer Vorgehensweise hervorzuheben, der weithin vernachlässigt wird, gleichwohl meines Erachtens eine entscheidende Rolle spielt: es ist die Art und Weise, wie die Hauptverhandlung vonstatten geht, die darüber entscheidet, ob ein Angeklagter mit dem gegen ihn ergangenen Urteil leben, es vielleicht auch akzeptieren kann, oder ob er es nur als Ausspruch nackter staatlicher Gewalt zähneknirschend hinnimmt oder gar daran zerbricht. In vielen Gesprächen mit Verurteilten wurde mir immer wieder deutlich, welch zentrale Rolle die Hauptverhandlung dabei einnimmt, ist sie doch oft über Monate der beherrschende Gedanke eines Angeklagten, vorher und vor allem danach. Noch Jahre nach einer Hauptverhandlung konnte mir ein junger Mann Passagen aus dem Gang seiner Vernehmung wörtlich zitieren, verbunden mit der Frage, warum ich damals dieses oder jenes gesagt oder dieses oder jenes hätte wissen wollen. In gleicher Weise ist das schriftliche Urteil auf lange Zeit die einzige Lektüre des Verurteilten. Kommt der Hauptverhandlung aber diese zentrale Bedeutung zu, muß weit mehr Aufmerksamkeit auf sie verwandt werden, als dies bisher der Fall ist. Sie ist und bleibt eine Ausnahmesituation. Mit diesem systemimmanenten Mangel wird die Strafgerichtsbarkeit leben müssen. Nun sind aber Ausnahmesituationen wenig geeignet, als Grundlage für die Be- und Verurteilung eines Menschen zu dienen. Deshalb ist es sehr

1 Die Einweisungskommision entscheidet, in welche Vollzugsanstalt rechtskräftig abgeurteilte Straftäter eingewiesen werden. Damit soll der persönlichen Situation des Verurteilten im Hinblick auf einen möglichst ortsnahen Vollzug zur Aufrechterhaltung der Außenkontakte und der besseren persönlichen und beruflichen Förderung Rechnung getragen werden.

wichtig, diese Ausnahmesituation wenigstens abzumildern. Das ist schon ein Gebot der Fairneß dem Angeklagten gegenüber. Das Material für eine auf dieses Ziel ausgerichtete Verhandlungsführung liefert dem Richter vor allem das psychiatrische Gutachten, zumal wenn es, wie üblich, die sozialen Bezüge des Angeklagten mit einschließt. Die Lockerung der Atmosphäre läßt sich oft an scheinbar Belanglosem festmachen, etwa beim Gespräch über das Verhältnis des Angeklagten zu seinen Eltern oder über Schule und Beruf. Die darin sichtbar werdende Zuwendung baut nicht nur Ängste ab, wie sich auch in der Körpersprache des Angeklagten zeigt, sondern sie schafft eine Situation, die dem Angeklagten die Auseinandersetzung mit dem Urteil mindestens nicht von vornherein unmöglich macht. Das ist nicht wenig.

2. Die Täterprognose spielt sowohl bei der Strafzumessung im eigentlichen Sinne wie bei der Strafaussetzung zur Bewährung eine bedeutende Rolle. Gemäß § 46 Absatz 1 Satz 2 StGB sind die Wirkungen, die von der Strafe für das künftige Leben des Täters in der Gesellschaft zu erwarten sind, bei der Strafzumessung zu berücksichtigen. Dazu gehören neben weniger schwierig zu entscheidenden Fragen wie etwa der Wechselwirkung zwischen Freiheitsentzug und Einziehung eines Gegenstandes oder dem Verlust der Beamtenstellung aber auch echte Prognoseentscheidungen, etwa wie sich eine länger dauernde Freiheitsstrafe auf den Angeklagten auswirken wird. Davon zu unterscheiden ist die Prognoseentscheidung gemäß §§ 56 StGB, 21 JGG im Zusammenhang mit der Strafaussetzung zur Bewährung. Erstere betrifft die Festsetzung der Strafhöhe, letztere nur die Aussetzung der Strafe.

Während sich die psychiatrischen und psychologischen Gutachten häufig, wenn auch sehr verkürzt, mit der Prognose bei der Strafaussetzung zur Bewährung befassen, wird der Strafrichter bei den Prognoseentscheidungen gemäß § 46 Absatz 1 Satz 2 StGB weitgehend im Stich gelassen. Daß lange Freiheitsstrafen häufig wenig sozialisationsfördernd sind, ist bekannt. Daß während des Strafvollzugs im Zusammenhang mit der Entlassung zur Bewährung Prognosegutachten erstellt werden, vermag den Richter, der die Strafe vorher festzusetzen hat, wenig zu trösten. Die bei manchen Richtern lange Zeit beliebte Verwendung von sogenannten Prognosetafeln, mit deren Hilfe die Wahrscheinlichkeit eines Rückfalls statistisch ermittelt werden sollte, gehört endgültig der Vergangenheit an. Ob die in den USA entwickelte Strukturprognose bessere Ergebnisse zu liefern imstande ist, bleibt abzuwarten.

Es kann hier nicht der Ort sein, verschiedene prognostische Methoden gegeneinander abzuwägen. Das ist Sache der Psychiatrie und der Kriminologie. Selbständige Prognosegutachten werden in der Hauptverhandlung sicher die Ausnahme bleiben, weil der damit verbundene erhebliche Aufwand prozessökonomisch kaum vertretbar sein wird. Gleichwohl bleibt ein bitteres Gefühl zurück: zur Überführung des Täters werden keine Mühen und Kosten gescheut. Bei der nicht minder wichtigen Frage, was nach dem Schuldspruch mit ihm geschehen soll, herrscht vornehme Zurückhaltung. Nicht umsonst wird die Strafzumessung oft als der schlechteste Teil eines Urteils bezeichnet. Umso wichtiger erscheint es mir, in den Fällen, in denen ohnehin eine psychiatrische Begutachtung durchgeführt wird, der Prognose größere Aufmerksamkeit zu schenken. Eingehende Erörterungen zur Prognose des Angeklagten sollten jedenfalls zum Standard jedes psychiatrischen Gutachtens werden.

3. Jeder kennt die gleichlautenden Schlußpassagen in Urteil und Gutachten: "Der Angeklagte bedarf dringend therapeutischer Betreuung". Danach tritt tiefe Stille ein; es passiert gar nichts. Dabei ist die Rehabilitation eines Angeklagten ein besonderes Anliegen des Gesetzgebers. Es muß das Interesse einer sozialen Strafrechtspflege sein, selbst prognostisch ungünstig beurteilten Straftätern die Chance der Rehabilitation zu bieten. Das zeigt sich selbst in den Fällen der §§ 63 und 64 StGB, auch wenn dort das gleichwohl vorhandene Rehabilitationsinteresse gegenüber der Gefahrenabwehr etwas in den Hintergrund tritt. Aus der jüngeren Rechtsentwicklung sind in diesem Zusammenhang das Strafvollzugsgesetz, aber auch die Therapieregelung für Drogenabhängige gemäß §§ 35, 36 BtMG oder die Vorschrift des § 183 Absatz 3 StGB hervorzuheben, die bei exhibitionistischen Handlungen, bei denen die Täterprognose ohnehin ungünstig ist, Strafaussetzung zur Bewährung vorsieht, wenn sich der Verurteilte einer Heilbehandlung unterzieht (eine Vorschrift übrigens, die bei Ausdehnung auf Drogenabhängige, Alkoholiker und Arzneimittelabhängige deren Therapiechancen wesentlich verbessert hätte. Leider ist der Gesetzgeber diesen Weg nicht gegangen und hat ein Sonderrecht nur für Betäubungsmittelabhängige geschaffen).

Nun sind Formulierungen der eingangs erwähnten Art wenig hilfreich. Sie erwecken bei allen Beteiligten, vor allem aber bei den Angeklagten große Hoffnungen, denen eine um so tiefere Enttäuschung und Resignation folgt, wenn Rehabilitationsmaßnahmen ausbleiben. Was nützt die beste Diagnose, wenn ihr nicht die Therapie folgt. Die Gutachter geraten leicht in die Gefahr, von ihren Probanden als Vollstrecker staatlicher Zwangsmaßnahmen angesehen zu werden, wenn sie nur an deren Verurteilung, nicht aber auch an deren Rehabilitation mitwirken. Was also ist zu tun ? Zunächst gilt es, den Begriff der Rehabilitation, wie er hier verwendet wird, näher zu erläutern. Ich verstehe darunter alle therapeutischen Maßnahmen von der großen analytischen Therapie über lose therapeutische Gespräche bis hin zur Unterbringung und Betreuung des Verurteilten in einem geschützten Rahmen, etwa einer beschützenden Einrichtung.

Dies vorausgeschickt, bieten sich drei zum Teil miteinander verzahnte Lösungswege an: Der Gutachter übernimmt selbst oder durch Delegation an Fachkollegen die Rehabilitation, wenn sie in sein Fachgebiet fällt. Dagegen ließe sich - von Kapazitätsproblemen einmal abgesehen - grundsätzlich einwenden, dem stehe seine Rolle als gerichtlicher Gutachter entgegen. Diese ist jedoch mit der Erstattung des Gutachtens in aller Regel beendet, so daß insoweit kein Hinderungsgrund ersichtlich ist, nach der Diagnose auch therapeutisch tätig zu werden, vorausgesetzt, daß zu dem Verurteilten ein tragfähiges Vertrauensverhältnis besteht.

Die positiven Erfahrungen, die im forensisch-erwachsenenpsychiatrischen Bereich von Foerster und Mitarbeitern in Tübingen bei therapeutischen Gesprächen mit Verurteilten, in deren Verfahren sie auch Gutachter waren, gemacht haben, bestärken mich in der Annahme, daß dieser Weg jedenfalls nicht unmöglich ist. Mag in solchen Fällen auch die große Psychoanalyse ausgeschlossen sein, so mag man sich doch auch gleichzeitig überlegen, wie wenige unserer gemeinsamen Klienten die Voraussetzungen dafür mitbringen oder sie überhaupt nötig haben. Bei vielen sind "nur" begleitende therapeutische Gespräche notwendig, allerdings aber auch bitter notwendig. Ich weiß, daß viele forensisch-psychiatrische Sachverständige dieser Form von Nachbetreuung skeptisch gegenüberstehen. Nochmals ernsthaft darüber nachzudenken erscheint mir jedoch wichtig.

Die andere Lösungsmöglichkeit bestünde darin, daß der Gutachter bei Dritten konkrete Rehabilitationsmaßnahmen anregt und zugleich Wege zu ihrer Durchführung aufzeigt. Das bedeutet, daß der Gutachter seine Vorschläge rechtzeitig vor der Hauptverhandlung an den Richter und an zur Umsetzung geeignete Stellen, etwa die Jugendgerichtshilfe, weiterleitet, damit die entsprechenden Maßnahmen vorbereitet werden können. Dazu bedarf es einer weitaus engeren Kooperation mit dem Gericht, als dies bisher der Fall ist. Natürlich wird nicht alles Vorbereitete auch in die Tat umgesetzt werden können, etwa wenn das Verfahren eine überraschende Wendung genommen hat. Gleichwohl hat sich diese Vorgehensweise in der Zusammenarbeit mit der Jugendgerichtshilfe sehr bewährt. Sie trägt nicht nur der Prozessökonomie Rechnung, sondern vermittelt vor allem dem Angeklagten das Bewußtsein, daß man ihn nicht nur mit Worten abspeise, sondern tatsächlich etwas für ihn tue. Schon dieses Gefühl hat nachhaltige positive Wirkungen auf einen Angeklagten, der oft schon viele Stationen der Jugendhilfe durchlaufen hat und sich schließlich auf einem Abstellgleis vorfand.

Der dritte Lösungsweg könnte die Errichtung einer forensischen Nachbetreuungsambulanz sein, wie sie in Wien seit April 1992 besteht (vgl. BERNER u. KNECHT 1993, 47 ff.). Dort werden "die aus der Strafhaft oder einer vorbeugenden freiheitsentziehenden Maßnahme bedingt Entlassenen, die eine Weisung erhielten, sich weiterhin einer Entwöhnungsbehandlung, einer psychotherapeutischen Behandlung oder sonst einer medizinischen Behandlung zu unterziehen, betreut" (BERNER u. KNECHT, a.a.O.). Finanzieller Träger ist das Österreichische Bundesministerium für Justiz, das die Stelle des Leiters der Ambulanz, die einer Krankenschwester und die erforderlichen Räume bezahlt. Organisatorisch ist die Ambulanz beim Verein für Bewährungshilfe und Soziale Arbeit in Wien angesiedelt. Die Therapeuten arbeiten auf Honorarbasis.

In der trotz allem reichen Bundesrepublik Deutschland steht allerdings zu befürchten, daß der Staat als Geldgeber für eine derartige Einrichtung ausscheidet, obwohl § 126 StVollzG grundsätzlich eine nachgehende Betreuung bei Entlassung aus der sozialtherapeutischen Anstalt oder Abteilung vorsieht, wenn auch in anderer Art. Allerdings gibt es kleine, von den Bewährungshilfevereinen organisierte und finanzierte Ansätze dieser Art - soweit ich sehe, erstmalig in der Bundesrepublik - im Oberlandesgerichtsbezirk Stuttgart. Dort haben die Mitgliedsvereine beim Verband der Bewährungshilfevereine im Oberlandesgerichtsbezirk Stuttgart e.V. einen Fonds "Psychotherapie und Bewährung" gegründet, dessen Ziel es ist, Strafgefangenen und Probanden der Bewährungshilfe, die der psychotherapeutischen Behandlung und Betreuung bedürfen, Hilfe zu leisten. Diese besteht in erster Linie darin, daß die vom Klienten selbst oder durch Vermittlung des betreuenden Sozialarbeiters ausgewählten Therapeuten vom Fonds bezahlt werden, sofern kein öffentlicher Kostenträger einspringt. Allerdings kann die Bezahlung angesichts der beschränkten Mittel des Fonds grundsätzlich nur auf dem Wege eines zinslosen Darlehens an die Klienten erfolgen, auf dessen Rückzahlung allerdings unter bestimmten Umständen verzichtet werden kann. Wir versuchen damit in sehr beschränktem Umfang zu realisieren, was sich der Gesetzgeber als soziale Strafrechtspflege aufs Panier geschrieben hat. Damit sollen die vielfältigen Bemühungen der Justizverwaltung um die therapeutische Behandlung der Strafgefangenen nicht geschmälert werden, nur: sie reichen nicht aus.

Auch bei diesem dritten Lösungsweg wird die zentrale Rolle des psychiatrischen Sachverständigen deutlich. An ihm wird es in diesem Falle liegen, durch therapeutische Empfehlungen, vielleicht auch durch ein Geneigtmachen des Angeklagten zur Therapie, die richtigen Weichen zu stellen.

II. Das Verhältnis zwischen Richter und psychiatrischem Sachverständigen wird sich auf lange Sicht ändern. Die Rechtsprechung der Obergerichte und die juristische Literatur bezeichnen den Sachverständigen allgemein als Richtergehilfen. Seine Aufgabe ist es danach, dem Richter die erforderliche Sachkunde zur Entscheidung des Einzelfalles zu vermitteln und ihn sachverständig zu beraten. Dementsprechend sieht die Praxis so aus, daß der Sachverständige sein schriftliches Gutachten erstattet und es auch in der Hauptverhandlung vertritt. Danach ist der Fall für ihn abgeschlossen.

Diese Vorgehensweise ist bei technischen Sachverständigen durchaus richtig. Bei forensisch-psychiatrischen Gutachtern habe ich daran jedoch erhebliche Zweifel. Der psychiatrische Sachverständige hat schon angesichts seiner Einbindung in die Entscheidung zum Motiv (I.1.) und zur Strafhöhe (I.2.) unabhängig von seiner Bewertung der strafrechtlichen Verantwortlichkeit die ihm zugeschriebene Gehilfenstellung verlassen und ist zum Partner des Richters geworden. Nicht umsonst muß fast bei allen bedeutenden Strafverfahren ein psychiatrischer Gutachter beigezogen werden, dessen Gutachten hohe Bedeutung zukommt. Man mag diese Entwicklung aus der Sicht des Richters bedauern und zu Recht Auswüchsen zu steuern versuchen. Es führt jedoch kein Weg daran vorbei, daß die subjektive Tatseite in unseren Strafverfahren ein immer größeres Gewicht bekommt. Psychische Auffälligkeiten nehmen zu. Der Richter vermag deren Gewicht und Auswirkungen vielfach nicht mehr abzuschätzen. Ihm wächst daher zunehmend die Rolle eines Koordinators zu, der die von vielen Seiten kommenden Erkenntnisse zu bündeln hat. (Nur nebenbei: wer als Vorsitzender einer Strafkammer ein größeres Verfahren vorzubereiten und durchzuführen hat, kommt sich ohnehin als Veranstalter vor). Danach soll und darf ihm die Entscheidung eines Verfahrens nicht abgenommen werden. Das kann niemand wollen.

Für den Richter, insbesondere den Jugendrichter, ist der "Fall" mit dem Urteil indessen nicht abgeschlossen. Er hat die nachträglichen Entscheidungen während der Bewährungszeit zu treffen, die unter Umständen auch eine Therapieweisung einschließen können. Als Strafvollstreckungsrichter hat er über die Entlassung zu befinden, alles Dinge, in denen er vielfach der partnerschaftlichen Beratung durch den psychiatrischen Sachverständigen bedarf. Ich sehe durchaus die Befürchtung vieler Gutachter, in einen Topf mit der Justiz geworfen zu werden. Manchmal sind sie ohnehin schon drin. Umso wichtiger erscheint mir die Heranbildung einer von der Justiz unabhängigen, keinesfalls mit ihr organisatorisch verbundenen Gruppe forensisch-psychiatrischer Sachverständiger, die - mit den Problemen der Strafrechtspflege und deren Möglichkeiten vertraut - dem Richter ein kritischer Partner sein können. Ob daraus auf psychiatrischer Seite ein eigenständiges Berufsbild werden kann, wird die Zukunft lehren. Aussichtsreiche Ansätze dazu gibt es.

Literatur

Berner, W. und Knecht, G.: Erfahrungsbericht aus einer forensischen Nachbetreuungsambulanz. SUB. Zeitschrift des Vereins für Bewährungshilfe und Soziale Arbeit Wien 15, H.2, 1993, 47-51.

Beihilfe zum "Kindesweh" - vom Machtmißbrauch durch juristische Berater und Helfer bei Kampfscheidungen

G. Klosinski

Akute, aber auch chronische Trennungs- und Scheidungssituationen stellen sowohl für das betroffene Ehepaar, als auch für ihre Kinder in aller Regel eine erhebliche psychische Belastung dar, die meist unvermeidlich ist und immer dann eine zunehmende Dramatik erfährt, wenn es zu gerichtlichen Kampfscheidungsauseinandersetzungen kommt. Trennungs- und Scheidungsberater/innen, Familienrichter, Rechtsanwälte und Gutachter müssen sich genauso wie die Eltern bei Kampfscheidungen die Frage stellen, wann das zumutbare Maß des Leidens der betroffenen Kinder überschritten ist, ab wann man nicht mehr vom Kindeswohl, sondern besser vom "Kindesweh" sprechen müßte. Selbstverständlich wird jede Partei in Kampfscheidungsauseinandersetzungen davon überzeugt sein, daß der andere das Kindeswohl sträflich mißachtet und zum Kindesweh beiträgt. Wenn die elterliche Wahrnehmungswirklichkeit ein Skotom aufweist in Bezug auf die Eigenwahrnehmung des Kindes mit seinen Bedürfnissen nach Zuwendung und Beziehungen zu beiden Seiten, müssen Rechtsbeistände und Helfer den Mut aufbringen, über eine Parteinahme hinaus das Kindesweh in ein Kindeswohl zu überführen. Es ist dann die Frage zu stellen, inwieweit Fürsorgepflicht, juristische Beratung und Unterstützung des Anwaltes einem Mandanten gegenüber nicht in Konkurrenz geraten zu dem, was man als Kindeswohl so schlecht umschreiben kann. Der Rechtsbeistand berät, stützt und bekommt hierfür ein Honorar. Verspricht er nicht, was sein Mandant von ihm erwartet, läuft der Jurist Gefahr, daß ein anderer Berater aufgesucht wird.

Es soll hier die Funktion des juristischen Beraters exemplarisch für alle Berater, die in Trennungs- und Scheidungsverfahren involviert sein können (z.B. Jugendamtsberater, ärztliche Berater, die Parteiengutachten erstellen etc.) beleuchtet werden. Es geht um die psychologische und psychodynamische Funktion, die dem Juristen bei Kampfscheidungsauseinandersetzungen von seiten des Mandanten zugesprochen wird. Ferner soll die Frage gestellt werden, welche Funktion der juristische Berater selbst einnehmen kann bzw. einnehmen müßte, ob er überhaupt noch einen Spielraum hat, um in Grabenkriegskämpfen nicht mißbraucht zu werden, ja, ob er sich vielleicht sogar mißbrauchen lassen muß?

Kommt es zu einer Kampfscheidungssituation und zum Sorgerechtsstreit über ein Kind, sind die betreffenden Elternteile in aller Regel vom anderen zutiefst gekränkt, narzißtisch verletzt. Das Eingeständnis, daß eine gewisse Selbstbeteiligung am Scheitern der Ehe stets gegeben ist, ist in solchen Krisen selten vorhanden, da eine erlebte Ohnmachtssituation zu einer reaktiven Mobilisation von Wut, Ärger und Aggression dem anderen Ehepartner gegenüber führt. Offiziell geht es nicht mehr um die Frage der Schuld bei Scheidungen, sondern im Rahmen des Zerrüttungsprinzips nur darum, daß die Ehe gescheitert ist. Aus der Sicht der Betroffenen hingegen sind Schuldzuweisungen psychologisch notwendig, wobei ein eigenes Verschulden nur partiell wahrgenommen werden kann. Eine akut auseinanderbrechende Ehe bewirkt einen Zusammenbruch bisheriger Wertvorstellungen, Ideale und gemeinsamer Zielsetzungen von Partnerschaft, Ehe und Familie. Der Betreffende ist labilisiert, insbesondere dann, wenn er es nicht war, der aus der Ehe heraustritt, sondern der andere. In diesen Fällen nehmen die aufgesuchten Rechtsbeistände stabilisierende Hilfs-Ich und Über-Ich-Funktionen wahr, d.h., neben einer rein juristischen Information und Aufklärung stellt sich eine Erwartungshaltung des Ratsuchenden an den Ratgeber ein, den Leidtragenden in seiner Wahrnehmung und Überzeugung zu bestätigen. Der erwachsene Elternteil erwartet Hilfe, Beistand in seinem angeschlagenen labilisierten Selbstwertgefühl. Es wird hier die Auffassung vertreten, daß der Rechtsbeistand in einer Initialphase gar nicht anders kann, als den Ratsuchenden in seiner Wut und Verzweiflung dort abzuholen, wo er gerade steht, d.h. der Anwalt wird sich mit seinem Klienten ein Stück weit identifizieren. Würde der Anwalt dies nicht tun, würde er Gefahr laufen, daß sich der Ratsuchende von ihm abwendet. Es soll hier aber mit Nachdruck darauf hingewiesen werden, daß eine zu starke Identifikation mit dem Klienten automatisch zur Folge hat, überzogen scharfe Formulierungen in entsprechenden juristischen Anträgen und Entgegnungen vorzunehmen, um damit zu beweisen und zu untermauern, wie sehr man auf der Seite des Mandanten ist, ihn ganz versteht und sich ganz für ihn einsetzt, mit ihm kämpft! Aggressive Formulierungen in entsprechenden Anträgen und Angriffe auf den Gegner in Form von Rundumschlägen tragen zu einem Machtzuwachs des Ratsuchenden bei, zu seiner Genugtuung, verhindern aber auch einen notwendigen Trauerprozeß beim Mandanten, der früher oder später in Gang kommen muß, um sich wirklich trennen zu können vom bisherigen Lebenspartner.

Gewisse Beziehungskonstellationen in einem Ehekonflikt führen zu besonders intensiven Identifikationen und unbewußten Schaukämpfen von seiten der Rechtsberater, ohne daß sich diese wohl ihrer Übertragungs- oder Gegenübertragungsreaktionen bewußt sind. Folgende Konstellationen sind hierzu besonders "geeignet": eine attraktive junge Frau, die von ihrem bisherigen Partner gedemütigt, ausgenützt und unterdrückt wird, wird den männlichen Rechtsberater sehr schnell zu ihrem psychologischen Helfer und Beschützer "verwandeln" können, der sich seinerseits wie selbstverständlich mit dem Übeltäter einer Martyriumsehe anlegt, d.h. er wird den negativ gezeichneten Ehemann oder dessen Rechtsberater bekämpfen und dies mit extremer Härte unter Ausnutzung aller juristischen Möglichkeiten. Unter dem Deckmantel des Mandats werden dann rivalisierende ödipale Gefechte ausgetragen, und die Chance einer späteren notwendigen Aufarbeitungsphase der Trennungsfolgen, die beide Elternteile und ihr Kind miteinschließen, wird verspielt. Frauen, die von einem "Wüstling" geschlagen werden, die besonders jung sind und angeblich zur Ehe gezwungen wurden, weil der Mann ihnen ein Kind "angehängt hat", werden mit großer Sicherheit bei männlichen Rechtsbeiständen aggressive Potenzen mobilisieren können. Umgekehrt können verletzte Ehemänner durch ein in ihren Augen "schändliches" Verhalten (z.B. Ehebruch) der Ehefrauen weibliche Rechtsbeistände in ähnlicher Weise dazu ermuntern, im Sinne eines "Dreiecksverhältnisses" in einen Kampf zu ziehen, aus dem die Erwachsenen nicht nur Genugtuung erfahren, sondern der Rechtsbeistand auch viel Geld gewinnt. Die Kinder aber sind die Leidtragenden, da es in aller Regel zu einer Vermehrung des Kindeswehs kommt.

Ich würde in solchen Fällen von einem bewußten oder unbewußten Machtmißbrauch sprechen, dem juristische Berater erliegen. In ähnlich schwierigen Situationen können auch die jeweiligen Mitarbeiter von zwei beteiligten Jugendämtern "mißbraucht" werden. Selbst Gutachter können sich zu solchen Parteinahmen verführen lassen, auch wenn sie selbstverständlich der Meinung sind, daß sie neutral und nicht befangen sind.

Eine Eskalation der Trennungs- und Scheidungsproblematik durch Überidentifikation mit dem "Opfer" führt nicht in einen Prozeß hinein, der dem Kindeswohl förderlich wäre, sondern vermehrt in aller Regel das "Kindesweh". Unter Kindesweh wird hier das Leiden des Kindes ganz allgemein verstanden. WALLERSTEIN vertritt die Auffassung, daß handgreifliche Auseinandersetzungen vor den Kindern einem emotionalen Mißbrauch der Kinder gleichkommt. Es wird hier die Auffassung vertreten, daß juristische Anträge und schriftliche Vorwürfe, bei denen "schmutzige Wäsche" gewaschen wird und wahre Schlammschlachten in eskalierender Aktion und Reaktion vollführt werden, ebenfalls einem emotionalen Mißbrauch nahekommen, wenn dann die Kinder in die juristischen "Gemeinheiten" des anderen Elternteils "eingeweiht" werden.

Besonders tragisch sind all jene Fälle auseinandergehender Elternteile, die finanziell begütert sind. Verspricht doch ein lange und heftig geführter Kampf um das Kind einen nie versiegenwollenden Geldregen für den Anwalt.

Zwei besonders geeignete "Waffen" im Waffengang der Parteien sollen im Folgenden kasuistisch dargestellt werden, bei deren Anwendung es zur Vermehrung des Kindeswehs und nicht zum Kindeswohl kommt: Es ist dies die Anstiftung zum Kindesraub und die Anstiftung zum Vorwurf des sexuellen Mißbrauchs.

Im ersteren Falle werden ad hoc "facts" gesetzt, was die Unterbrechung der Beziehung des Kindes zum anderen Elternteil angeht; im zweiten Falle führt der Verdacht auf sexuellen Mißbrauch durch den Vater ebenfalls relativ schnell zu einer einstweiligen richterlichen Anordnung mit Aussetzung des Umgangsrechtes für den Vater. Da eine Begutachtung in aller Regel viele Monate dauert, entstehen Fakten in Bezug auf die Unterbrechung der Bindung zum Vater und im Hinblick auf die verbleibende Mutter-Kind-Bindung, die bei einer späteren Sorgerechtserörterung ein Verbleiben des Kindes bei der Mutter eher wahrscheinlich machen.

1. Fallbeispiel

Eine Mutter zieht mit ihren zwei Kindern, einem 11-jährigen Jungen und einer 7 Jahre alten Tochter aus der ehelichen Wohnung aus, während der Ehemann gerade abwesend ist. Sie informiert die Kinder nicht, daß es eine definitive Trennung gibt, begibt sich zu ihren Eltern. Von dort aus informiert sie wenig später ihren Ehemann, daß sie nicht mehr zurückkehren wird. Vorangegangen war ein Jahr, in dem das Paar bemüht war, über eine Paartherapie die Ehekrise zu meistern. Sie wollte sich scheiden lassen, er war unter keinen Umständen hierzu bereit. Er hatte sie offenbar mehrmals geschlagen und sie argumentierte, aus Angst vor seinen Reaktionen heimlich gegangen zu sein. Der Ehemann begab sich zu einem Rechtsanwalt und schilderte seine Situation. Der Rechtsanwalt habe ihm, so der Vater, "fast kniend" geraten, den Sohn von der Schule ohne Wissen der Mutter abzuholen und wieder zu sich zu nehmen! Der Vater tat dies auch und setzte damit eine Eskalation der Ereignisse in Gang. Sie führte mit Anträgen auf einstweilige Verfügung etc. bis zum Oberlandesgericht. Dieser Raub führte dazu, daß der Sohn ein schlechtes Gewissen gegenüber der Mutter hatte, die nicht informiert worden war. Gleichzeitig war mittlerweile bei dem Jungen auch eine gewisse intellektuelle Argumentation vorhanden, wonach sein Vater so handeln durfte, da die Mutter ihn, den Sohn, auch nicht über den definitiven Auszug informiert hatte, geschweige denn den Vater. Gleichwohl brachte dieses Vorgehen die Geschwister untereinander in eine ganz erhebliche Krise, da sie nun sozusagen aufgeteilt waren und jeder eine Stütze des betreffenden Elternteils sein mußte.

2. Fallbeispiel

Ein 31-jähriger Mann verliebte sich in eine 15-jährige Schülerin, die er während ihres Schullandheimaufenthaltes kennenlernte (das Schullandheimhaus gehörte seinem Vater). Er begab sich nachts mit einer Leiter an ihr Fenster, holte sie heraus und pflegte eine intensive Beziehung zu ihr. Nach wenigen Wochen, sie war gerade 16 Jahre alt geworden, heirateten sie mit Einwilligung ihrer Eltern. Ein Jahr später entsprang dieser Verbindung ein Sohn. Beim ersten mehrtägigen Besuch des Paares bei den Eltern der Frau kam es zum Zerwürfnis zwischen dem Ehemann und dem Schwiegervater. Wutentbrannt war der Vater aus dem Haus gelaufen und hatte seine Frau und sein Kind zurückgelassen. Am nächsten Tag wurde ihm klar, was er eigentlich in seiner Wut angerichtet hatte, rief den Schwiegervater an, der ihm aber versicherte, er werde seine Frau und sein Kind nie wiedersehen. Der Vater begab sich zu einem Rechtsbeistand, der ihm mitteilte, daß die Rechtsauseinandersetzung wegen des Sorgerechtes an jenem Gericht durchgeführt werden würde, das für den derzeitigen Aufenthaltsort des Kindes zuständig sei. Da der Vater sehr wohlhabend und einflußreich war, rechnete er sich aus, daß bei einer Gerichtsverhandlung in seiner Stadt die Chancen für ein erfolgreiches juristisches Streiten für ihn größer sein würden und beschloß deshalb, das Kind zu rauben. Er tat dies in Cowboymanier, indem er mit einer Pistole in die schwiegerelterliche Wohnung eindrang und bis ins Schlafzimmer seiner Frau vorstieß, die sich über das Kind warf, um es vor der Mitnahme durch den Vater zu schützen. Der Vater hatte sich u.a. hierzu entschlossen, weil er bereits seit mehreren Monaten keinerlei Kontakt zum Kind hatte. Das Kind war damals knapp ein Jahr alt. Trotz Waffengewalt gelang es ihm nicht, das Kind der Mutter zu entreißen und er setzte sich mit einem Sprung durch das Fenster ab, nachdem ihm klar wurde, daß das Haus von der Polizei umstellt wurde. Er stellte sich wenige Stunden später bei dem Pfarrer, der sie getraut hatte, und anschließend der Polizei. Es kam dann dazu, daß der Rechtsbeistand der jungen Mutter alle juristischen Hebel in Bewegung setzte, auch ein Strafverfahren gegen den Vater einleitete. Dabei ging es wohl auch darum, das Geschäft des Vaters zu ruinieren und ihn in der Öffentlichkeit unmöglich zu machen. Dies führte dazu, daß der Haß des Vaters auf den Anwalt der Mutter überdimensional anwuchs. Der Vater äußerte dem Gutachter gegenüber, er werde den Anwalt, sollte er ihm begegnen, sofort niederschlagen. In diesem Falle war es zu einem Rivalitätskampf um die junge attraktive Mutter des Kindes gekommen, die mittlerweile 20 Jahre alt war. Der Rechtsanwalt der Ehefrau und der Ehemann waren etwa gleich alt und das ganze Geschehen hatte etwas von einer Wildwest-Romanze an sich: es war sozusagen eine Fortsetzung der wildromantischen Ehe dieser jungen Frau, nur mit anderen Vorzeichen: hatte ihr Mann sie aus den Fängen eines überstrengen Vaters entführt, beschützte sie nun der Rechtsanwalt vor dem Ehemann, der zum übermächtigen Vater geworden war. Der Leidtragende war das Kind, das zum Zeitpunkt der Begutachtung 3 1/2 Jahre alt war und seit 2 1/2 Jahren den Vater nicht mehr gesehen hatte. Die Mutter hatte auch aufgrund der zahlreichen Verfahren gegen ihren Mann ein so negatives Feindbild aufgebaut, daß jegliche Kompromißbereitschaft und ein Aufeinanderzugehen unmöglich erschien.

3. Fallbeispiel

Nachdem ein Rechtsbeistand von seiner Mandantin, die in Trennung lebte, erfuhr, daß der Ehemann die Kinder in der Vergangenheit überaus zärtlich liebkoste (was er aber während der Ehezeit stets getan hatte, ohne daß die Mutter dies beunruhigte), warf der Anwalt die Frage auf, ob sie nicht den Verdacht auf einen sexuellen Mißbrauch erheben würde. Die Frau, zunächst überrascht, fühlte sich dann bestärkt, nachdem sie im Frauenhaus Zuflucht gefunden hatte und die dortigen Frauen von zahlreichen sexuellen Übergriffen ihrer Männer den Kindern gegenüber berichtet hatten. Es wurde jetzt der Vorwurf des sexuellen Mißbrauchs im Sorgerechtsverfahren erhoben, was zu einer sofortigen Unterbrechung der bisherigen Besuchsrechtsregelung führte. Die Gutachtenerstellung dauerte fast ein Jahr wegen zahlreicher Verzögerungstaktiken von seiten der Mutter. Damit hatte das zum Zeitpunkt der Trennung 3 Jahre alte Kind über ein Jahr lang seinen Vater nicht mehr gesehen, hatte sich von ihm deutlich entfremdet und nur noch eine vage Vorstellung vom Vater. In diesem Fall ist natürlich zu fragen, ob die Trennung vom Vater ein unmittelbares Kindesweh bedeutete. Ich vertrete die Auffassung, daß ein 3-jähriges Kind, das eine gute Beziehung zum Vater hat, bei einer totalen Kontaktsperre eine sehr fragwürdige Phantasievorstellung von seinem Vater entwickeln muß, die wohl erst sehr viel später zum sichtbaren Problem werden dürfte.

Welche Schlußfolgerung muß aus dem Dargestellten gezogen werden? Rechtsanwälte in Sorgerechts- und Umgangsrechtsverfahren sollten und müssen eine Ich-stützende Funktion neben der rein juristischen Beratung einnehmen. Sie laufen aber potentiell Gefahr, zum aggressiven Machtmißbrauch im Ehekrieg verführt zu werden. Neben dem pekuniären Aspekt im Sinne von "Ehekriegs-Gewinnlern" sind es Übertragungs- und Gegenübertragungsreaktionen, die allzuleicht dazu führen, daß Öl ins Feuer geschüttet wird, daß das Kind auf dem Altar der Ehekrise geopfert wird: die Verhärtung des Kampfes dient dann nicht dem Kindeswohl, sondern führt vermehrt zum Kindesweh. Deshalb ist zu empfehlen, daß auch Juristen bei schwierigen Fällen eine Supervisionsmöglichkeit erhalten, um eigene Skotome aufgrund von Übertragungs- und Gegenübertragungsphänomenen abzubauen. So wie niedergelassene Ärzte in Form von Balint-Gruppen externe Supervision gewinnbringend einsetzen können, müßte es auch bei Rechtsanwälten, Sozialarbeitern von Jugendämtern und bei Gutachtern die Möglichkeit einer externen Supervision geben. Nach Meinung des Autors wird sie noch viel zu wenig genutzt und wäre dringend erforderlich.

Danksagung

Ich danke herzlich Frau Ursula Quiel, Herrn Dr. Ernst Günter und Frau Brigitte Günter für umfangreiche Schreib- bzw. Korrekturarbeiten.
Besonderer Dank gilt der "Stiftung für Bildung und Behindertenförderung" in Stuttgart, welche die Drucklegung dieses Buches durch einen großzügigen Druckkostenzuschuß ermöglicht hat.

Sachregister

Ablösung 38
Ablösungskonflikt 37
Abstinenz 40
Abwehr 43, 50, 60, 111f., 129
Abwehrmechanismen 45, 69, 111, 117, 136
Adoleszentenkrisen 105
Adoleszenz 60, 104f., 108, 117ff.
Alkohol 38, 52, 101ff., 116, 147, 149, 151, 159
Allmachtsphantasien 36
Angeklagter 131, 155ff.
Attunement 126
Aussage-Analyse 123
Autoaggression 35, 60
Autonomie 34, 37f., 135, 137

Begutachtung 11ff., 26, 44, 112, 114, 127, 132, 134, 143ff., 151, 155, 157f., 165, 167
Begutachtungssituation 134, 136f.
Behandlung (s.a. Therapie) 11f., 23, 41, 44, 46, 52ff., 78, 80, 86ff., 111ff., 116, 149, 160f.
Belastungsreaktion 141
-, psychopathologische 140
Bewährung 20, 91, 158ff.
Bewährungsauflage 35
Bewährungshelfer 35
Bewährungshilfe 51, 55, 160
Bewährungshilfeverein 160
Bewältigungsstrategien 143
Bewußtseinsstörung 109
Bewußtseinstrübung 99
BGB, §1631 16
Borderline 45, 58, 72, 88, 99f., 105f., 113f., 116, 142
BtMG, §35 159

Depersonalisation 105
Derealisation 105
Dissozialität 147f.
Diversion 25, 80ff.
Drogenabhängigkeit 54f., 159
Drogendelinquenz 55

Erlebnispädagogik 82
Erstaussage 123, 125, 137
Exhibitionismus 146f., 151f.
Exkulpierung 11

Fehlentwicklung 41, 57, 66, 68. 147
Fehlentwicklung, frühkindliche 37, 64
Folie á deux 117

Gegenübertragung 12, 39, 44f., 47, 60, 70f., 89, 164, 168
Genese 111, 121, 124, 127
Gerichtsverfahren 54, 112
Gerichtsverhandlung 35, 39, 131, 166
Gewalt 21, 41ff., 49, 51, 56, 79, 93, 106, 148, 157
Gewaltdelikt 99f., 103, 105f., 108
Gewalttäter 19, 58ff., 71, 87f., 90
Gewalttaten 19, 26, 60, 71, 106, 151
Glaubwürdigkeitsgutachten 131, 138
Größenphantasie 36, 151
Gutachter (s.a. Sachverständiger) 12f., 35, 39, 64f., 136, 155f., 159ff., 165, 167f.

Hauptrealität 12, 71
Hauptverhandlung 156ff., 160f.
Heim 23, 27, 44, 55f., 64, 74, 78f., 101f., 113, 115, 147
Heimbehandlung 55f.
Heimerziehung 77f., 80
Heimunterbringung 27, 82, 108, 149

Ich-Anteile 69f.
-Funktionen 40, 60, 118, 136, 168
-Grenzen 52
-Kontrolle 67
-Schwäche 151
-Strukturen 67
Identität 38, 40, 45, 50, 79, 89, 104, 108, 116, 118f.
-, negative 100, 104, 106ff., 118f.
Identitätsdiffusion 12, 97, 100, 104, 106f., 115f., 118f.
Identitätskrise 99f., 108f.
Identitätsproblematik 88
Impulse, destruktive 35
Indikation 85, 88, 90
Induktion 112, 115, 117, 119

JGG, §21 158
JGG, §3 149
Jugendamt 43f., 52, 61, 64, 102, 165, 168

Jugendarrest 20, 29
Jugenddelinquenz 32, 37, 93
Jugenderziehungsanstalt 86
Jugendgericht 20
Jugendgerichtsbarkeit 29, 54, 81, 156
Jugendgerichtsgesetz 20f., 25
Jugendgerichtshilfe 20, 160
Jugendhilfe 20, 23, 25, 28, 61f., 64, 160
Jugendhilferecht 25
Jugendkriminalität 20
Jugendliche, dissoziale 39f., 55f., 90
Jugendrichter 25
Jugendstrafanstalt 24, 27, 29, 85ff., 89
Jugendstrafe 20, 22, 29, 62, 64, 66, 77, 149
Jugendstrafrecht 20f., 25, 30, 81, 155
Jugendstrafvollzug 22ff., 76, 78, 85ff., 89f., 92
Jugendvollzugsanstalt 22, 78f.
Justiz 18, 23ff., 28, 61, 81, 85, 93, 157, 160, 162

Kampfscheidung 13, 163
Katamnese 114, 145, 149ff.
Kindesweh 163, 165, 168
Kindeswohl 11, 163, 165, 168
Kommunikation 45, 92, 126, 131ff., 136, 156
Kommunikationstheorie 132, 137
Konflikte, familiäre 33
Kontaktstörung 33, 141, 147f., 151
Kostenträger 63, 71, 161
Krise, normative 104, 108

Management, soziales 33
Machtmißbrauch 138, 163, 165, 168
Maßregelvollzug 85, 90
Milieu, therapeutisches 74
Mißbrauch, emotionaler 165
-, sexueller 12, 48f., 118f., 121ff., 127ff., 133, 135f., 138, 165, 167
Mißhandlung 12, 16, 115, 118, 123, 138, 143
Monade 45ff.
Motivforschung 13, 155ff.
Münchhausen-by-proxy-Syndrom 110ff., 115, 117, 119
Münchhausen-Syndrom 110ff., 117ff.
Multiple Personality Disorder 118

Nebenrealität 12, 34, 71, 117, 121, 128f., 137
Nosologie 58, 71, 110f., 117

Ohnmacht 36, 74f., 164

Pädagogik 12, 24, 27, 58ff., 68ff., 75, 78ff., 82f., 85, 87, 91

Persönlichkeit, narzißtische 42, 46, 85
Persönlichkeitsstruktur 42, 58f., 88, 115
Perversion 149
Posttraumatic Stress Disorder 141f.
Prognose 13
Prognosegutachten 158
Projektion 21, 36, 66f., 69f., 141, 155f., 158
Psychodynamik 12, 32, 66, 111, 115, 117, 127f.
Psychotherapie (s.a. Therapie) 24, 27, 32f., 35, 38, 40, 58ff., 65ff., 74, 85, 88ff., 160
Pubertät 17, 64, 99, 133
Pubertätskrise 99, 105

Reaktionsbereitschaft, abnorme 110ff., 115, 117f.
Realitätsbezug 60, 117, 119, 129, 151
Realitätssinn 117
Reifungsprobleme 32
Rehabilitation 155, 159f.
Resozialisierung 27, 76, 79f.
Rückfall 23, 29, 63, 86, 91, 150f., 158

Sachverständigenrolle 13
Sachverständiger (s.a. Gutachter) 131, 134ff., 156f., 160ff.
Scham 39, 123, 132, 135, 138
Setting 59, 61, 69f.
Selbstwerterleben 142
Selbstwertgefühl 147, 151, 164
Selbstwertproblematik 147, 149
Sexualdelinquenz 41ff., 46, 48, 88, 145, 147f., 150f.
Sexualisierung 34, 48, 50, 122, 126
Sorgerecht 123, 163, 165ff.
Sorgerechtsentzug 111f.
Sozialarbeit 20, 23, 40, 58, 68f., 76ff., 81, 160
-, psychoanalytische 39, 58f., 61f., 64, 66ff., 71
Sozialarbeiter 168
Sozialisation 17, 22, 56, 74, 81f., 87, 141
Sozialpädagogik 23f., 27f., 76ff., 81ff., 92, 149
Sozialtherapie 85, 90ff., 160
Spaltung 46, 63, 65, 67, 69f., 79, 105, 111, 117
StGB, §20 105, 108f., 149
-, §46 155, 158
-, §56 158
-, §63 64, 159
-, §183 159
-, §211 103
StPO, §46 155
Strafbedürfnis 28, 60
Strafe 16, 18f., 21f., 25, 29f., 43f., 52, 54f., 78, 80, 100, 108, 155, 158
Straffällige 87

Straffälligkeit 22, 44, 52ff., 76, 86
Strafgefangener 22, 86
Strafgefangener, jugendlicher 79, 86
Strafreife 149
Straftäter 12, 17, 19ff., 25, 27, 29, 32, 34, 40, 59, 70f., 87, 93, 148, 157, 159
Strafverfahren 13, 21, 124, 161, 167
Strafverfolgung 41, 78
Strafvollzug 60, 77, 79f., 83, 86, 88ff., 108, 158f.
StVollzG, §126 160

Täter-Opfer-Ausgleich 26, 82
Therapie (s.a. Behandlung) 12, 35, 38ff., 43ff., 57f., 60, 64, 66ff., 80, 86ff., 159, 161
Therapiebündnis 40
Training, soziales 80, 86, 89, 91

Über-Ich 44, 47, 164
Übertragung 12, 33, 44, 50, 66, 70f., 89, 124, 164, 168
Unterbringung 23, 43, 57, 64f., 103, 159

Verantwortlichkeit, strafrechtliche 149, 155, 157, 161
Verfolgung 13, 140ff., 144
Verfolgungstrauma 141ff.
Vergewaltigung 43, 61, 64, 66, 87, 146ff., 152
Vernachlässigung 12, 148
Verwahrlosung 17, 20, 25, 27, 51f., 147

Wiederholungszwang 60, 63, 71,